Utopien und Apokalypsen

Die Erfindung der Zukunft in der Literatur

Herausgegeben von
Katharina Manojlovic und Kerstin Putz

Paul Zsolnay Verlag

Die Reihe Profile wird unterstützt von:
Bundesministerium für Unterricht, Kunst und Kultur
Magistrat der Stadt Wien – Kultur

Bundeskanzleramt WIEN KULTUR

Diese Publikation erscheint als Begleitbuch zur Ausstellung
Utopien und Apokalypsen. Die Erfindung der Zukunft in der Literatur
im Literaturmuseum der Österreichischen Nationalbibliothek (3.4.2020–14.2.2021)

ISBN 978-3-552-05986-3

22. Jg. 2020, Band 27 der Reihe
Diese Buchreihe kann zur Fortsetzung über den Buchhandel bezogen werden.
Herausgeber: Literaturarchiv der Österreichischen Nationalbibliothek

Gestaltung und Produktion: Gabi Adébisi-Schuster
Backcover: Der Maschinenmensch Sabor des Schweizer Ingenieurs Peter Steurer bei einer Vorführung in Linz, United States Information Service (USIS), 1952. ÖNB, Bildarchiv und Grafiksammlung

Coversujet: Olaf Osten

Fotos S. 28, 29, 46, 50–53, 56, 57, 59, 70–73, 75 (Album), 79, 113, 117–124, 126–133, 137, 143, 165, 175, 178 Katharina Manojlovic

Fotos S. 94–97 Josef Reiter

Druck und Bindung: Friedrich Pustet, Regensburg
Printed in Germany

Inhaltsverzeichnis

»Utopokalyptisch«?!

Die Erfindung der Zukunft

VORWORT

Welches Bild wollen wir uns von der Zukunft machen? Was sagen uns die Literatur und die Künste über unser Verhältnis zur Zukunft, über unsere Phantasien, untergründigen Sehnsüchte und Hoffnungen, über unsere mal kühnen, mal bescheidenen Vorstellungen und Pläne? Muss, wer hyperwach im Takt der sekundenaktuellen Nachrichten, Infos und Updates schlummert, gerade in den Künsten nach denjenigen großen Visionen suchen, die andernorts aus dem Blick geraten? Haben wir, lange genug geschult in den (vermeintlich alternativlosen) Fortschrittserzählungen und unter dem Eindruck mathematischer Plan- und Beherrschbarkeit von allem und allen, unsere Zukunftsvisionen ihrer Offenheit, ihrer radikalen Andersartigkeit beraubt, ja das Utopische besagter Alternativlosigkeit geopfert? (Vgl. Macho 2011, 34)

Utopien und Apokalypsen gehören zusammen, beide antizipieren Neues, beide erzählen von einer neuen Ordnung – und/oder dem Zusammenbruch einer althergebrachten: »Utopie zielt auf eine neue Gesellschaft, Apokalypse auf die Prognose vom Ende der Welt, wie wir sie kennen, auch auf die Erwartung einer ganz anderen, jedenfalls einer neuen.« (Michler 2013, 339) Beide sind Phänomene für Zeiten des Übergangs, ja der Krise: Mit Blick auf die Gegenwart lässt sich ein solcher Zustand des Übergangs konstatieren, in dem utopische und apokalyptische Vorstellungen auf auffällige Weise koexistieren, im Zeichen nämlich jener Umbrüche, die wir mit Klimawandel, Digitalisierung und Robotik, mit harscher gewordenen Tönen in der Politik und anderswo, aber auch mit dem Wunsch nach »Utopien für Realisten«, nach Umschwung und Erneuerung assoziieren. (Vgl. Bregman 2019) Vielleicht lässt sich das Hin-und-hergerissen-Sein, dem Individuen in einer solchen Situation ausgesetzt sind, mit einer Wortprägung des Lyrikers und Essayisten Michael Heller fassen: »›Utopokalyptic‹, then, is my made-up name for a sense of uncertainty, for that odd sociopolitical or cultural product, both fever and exacerbation, in which an individual is torn between idealized hopes and gnawing dread.« (Heller 1999, 144) Das »Utopokalyptische« also als Bezeichnung einer Art Unsicherheit, eines Zustandes zwischen Fieber und Aufbruch, zwischen Aufruhr und Zuspitzung, idealisierter Hoffnung und nagender Furcht. Anregend ist der Neologismus vom »Utopokalyptischen« allemal, fordert er doch ein Nachdenken über die Zusammenhänge und das Verhältnis zwischen Utopien und Apokalypsen heraus.

Nicht leugnen lässt sich, dass es apokalyptisch anmutende Katastrophen und Weltuntergangsszenarien sind, die uns nicht loszulassen, ja stark zu faszinieren scheinen. Von der Lust, sich den Untergang möglichst konkret auszumalen, dem Nervenkitzel allumfassender Zerstörung lieber zu frönen, als (allein) das gute Ende, die Vorstellung von einer besseren Gesellschaft, eine Welt, die in Ordnung ist, zu imaginieren, zeugt auch die Hochkonjunktur apokalyptischer Phantasien in Film und Literatur. Doch was meinen wir, wenn wir heute von Apokalypse(n) sprechen? Wie lässt sich die Attraktivität dieses Begriffs, seine Anwendung auf so vieles, auf Erdbeben, Unwetter und Überflutungen, auf Seuchenausbrüche und atomare Unfälle ebenso wie auf Prophezeiungen des uns möglicherweise noch Bevorstehenden erklären? Das Apokalyptische verweist auf einen Kontrollverlust, auf ein ausuferndes, nicht mehr zu fassendes Ausmaß vernichtender Bedrohungen und, gerade wenn es darum geht, Klimakatastrophen zu beschreiben, auf Szenarien, die in ihrer Zeichnung stark an die biblische Apokalypse erinnern: »Und es ward ein Hagel und Feuer, mit Blut gemengt, und fiel auf die Erde; und der dritte Teil der Erde verbrannte, und der dritte Teil der Bäume verbrannte, und alles grüne Gras verbrannte.« (Offb 8,7)

Während jedoch der biblischen Offenbarung Erlösung und Neubeginn innewohnen und die Vernichtung des Bösen mit der Hoffnung auf Erneuerung einhergeht, haben wir es bei heutigen Untergangsvorstellungen mit einer »kupierten Apokalypse« (Vondung 2016, 52) zu tun, in der das Ende total und endgültig ist, auf den nackten Untergang nichts anderes mehr folgt; einer Vorstellung, die nicht zuletzt in den Erfahrungen der Atombombenabwürfe und eines drohenden Atomkriegs ihren psychologischen Ursprung hat, da der vom Menschen selbst herbeigeführte Untergang nun ein reales Bedrohungspotential im kollektiven Menschheitsbewusstsein darstellt. Obwohl die mit der unmittelbaren Auslöschung einhergehende atomare Bedrohung bestehen bleibt, hat sich, angesichts aktueller Klimadebatten, der Fokus hin auf eine schleichende Apokalypse verschoben, auf die Vision eines Weltuntergangs, der menschheitsgeschichtlich Generationen überspannen könnte, aber erdgeschichtlich lediglich ein Augenzwinkern ausmachen würde.

Die Aufgabe der Gegenwart, so meint die feministische Theoretikerin Donna Haraway, bestehe nun darin, sich von jedem Apokalypse- und Erlösungsdenken zu befreien, »sich entlang erfinderischer Verbindungslinien verwandt zu machen und eine Praxis des Lernens zu entwickeln, die es uns ermöglicht, in einer dichten Gegenwart und miteinander gut zu leben und zu sterben«. (Haraway 2018, 9) Der Schlüssel dazu sei in den Begriffen der »Gegenwärtigkeit« und des »Unruhig-Bleibens« sowie im gemeinsamen Leben aller »Wesen der Erde« zu finden. (Ebd., 9 ff.) Haraway wirbt wider den apokalyptischen Zynismus der Gegenwart für solidarische Gemeinschaften und leitet zu einem Aktionismus an, der weder aus der vorgeblichen Berechen- und Beherrschbarkeit der Zukunft noch aus ideologischen Heilsversprechungen, sondern aus den Verwandtschaftsbeziehungen aller Wesen zueinander Kraft und Orientierung gewinnt.

Dieser Band erscheint als Begleitbuch zur Ausstellung »Utopien und Apokalypsen. Die Erfindung der Zukunft in der Literatur« im Literaturmuseum der Österreichischen Nationalbibliothek. Das Panorama, das diese Ausstellung aufspannt, reicht von poetischen Erkundungen der Zukunft und dem Nachdenken über Utopie und Möglichkeitssinn in der Literatur, der Essayistik und Theorie, über literarische Technikphantasien, Maschinenwelten und politische Dystopien à la George Orwells *Nineteen Eighty-Four* (1949) bis hin zu Weltuntergangsszenarien und Katastrophenerzählungen unterschiedlicher Façon. Eine »Zukunftsbibliothek« präsentiert internationale, klassisch gewordene und vielleicht noch neu zu entdeckende Zukunftsliteratur vom 15. Jahrhundert bis in die Gegenwart: Ein Schwerpunkt liegt hier auf feministischer Science-Fiction und literarischen Utopien von Christine de Pizan über Mary Shelley bis Ursula K. Le Guin. Dabei werden immer auch (Seiten-)Blicke hin zu anderen Künsten und Genres, zu Film, Oper, Puppenspiel und Popkultur geworfen – von *Metropolis* über *Perry Rhodan* bis *Star Wars* und zurück.

Das Insel-Motiv, wie es die großen klassischen Utopien, allen voran Thomas Morus' Inselstaat »Utopia«, charakterisiert, greift Klaus Wankers im Eingangsbereich der Ausstellung präsentierte Installation *Inseln der Seligen (GIER)* auf: Sie zeigt Miniaturwelten, die gleichsam im Schwerelosen zu schweben scheinen, ihrem Titel nach auf einen paradiesischen, aus Zeit und Raum gefallenen Ort verweisen, dabei gewohnte Größenverhältnisse auf den Kopf stellen, sich als

Versuchsanstalten, als umgekehrte Welten deuten lassen, auf eine Art invertierte Wendewelt verweisen, angesichts der sich etwas verwandeln kann, in sein Gegenteil umschlägt. Man kann mit ihnen die Differenz von Natur und Kultur ebenso assoziieren wie die Verquickung von Organischem und Artefakt: die Natur als Menschengemachtes, das Künstliche als Natur. Um wessen »Gier« geht es hier und wonach? Nach natürlichen Ressourcen vielleicht, wie es die in dieser Arbeit verwendeten Materialien nahelegen? Nach der großen Utopie? Oder doch danach, die Welt umzuwenden?

Die Herausgeberinnen

VERWENDETE LITERATUR

Die Bibel. Einheitsübersetzung der Heiligen Schrift. Stuttgart: Katholische Bibelanstalt 2016.

Bregman 2019 = Rutger Bregman: Utopien für Realisten. Die Zeit ist reif für die 15-Stunden-Woche, offene Grenzen und das bedingungslose Grundeinkommen. Aus dem Englischen von Stephan Gebauer. Reinbek: Rowohlt 2019 [2018].

Haraway 2018 = Donna J. Haraway: Unruhig bleiben. Die Verwandtschaft der Arten im Chthuluzän. Aus dem Englischen von Karin Harrasser. Frankfurt, New York: Campus Verlag 2018.

Heller 1999 = Michael Heller: Objectivists in the Thirties: Utopocalyptic Moments. In: The Objectivist Nexus. Essays in Cultural Poetics. Edited by Rachel Blau DuPlessis and Peter Quartermain. Tuscaloosa, Alabama: The University of Alabama Press 1999, S. 144–159.

Macho 2011 = Thomas Macho: Vorbilder. München: Wilhelm Fink 2011 (vgl. darin v.a. den Abschnitt »Bilder der Zukunft«, S. 17–36).

Michler 2013 = Werner Michler: Träume der Vernunft. Utopien und Apokalypsen von der Spätaufklärung bis zum Ersten Weltkrieg. In: Abendländische Apokalyptik. Kompendium zur Genealogie der Endzeit. Hg. von Veronika Wieser, Christian Zolles, Catherine Feik, Martin Zolles, Leopold Schlöndorff. Berlin: Akademie Verlag 2013, S. 339–367.

Orwell 1949 = George Orwell: Nineteen Eighty-Four: A Novel. London: Secker & Warburg 1949.

Vondung 2016 = Klaus Vondung: Utopische Entwürfe – apokalyptische Visionen: Träume vom besseren Leben? In: Zukunftsvisionen zwischen Apokalypse und Utopie. Hg. v. Katharina Martin und Christian Sieg. Würzburg: Ergon Verlag 2016, S. 45–59.

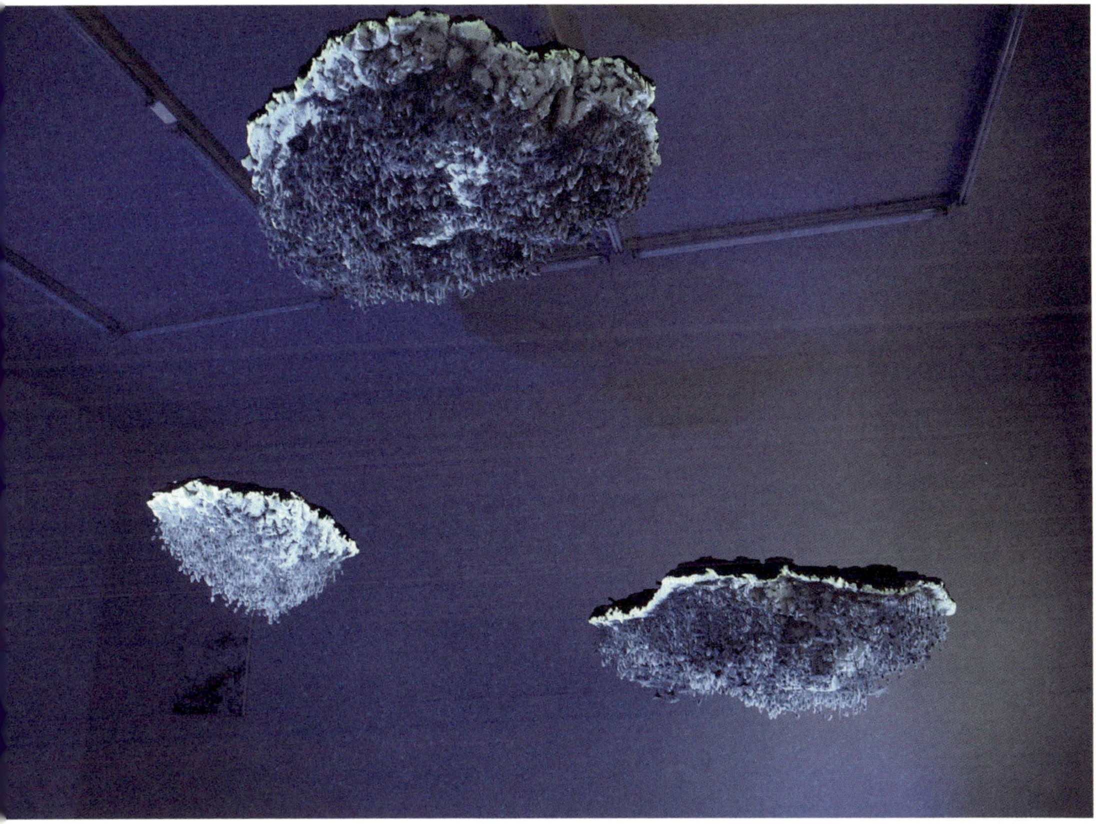

Klaus Wanker: *Inseln der Seligen (GIER).*
Mischtechnik (Bitumen, Kunststoff, Gräser, UV-aktive Farbe),
Dimension variabel, 2019

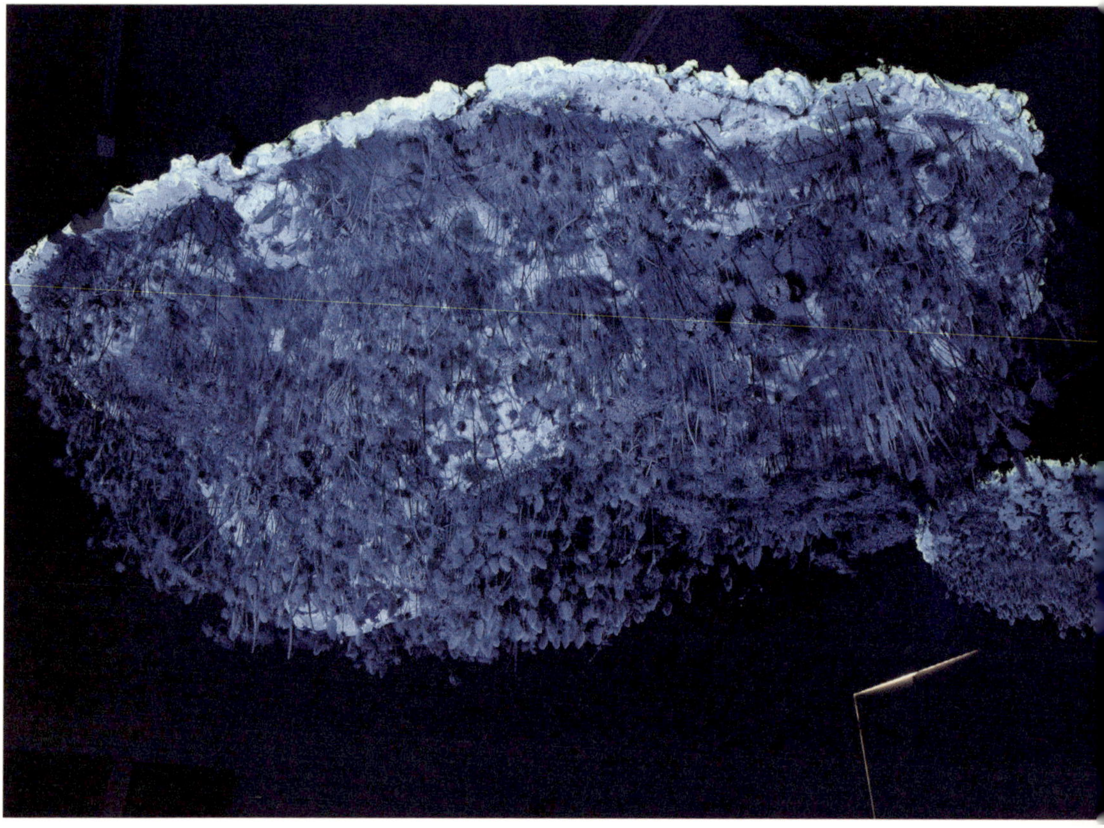

Utopien & Apokalypsen

Warum uns Weltuntergänge mehr faszinieren als Utopien

VON THOMAS MACHO

1.

Utopien und Apokalypsen, leuchtend helle und düstere Visionen der Zukunft, sind Geschwister; sie sind eng miteinander verwandt. Der Weltuntergang bildet die Voraussetzung für die Imagination einer neuen, besseren Welt. Zumeist wird allerdings der Weltuntergang ausführlicher, bunter und reicher an Details ausgemalt als die neue Welt; Katastrophen sind offenbar inspirierender als die Vorstellungen einer Erneuerung. Zahlreiche Kulturen scheinen zu wissen, dass Neues nur in die Welt kommt auf dem Weg nachhaltiger Zerstörung des Alten; und sie finden die Zerstörung faszinierender als die Neuschöpfung. Davon erzählen viele Mythen. Gerade die kreativsten Gottheiten sind häufig auch die destruktivsten; sie sind zornig, neidisch oder rachsüchtig, und ihre Neigung zu Wutanfällen kann geradezu als universalreligiöses Prinzip gewürdigt werden. Woran sonst sollte der Rang eines Gottes, seine Überlegenheit, erfahren werden, wenn nicht an seiner Unberechenbarkeit? Woran sonst sollte seine kreative Potenz beurteilt werden, wenn nicht an seiner Fähigkeit zur Zerstörung? Gott ist weder eine gute Mutter noch ein freundlicher Vater, wie Kilgore Trout, ein Romanheld Kurt Vonneguts, anlässlich einer Umweltschutzdebatte treffend bemerkt: »Haben Sie je einen von Seinen Vulkanausbrüchen oder Wirbelstürmen und Springfluten erlebt? Mal was von den Eiszeiten gehört, die er alle Halbmillionen Jahre in Szene setzt? Und wie ist es mit dem großen Ulmensterben? Sowas nennt sich nun Naturschutz. Und das kommt von Gott, nicht vom Menschen. In dem Moment, wo wir endlich unsre Flüsse sauber haben, wird er wahrscheinlich die gesamte Milchstraße hochgehen lassen wie einen Zelluloidkragen. Das nämlich war der Stern von Bethlehem, verstehen Sie.« (Vonnegut 1977, 63)

Vonnegut hat recht; und die Bemerkungen seines Helden lassen sich nicht nur auf die gefährlich boshaften und jähzornigen Götter auf dem Olymp, im römischen Pantheon, in altägyptischen, indischen oder mittelamerikanischen Himmeln beziehen, sondern auch auf den Schöpfergott der jüdisch-christlichen Tradition. Wer den Kosmos und seine Ordnung aus dem Chaos hervorbringt, kann eben durchaus auf die Idee kommen, den Kosmos wieder ins Chaos stürzen zu lassen. Und so beginnt das Unglück schon im Paradies. Erst behauptet Gott, er wolle den Menschen als sein Abbild schaffen. (Gen 1,26–27) Doch spätestens nachdem das gottähnliche »Abbild« vom Baum der Erkenntnis des Guten und Bösen gegessen hat, wird es aus dem Paradies vertrieben, und zwar aus Gründen schlichter Konkurrenz. »Seht, der Mensch ist geworden wie wir, er erkennt Gut und Böse. Daß er jetzt nicht die Hand ausstreckt, auch vom Baum des Lebens nimmt, davon ißt und ewig lebt!« (Gen 3,22) Wenig später wird gar die ganze Schöpfung revidiert. »Da reute es den Herrn, auf der Erde den Menschen gemacht zu haben, und es tat seinem Herzen weh. Der Herr sagte: Ich will den Menschen, den ich erschaffen habe, vom Erdboden vertilgen, mit ihm auch das Vieh, die Kriechtiere und die Vögel des Himmels, denn es reut mich, sie gemacht zu haben.« (Gen 6,6–7)

Konkret hat solche Zerstörungswut Gestalt angenommen in der Sintflut; und sie wird erneut Gestalt annehmen am Jüngsten Tag: im vielfach prophezeiten Untergang der Welt. Erst die gründliche Zerschlagung der Schöpfung, die endgültige Trennung von Guten und Bösen, wird das kreative Temperament Gottes beflügeln: bei der Gründung eines neuen Himmels und einer neuen Erde. Aber in den meisten Darstellungen nimmt die Zerstörung viel mehr Raum ein als die Gestalt des Neuen. Der »erste Himmel und die erste Erde sind vergangen, auch das Meer ist nicht mehr«, heißt es in der apokalyptischen Vision des Johannes. (Apk 21,1) In der himmlischen Stadt Jerusalem werde Gott mitten unter den Menschen wohnen. »Er wird alle Tränen von ihren Augen abwischen: Der Tod wird nicht mehr sein, keine Trauer, keine Klage, keine Mühsal. Denn was früher war, ist vergangen. Er, der auf dem Thron saß, sprach: Seht, ich mache alles neu.« (Apk 21,4–5) Erst habe ich alles geschaffen, dann habe ich alles zerstört, und jetzt mache ich alles neu. Die Logik wirkt vertraut: Sie erinnert an die Operationen eines kleinen Kindes, wie sie Pierre Gripari in seiner Novelle *Der kleine Jehova* porträtiert hat. (Gripari 1991) Schon im Kinderspiel werden das Verschwinden und die Wiederkehr erprobt. Ausgerechnet in seiner Abhandlung vom *Jenseits des Lustprinzips* (1920), in der er den Begriff des »Todestriebs« einführt, erzählt Freud von der Holzspule eines Kindes, »die mit einem Bindfaden umwickelt war«. Dem Kind sei es nie eingefallen, »sie zum Beispiel am Boden hinter sich herzuziehen, also Wagen mit ihr zu spielen, sondern es warf die am Faden gehaltene Spule mit großem Geschick über den Rand seines verhängten Bettchens, so daß sie darin verschwand, sagte dazu sein bedeutungsvolles *o–o–o–o* und zog dann die Spule am Faden wieder aus dem Bett heraus, begrüßte aber deren Erscheinen jetzt mit einem freudigen ›Da‹. Das war also das komplette Spiel, Verschwinden und Wiederkommen.« (Freud 1967, 12) Auch der Turm aus Bauklötzchen muss am Ende umgeworfen und neu errichtet werden.

2.

Am 3. November 1938 notiert Cesare Pavese in seinem Tagebuch: »Alle sind wir zu bösen Gedanken fähig, sehr selten zu bösen Taten. Alle sind wir zu guten Taten fähig, aber zu wenig guten Gedanken.« (Pavese 2001, 149) Unsere Phantasie begeistert sich für Details der Hölle, nicht für Himmel und Paradies; wir schwärmen für Teufel, kaum für Engel. Angezogen werden wir vom dämonischen Psychiater Hannibal Lecter, nicht von Gandhi oder Mutter Teresa, die uns erst interessieren, sobald ihre Schattenseiten enthüllt werden. Mr. Hyde fasziniert uns mehr als Dr. Jekyll; Shen Te – in Bertolt Brechts Theaterstück *Der gute Mensch von Sezuan*, uraufgeführt in Zürich am 4. Februar 1943 – ist längst nicht so fesselnd wie ihr hartherziges Double Shui Ta. Also ziehen wir dystopische Romane oder Katastrophenfilme vor, und natürlich werden auch erheblich mehr Katastrophenfilme gedreht und Weltuntergangsromane geschrieben. Paveses Chiasma, die Kreuzung einer Linie, die von vielen bösen Gedanken zu wenigen bösen Taten führt, mit einer Linie, die von wenigen guten Gedanken zu vielen guten Taten gezogen werden kann, hat auch Ernst Bloch, der Enzyklopädist der Utopien, geteilt. Sein Essay zu »Aufklärung und Teufelsglaube« – aus dem in späten Jahren, zwischen 1972 und 1974, verfassten *Experimentum Mundi* – reflektiert die Frage, warum die Säkularisierung nur zur Hälfte geglückt sei: nämlich als Entzauberung Gottes, nicht aber des Teufels. Warum und wie kommt es – so der greise, mehr als 87 Jahre alte Philosoph – zu einer »Fortdauer des Widersacherischen« in der Moderne?

Eine erste Antwort auf die Frage fällt leicht. So hat Pavese seine Tagebuchnotiz über das Chiasma zwischen guten/bösen Gedanken und guten/bösen Taten gerade einmal sechs Tage vor Beginn der Novemberpogrome in Nazideutschland aufgezeichnet; und auch Bloch rekurriert auf Auschwitz, um die These von der gescheiterten Aufklärung des Teuflischen zu begründen:

> Wie ist denn überhaupt ein derart gemütvoll umgrenzt Böses adäquat zu verstehen, gleich dem aus hunderttausenden herausgegriffenen Beispiel in Auschwitz, wo ein Landser, aus Langeweile, sich einige Zigeuner- und Judenkinder holte, erst um mit ihnen zu spielen, sie dann aber mit dem Kopf an die Wand schlug, bis die Schädeldecke brach und das Gehirn herausspritzte; er warf die Kadaver danach weg, wischte sich das Blut von den Händen und schrieb aus bleibender Langeweile einen Brief an seine Frau, in dem er sich liebevoll nach dem Ergehen seiner Kinder erkundigte. (Bloch 1975, 231)

Das Beispiel ist schlecht gewählt; denn es belegt ja nicht eine Erscheinung des radikal Bösen im metaphysischen Sinn, eine Präsenz des Satanischen und Dämonischen, sondern eher eine unerträgliche Amoralität, jenseits aller Fragen nach Gut und Böse. In solchem Sinne rechtfertigt Hannah Arendt ihren – im Bericht zum Eichmann-Prozess – verwendeten und häufig kritisierten Ausdruck von der »Banalität des Bösen«; sie erklärt, in ihrem Bericht komme

> die mögliche Banalität des Bösen nur auf der Ebene des Tatsächlichen zur Sprache, als ein Phänomen, das zu übersehen unmöglich war. Eichmann war nicht Jago und nicht Macbeth, und nichts hätte ihm ferner gelegen, als mit Richard zu beschließen, »ein Bösewicht zu werden«. Außer einer ganz ungewöhnlichen Beflissenheit, alles zu tun, was seinem Fortkommen dienlich sein konnte, hatte er überhaupt keine Motive; und auch diese Beflissenheit war an sich keineswegs kriminell, er hätte bestimmt niemals seinen Vorgesetzten umgebracht, um an dessen Stelle zu rücken. Er hat sich nur, um in der Alltagssprache zu bleiben, *niemals vorgestellt, was er eigentlich anstellte.* (Arendt 1986, 57 f.)

Die Wendung erinnert entfernt an die These vom »prometheischen Gefälle«, die Günther Anders auf die Erfindung der Wasserstoffbombe bezog: Wir sind nicht mehr imstande, uns vorzustellen, was wir wissen und herstellen können. (Vgl. Anders 1961, 16 f. oder 267)

Müssen wir also Paveses Chiasma kritisieren und verwerfen? Sind wir zu so vielen bösen Taten – Massenmorden und Genoziden, abgesehen vom möglichen Aussterben der Menschengattung selbst – fähig, weil wir uns gar nicht mehr vorstellen können, was wir tun? Ist das »prometheische Gefälle« unüberwindbar geworden, auch nach Lektüre und Betrachtung zahlloser Weltuntergangsromane und Katastrophenfilme, deren Vielfalt Ulrich Horstmann 2012 in Erinnerung gerufen hat? Horstmann resümierte damals etwa die 150 Druckseiten umfassende Bibliographie einer 1987 erschienenen Untersuchung über *Atomic War in Fiction* oder die Wikipedia-Liste der *Apocalyptic and Postapocalyptic Fiction*, »die nach Untergangsauslösern gegliedert ist und unter der Überschrift ›World War III and Other Apocalyptic Wars‹ an die dreihundert alphabetische Einträge für die Bereiche Film, Fernsehen, Roman, Drama, Spiele und Comics aufweist«. (Horstmann 2012, 111) Wer dagegen nach Utopien fahndet, wird bloß bescheidene Ergebnisse erzielen; eine vergleichbare Wikipedia-Liste, beginnend mit dem Jahr 1405, nennt gerade einmal vierzig Titel. Somit bleibt Paveses Beobachtung wenigstens im zweiten Ansatz gültig: Visionen des Guten, eines glücklichen Ausgangs der Geschichte, sind selten, und sie finden offenbar nur ein mäßig interessiertes Publikum.

3.

Seit 1516 – dem Erscheinungsjahr der *Utopia* von Thomas Morus – wurden verschiedene Utopien konzipiert: soziale, pädagogische, architektonische, politische, ästhetische oder technische Utopien. Dennoch haben sich ihre Faszinationspotentiale inzwischen signifikant erschöpft. Gern und häufig wird Helmut Schmidts Antwort auf eine Interviewfrage nach seinen Zukunftsvisionen zitiert: »Wer Visionen hat, sollte zum Arzt gehen.« Politik sei heute gut beraten, auf Sicht zu operieren; utopisches Denken gilt neuerdings als latent verdächtig oder gar totalitär. Vermutlich lassen sich verschiedene Epochen auch durch ihre spezifischen Utopien charakterisieren. So scheinen die religiösen Utopien zum Mittelalter zu gehören, die Staats- und Sozialutopien zum 16. und 17. Jahrhundert, die Erziehungsutopien zur Aufklärung. Spätestens im 19. Jahrhundert setzten sich technische Utopien durch, die auch gegenwärtig dominieren. Diese Dominanz entsprang zunächst wohl der Faszination von Science-Fiction und der Beschleunigung technologischer Umwälzungen, danach jedoch dem Bedeutungsverlust konkurrierender Gestalten des Utopischen. An den Erfolgschancen einer *Erziehung des Menschengeschlechts*, wie sie Lessing 1780 gefordert hatte, wurde schon während der Weltkriege entschieden gezweifelt; dreißig Jahre nach Ernst Blochs *Prinzip Hoffnung* (1959) haben auch die Staats- und Sozialutopien ihren ehemaligen Glanz eingebüßt. Seit den frühen 1990er Jahren – als kurz nach dem Kalten Krieg und Francis Fukuyamas Vision vom Ende der Geschichte die Balkankriege begannen – wirken alle säkularen Prophezeiungen einer besseren Zukunft seltsam unglaubwürdig.

Sogar die technischen Utopien provozieren vorrangig Phantasien ihres Scheiterns. Sie tendieren zum Absturz, als wäre ihnen das »prometheische Gefälle« zu steil geworden. Gerade die technischen Visionen antworten auf Ängste; die leuchtenden Farben einer glücklichen Zukunft werden gleichsam dunkel grundiert. Den technischen Verheißungen sekundiert insgeheim die Angst vor apokalyptischen Epochenbrüchen und drohenden Untergängen. Dass Utopien mit Ängsten zusammenhängen können, ist freilich von vornherein evident. Wer nicht wenigstens gelegentlich am guten Ausgang einer Sache zweifelt, braucht keine Zukunftsvisionen – gleichgültig, ob es sich um einen Orakelspruch, eine astrologische Expertise, einen Science-Fiction-Roman oder eine aktuelle Trendanalyse handelt. Ohne Anlässe für Furcht und Sorge würde sich das Interesse an der Zukunft erübrigen; wer halbwegs überzeugt ist, dass er ein langes Leben in Glück, Reichtum und Weisheit führen wird, braucht keine Utopien und engagiert gewiss keine Propheten. Im Fall der technischen Utopien geht es freilich um einen spezifischen Mehrwert der Ängste, der gerade mit Erfolg und Gelingen der Zukunftsprojekte assoziiert wird. Die neue Robotermedizin antwortet nicht nur auf die Angst vor Krankheiten, sie produziert auch ihr eigenes Horrorszenario, beispielsweise von der Maschine, die spontan eigene Interessen verfolgt. Die Fortschritte der Bio- und Gentechnologie assoziieren sich rasch mit der Angst vor toxischen Effekten, neuen Seuchen und künstlichen Monstren, die ihre Schöpfer – wie Frankenstein, Doktor Moreau oder John Hammond (in Michael Crichtons *Jurassic Park*) – vernichten.

Die technische Utopie bildet also eine seltsame Allianz mit der Angst vor einer Katastrophe, die gerade durch die Verwirklichung dieser Utopie heraufbeschworen werden könnte. Weitere Beispiele für diese merkwürdige Verbindung lassen sich mühelos aufzählen. Schon im 19. Jahrhundert wurde die Einführung der Eisenbahn von Befürchtungen begleitet, Menschen könnten die – vergleichsweise harmlose – Geschwindigkeit organisch nicht überleben. Seit der Erfindung des Automobils verbreiteten sich Erzählungen von spektakulären Unfällen; und der noch im 19. Jahrhundert unbekannte Begriff des Unfalls reüssiert inzwischen geradezu als die logische Kehrseite jeder Zukunftsvision von Reise und Mobilität. Davon handeln zahlreiche Filme oder Romane: Sie verlängern den Mythos vom Untergang der – für unsinkbar gehaltenen – Titanic in eine düstere Zukunft, in der Raumschiffe explodieren und Unterseeboote von computergesteuerten Riesenkraken angegriffen werden. Die Frage nach künftigen Energie- und Versorgungssystemen konnotiert ebenfalls zahlreiche Katastrophenängste. Ernst

Bloch schwärmte noch von der Atomkraft: »Wie die Kettenreaktionen auf der Sonne uns Wärme, Licht und Leben bringen, so schafft die Atomenergie, in anderer Maschinerie als der der Bombe, in der blauen Atmosphäre des Friedens, aus Wüste Fruchtland, aus Eis Frühling. Einige hundert Pfund Uranium und Thorium wären ausreichend, die Sahara und die Wüste Gobi verschwinden zu lassen, Sibirien und Nordkanada, Grönland und die Antarktis zur Riviera zu verwandeln.« (Bloch 1959, 775) Solche Sätze wirken heute nahezu lächerlich; sie werden allein durch die Nennung von Ortsnamen wie Tschernobyl oder Fukushima widerlegt. Die technische Utopie produziert wie von selbst ihre negative Inversion. Die Internet- und Smartphone-Euphorie wird durch die Angst vor Kontrolle und geheimer Überwachung konterkariert; das utopische Projekt des »Geo-Engineering«, einer Art von »zweiter Schöpfung«, wird fast im selben Augenblick als Hybris relativiert: als versuchte Wiedererrichtung des babylonischen Turms, als Aufstand der Titanen gegen den Olymp, als Luzifers Revolte gegen Gott. Je häufiger der Sieg über die alten Geißeln der Menschheit proklamiert wird, desto plausibler erscheint die Befürchtung, dieser Triumph werde sich zuletzt als die schlimmste Geißel überhaupt herausstellen.

4.

Auf den 64. Filmfestspielen von Cannes im Mai 2011 präsentierte Lars von Trier seinen Film *Melancholia* (mit Kirsten Dunst und Charlotte Gainsbourg in den Hauptrollen). Zu dessen Beginn sieht das Kinopublikum einen atemberaubend schönen, von Wagners *Tristan*-Vorspiel untermalten Weltuntergang in Zeitlupe: den Zusammenprall eines Planeten mit der Erde. Diese Filmbilder wirkten wie eine grandiose Illustration zu den Prognosen, die schon im Mai 2011 verschiedene Internet-Foren füllten: Vorhersagen einer Kollision mit einem Planeten namens Nibiru, der bereits den Babyloniern bekannt gewesen sei. Spekuliert wurde in gewohnter Science-Fiction-Tradition über das Volk der Annunaki, das jenen Planeten bewohne, der die Sonne in 3600 Jahren einmal umkreist. Die Annunaki, so wurde munter behauptet, haben die Evolution der Menschengattung initiiert, indem sie einige Primaten mit eigener DNA kreuzten, um billige Arbeitssklaven zum Abbau von Gold für die eigene Planetenatmosphäre zu kreieren; zuletzt sollen die Annunaki ausgerechnet die Vorgänge um den Exodus der Hebräer, von den zehn Plagen bis zur Teilung des Roten Meeres, ausgelöst haben. Vielleicht genügt es schon, eine Shortlist verpasster Weltuntergänge aus den letzten fünfzig Jahren in Erinnerung zu rufen: 4. Februar 1962 (nach Sybille von Prag), 28. und

30. Juni 1981, 8. Mai 1988, 29. September 1988, 28. Oktober 1992, 24. November 1993, 10. April 1997, 25. März und 25. Juli 1998, 11. August 1999 (Paco Rabanne) oder 19. Dezember 1999. Um die Jahrtausendwende häuften sich die apokalyptischen Vorhersagen, nicht selten mit pseudoastronomischen Begründungen: Damals wurde verbreitet, am 5. Mai 2000 würden die inneren Planeten des Sonnensystems auf einer Linie stehen, während zwölf Jahre später behauptet wurde, am 21. Dezember 2012 trete die Sonne in eine Achse mit dem Zentrum der Milchstraße.

Zu Beginn des Atomzeitalters warnte Günther Anders vor unserer »Apokalypse-Blindheit«. (Vgl. Anders 1961, 235–308) Auf den ersten Blick könnte es so aussehen, als hätte er sich geirrt. Reden wir nicht andauernd vom Weltuntergang? Sind nicht Katastrophenfilme und Doomsday-Romane geradezu erschreckend populär? Hat nicht sogar das *Red-Bull*-Imperium ein Countdown-Magazin (von Heft 12 bis zu Heft 1) gefördert, das unter dem Titel »2012: Das vielleicht letzte Magazin der Welt« sämtliche apokalyptisch relevanten Themen abhandelte? Auf den zweiten Blick lässt sich freilich entgegnen: Anders hat gerade heute recht, denn wir haben die Faszination für das Genre der Apokalyptik zu einem Spaß-Artikel abgewertet. Der Jüngste Tag erzeugt Fun und Thrill, in den Zeitungs-Feuilletons, auf Kinoleinwänden, Buchregalen und im Internet; nur wer es übertreibt, wird feststellen, dass sich Spannung nicht unbegrenzt aufrechterhalten oder sogar steigern lässt. Vielleicht ist gerade der Apokalypse-Hype ein aktueller Ausdruck unserer Apokalypse-Blindheit. Unentwegt geht die Welt unter: für alle Menschen, die an Hunger, Seuchen, in Kriegen und Naturkatastrophen sterben; unentwegt gehen Welten unter, für eine deprimierende Anzahl von Lebewesen und Kulturen. Hinter dem wohlfeilen Grusel vor prospektiven Sonnenstürmen und Maya-Kalenderterminen verbirgt sich immerhin das Wissen, dass die Mayas selbst tatsächlich untergegangen sind, und dass der Zusammenbruch ihrer Hochkultur vielleicht vermeidbar war. Nicht ohne Hintersinn hat Jared Diamond gefragt, warum die Könige und Eliten der Mayas die »offenkundigen Probleme, die ihre Gesellschaft gefährdeten, nicht erkannten und zu lösen versuchten. Anscheinend konzentrierten sie sich ausschließlich auf ihre kurzfristige Bereicherung, auf Kriege, auf den Bau von Denkmälern, auf die Konkurrenz mit ihresgleichen und auf die Frage, wie man den Bauern so viele Lebensmittel abnehmen konnte, dass alle diese Tätigkeiten möglich wurden.« (Diamond 2005, 223) Und wir selbst freuen uns auf den nächsten Weltuntergang, der uns nichts anzugehen scheint.

Aus den gerade angestellten Überlegungen ergibt sich eine weitere Antwort auf die Frage, warum uns Weltuntergänge mehr faszinieren als Utopien. Denn die Jüngsten Tage lassen sich häufig datieren; sie sind Ereignisse. Und als Ereignisse können sie vielleicht sogar überlebt werden. Utopien fordern dagegen ein Denken in der *longue durée*, der langen Dauer historischer Prozesse. Sie widersetzen sich der aktuellen Dominanz des synchronistischen Bewusstseins, das durch die Omnipräsenz der Medien und sozialen Netzwerke beständig erweitert und geschärft wird. Die Dominanz dieses synchronistischen Bewusstseins manifestiert sich exemplarisch in der stets wiederholbaren Frage, was gerade, während ich beispielsweise am Schreibtisch sitze und einen Essay zu Utopien und Apokalypsen verfasse, jenseits meines Büros geschieht: auf den Schauplätzen der Kriege in Syrien, im Jemen, in Afrika oder in der Ukraine, aber auch an Orten, an denen sich zur selben Zeit meine Kinder und Freunde aufhalten, die auf Facebook und Twitter posten, womit sie gerade beschäftigt sind: zumeist übrigens ebenfalls mit der Fülle beunruhigender Nachrichten, die sofort kommentiert und verbreitet werden müssen. Der Aufstieg des synchronistischen Bewusstseins, einer Art von freischwebender Aufmerksamkeit, die dem Multitasking ähnelt, lässt die Welt zunehmend ereignishaft erscheinen. Hinter den Mind-Maps gleichzeitig aufblitzender Ereignisse verschwinden die Fragen nach der Genealogie kriegerischer Konflikte und ökonomischer Krisen oder der Kohärenz individueller Lebensgeschichten. Wir leben in einem Chronotop der »breiten Gegenwart« (Gumbrecht 2010; vgl. auch Rushkoff 2014), der Rhizome und Wechselwirkungen; aber dieses Leben im Hier und Jetzt gleicht nur selten dem entspannten Leben, das vor einem halben Jahrhundert die New-Age-Propheten versprachen. Begleitet werden wir alltäglich von schlechten Nachrichten, Berichten von Naturkatastrophen, Unfällen, Kriegen, Hungersnöten, Seuchen, Terroranschlägen, Fluchtbewegungen und wachsenden Bedrohungen; selbst die Wettervorschau kommentiert oft genug globale Effekte des Klimawandels, mit animierten Karten von Waldbränden, Überschwemmungen, abschmelzenden Gletschern oder Erdbeben. Das Weltbild des synchronistischen Bewusstseins ist düster: eben ein Weltuntergangsbild, ein Dokument geteilter Hoffnungsarmut, das eine tiefe Krise des utopischen Denkens bezeugt.

VERWENDETE LITERATUR

Anders 1961 = Günther Anders: Die Antiquiertheit des Menschen. Über die Seele im Zeitalter der zweiten industriellen Revolution. München: C. H. Beck 1961 [1956].

Arendt 1986 = Hannah Arendt: Eichmann in Jerusalem. Ein Bericht von der Banalität des Bösen. Übersetzt von Brigitte Granzow. München/Zürich: Piper ^{5}1986.

Die Bibel. Einheitsübersetzung der Heiligen Schrift. Stuttgart: Katholische Bibelanstalt 2016.

Bloch 1959 = Ernst Bloch: Das Prinzip Hoffnung. Frankfurt am Main: Suhrkamp 1959.

Bloch 1975 = Ernst Bloch: Aufklärung und Teufelsglaube, die Fortdauer des Widersacherischen. In: Experimentum Mundi. Frage, Kategorien des Herausbringens, Praxis. Gesamtausgabe, Band 15. Frankfurt am Main: Suhrkamp 1975, S. 230–238.

Diamond 2005 = Jared Diamond: Kollaps. Warum Gesellschaften überleben oder untergehen. Übersetzt von Sebastian Vogel. Frankfurt am Main: S. Fischer 2005.

Freud 1967 = Sigmund Freud: Jenseits des Lustprinzips. In: Gesammelte Werke. Band XIII. Frankfurt am Main: S. Fischer ^{5}1967, S. 2–69.

Gripari 1991 = Pierre Gripari: Der kleine Jehova. Übersetzt von Renate Hörisch-Helligrath. In: Peter Sloterdijk/Thomas H. Macho (Hg.): Weltrevolution der Seele. Ein Lese- und Arbeitsbuch der Gnosis von der Spätantike bis zur Gegenwart. Zürich/München: Artemis & Winkler 1991, S. 386–415.

Gumbrecht 2010 = Hans Ulrich Gumbrecht: Unsere breite Gegenwart. Übersetzt von Frank Born. Berlin: Suhrkamp 2010.

Horstmann 2012 = Ulrich Horstmann: Abschreckungskunst. Zur Ehrenrettung der apokalyptischen Phantasie. München: Wilhelm Fink 2012.

Pavese 2001 = Cesare Pavese: Das Handwerk des Lebens. Tagebuch 1935–1950. Übersetzt von Maja Pflug. München: Claassen ^{2}2001.

Rushkoff 2014 = Douglas Rushkoff: Present Shock: Wenn alles jetzt passiert. Übersetzt von Gesine Schröder und Andy Hahnemann. Freiburg im Breisgau: Orange Press 2014.

Vonnegut 1977 = Kurt Vonnegut: Frühstück für starke Männer. Roman. Übersetzt von Kurt Heinrich Hansen. Reinbek: Rowohlt 1977.

Ansicht der Insel Utopia. Aus: Thomas Morus: *De optimo reip(ublicae) statu deque nova insula Utopia* […]. Basileae: Joannes Frobenius 1518.
ÖNB, Sammlung von Handschriften und alten Drucken

Folgende Doppelseite: **»Accurata Utopiae Tabula«, 1740, allegorische Karte mit eingezeichnetem Schlaraffenland.**
ÖNB, Kartensammlung und Globenmuseum

Amaurotũ vrbs.
Fons Anydri.
Ostium anydri
Hythlodaeus.

Das Traurige Meer
Cap. Bonæ Spei
Cap. Patientiæ
Golfo di Triste
Melancholia
Senectæ
Kummerland
Tropicus Caneri
Regio
Prodigalia
Irrlandia
Chymica
Das Toback Luder Meer
Zullerland
Tobago
Lurconicum
Das Luder Mare
Insulæ
Negromanticæ
Mare
Maulluquen Insulæ
Capricorni
Fecht I.
Schlarraffische große Mäuler
Kleine Venerische, oder Hoffärtige Mäuler
Teutsche Geometrische Meilen
Inferum
Respub
Venerea
Lusoria
Tartaria
Dominium
Curland
Pfandaumet
Schlampania
Gebletz
Die Höllische Schwartz Waldt
Beelzebub
Zeitlichen Untergang des Wohllebens

Accurata
UTOPIÆ TABULA
Das ist
Der Neu-entdeckten
SCHALCK-WELT,
oder des so offt benanten, und doch nie erkanten
SCHLARRAFFENLANDES
Neu erfundene lächerliche Land-tabelle
Worinnen alle und jede Laster in besondere Königreiche, Proventzen und Herrschafften abgetheilet,
Beyneben auch die nächst angräntzende Länder
Der FROMMEN: des zeitlichen AUFF- und UNTERGANGS
auch ewigen VERDERBENS Regionen
samt einer Erklærung
anmuthig und nützlich vorgestellt werden
ANGELICUS
MANUDUCATUS
IUVENTÆ
PRINCIPATUS DER MENSCHEN
REGNUM
Sinus Maturus
MAGNI STOMACHI
IMPERIUM
BIBLONIA
REGNUM
SCHMAROTZ
DAS GEMARE
FRESSIGE MEER
LINEA ÆQUINOCTIALIS
DOLL
DAS EBRIUM
VERSOFFENE MEER
Tropicus Capricorni
UND VOLLE MEER
STOLIDUM
MARE
NARRISCHE MEER
Caput Ebrium

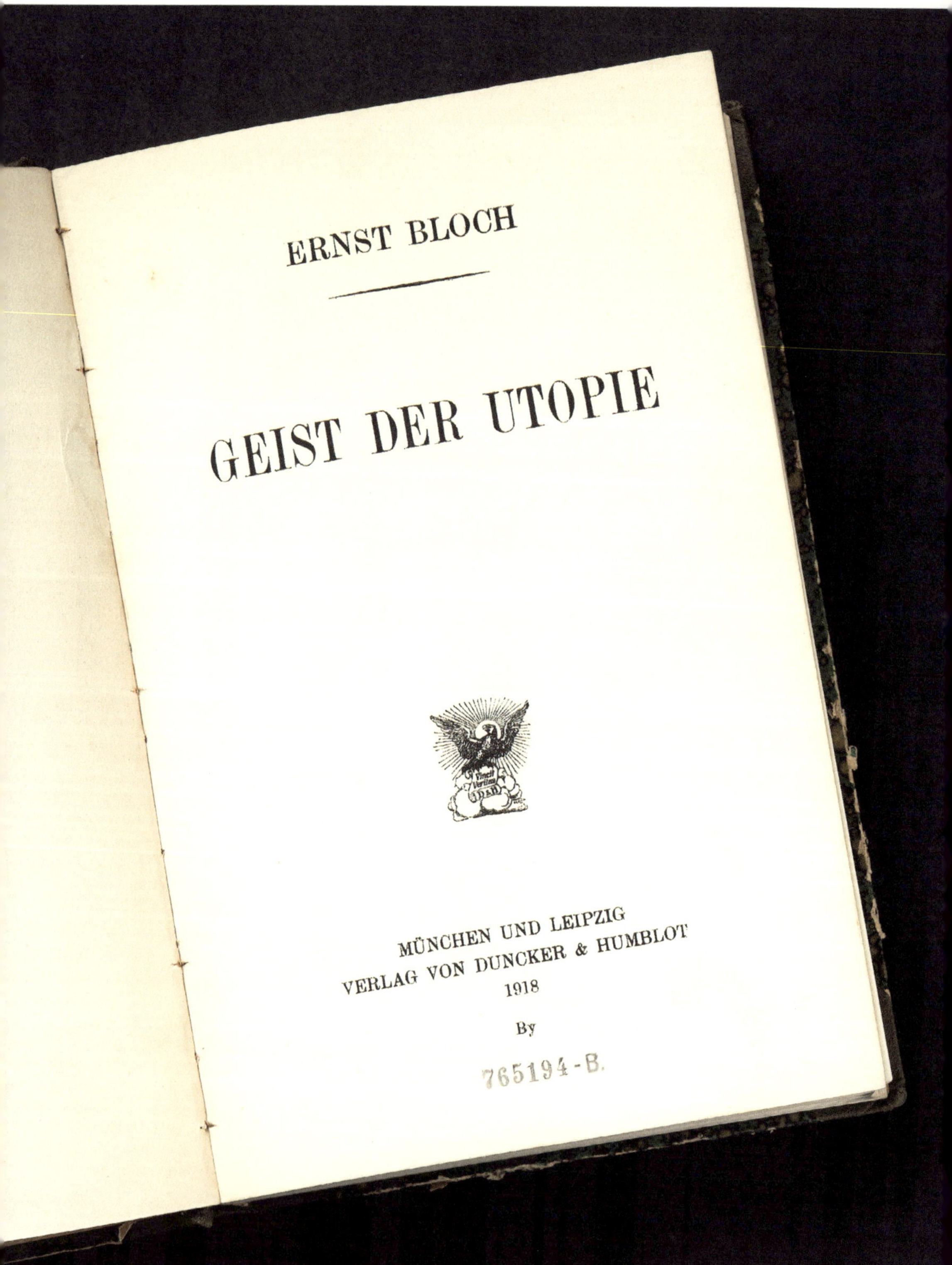

ERNST BLOCH

GEIST DER UTOPIE

MÜNCHEN UND LEIPZIG
VERLAG VON DUNCKER & HUMBLOT
1918

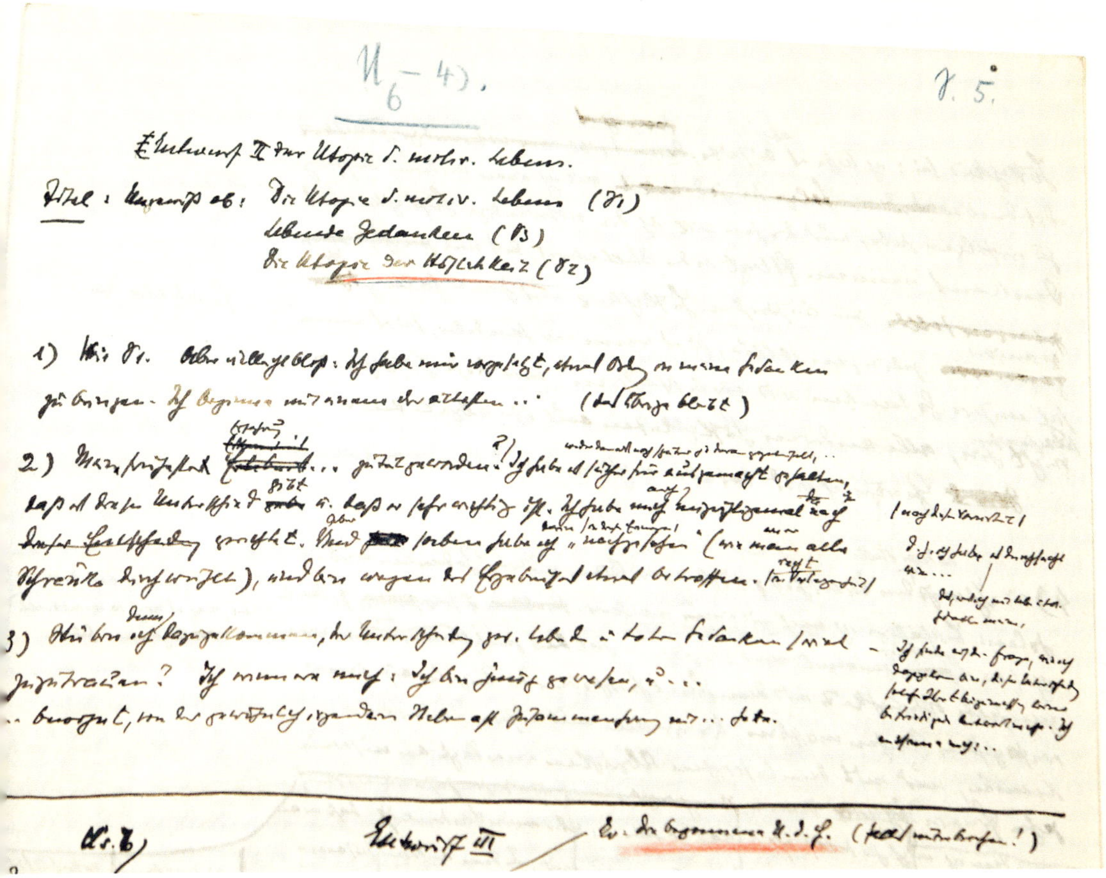
Entwurf II der Utopie d. motiv. Lebens.
Titel: Ungewiß ob: Die Utopie d. motiv. Lebens (B1)
Lebende Gedanken (B)
Die Utopie der Möglichkeit (B2)

Links: **Ernst Bloch:** ***Geist der Utopie.*** **München u. a.: Duncker & Humblot 1918.** Österreichische Nationalbibliothek

Oben: **Robert Musil: Materialien zu einem unverwirklichten Kapitelprojekt über die »Utopie des motivierten Lebens« für den Roman** ***Der Mann ohne Eigenschaften,*** **Manuskriptauszug, o. D.** ÖNB, Literaturarchiv

nz unvollständige Anführung solcher Motive:
eltiere, Ungeheuer, Saurier; Phantasiereisen, Sch
en; Traumland, Märchenland, Schlaraffenland, Para
ker, Goldenes Zeitalter, Atlantis, Lemuria, Utopi
atsromane, Königsutopieen, Weltherrschergeschicht
tfrieden; Perpetuum mobile, Kunstnahrung, Maschin
hnik, Zukunftskunst, Zukunftstadt, Zukunftsarchit
ftsphantasieen; Zukunftskrieg, Zukunftsrevolution
chen; Erdpole, Luftraum, Tiefsee, Erdinneres; Kos
en, Bewohnte Sterne, Raumreise, Andere Erden, Pla
ende, Menschheitsende; Zeitproblem, Zeitreisen, Z
sver, Lebenselixier, Unsichtbarkeit; Traum, Maske,
egelbild; Götze, Marionetten, Golem, Homunculus,
ion, Mumien; Totentanz, Totenritt, Totenschiff, To
enhand; Alp, Vampyr, Werwolf, Willis, Spuk; Eleme
ie, Hexen; Prophetie; Doppelgänger, Doppelich, Zwe
lenwanderung, Seelentausch, Seelenschwängerung, Be
ten, Orden; Schelme, Schildbürger, Sonderlinge, No
n; Mord, Unzucht, Folter; Seuchen, Katastrophen, K
versität; Himmel, Hölle, Hades, Geisterreich; Spi
tismus, Hypnose; Tod, Scheintod, Verwesung, Grab,
icksal; Auferstehung, Endgericht, Antichrist, Mes
e, Himmlisches Jerusalem.

Links: **Uriel Birnbaum: »Geschichte der Phantastik: Anlageplan«, Typoskriptausschnitt, o. D.**
ÖNB, Sammlung von Handschriften und alten Drucken

Oben und folgende Seite: **Uriel Birnbaum: *Wesen von anderen Sternen,* Wien 1913 bis 1914**
Jüdisches Museum Berlin, Foto: Roman März

Rechte Seite: **Uriel Birnbaum: »Das Buch der Utopieen: Verzeichnis der bisher aufgenommenen Utopieen«, Typoskript, o. D.**
ÖNB, Sammlung von Handschriften und alten Drucken

D A S   B U C H   D E R   U T O P I E E N

Grossoktavband von etwa 700 Seiten. Als Einleitung ein ausführliches literar- und kulturgeschichtliches Essay: "Wesen und Geschichte der Utopie". Anschliessend in chronologischer Reihenfolge, kürzere zur Gänze abgedruckt, längere bei Erhaltung ihres künstlerischen Wertes gekürzt, sowohl die wichtigsten und bekanntesten, wie besonders auch weniger bekannte utopische Dichtungen (und zwar nur solche, keinesfalls soziologische oder staatswissenschaftliche Abhandlungen). Im Gegensatz zur üblichen Gepflogenheit sollen hiebei nicht nur poetische Darstellungen sozialistisch-kommunistischer Staatsideale berücksichtigt werden, sondern Ausmalungen von Staatsidealen jeder Art, so dass beispielsweise neben der kommunistischen Utopie Plato's auch deren Verhöhnung durch Aristophanes, wie auch Xenophons Bild eines Idealmonarchen mitgeteilt werden soll. Religiöse, nationale, erotische, freimaurerische, rassische, pazifistische Utopieen werden also mit den kommunistischen und deren Parodieen abzuwechseln haben.
Zur Illustrierung dienen, neben den Porträts der wichtigeren Utopisten, Wiedergaben von Titelblättern der Erstausgaben, Illustrationen aus alten Drucken u.dgl.
Abgeschlossen wird das Werk durch die notwendigsten Anmerkungen und ein Register, das ein Verfolgen der historischen Entwicklung der behandelten Prinzipien ermöglichen soll.

So aufgebaut, wird das Buch in Vers und Prosa, in Gedicht, Drama, Novelle und Roman, in Form von Visionen, Robinsonaden, Märchen, Satiren etc., einen Überblick über alles Dichtung gewordene oder als Dichtung gepredigte Staatsdenken der Menschheit mit all seinen Höhenwegen wie Irrwegen geben. Und damit der Gegenwart, die aus dem chaotischen Zusammenbruch aller Staatsideale zu einer Gestaltung durchzudringen bestrebt ist, Richtlinien sowie die Mahnung, dass die neu in den Tagesstreit geworfenen Thesen schon vor Jahrzehnten, Jahrhunderten, Jahrtausenden aufgestellt - und widerlegt worden sind. Aus dem Widerstreit der Meinungen erwächst dann das Bild des Staates in ihrer jeder utopistischen Schematisierung ewig widersprechenden Vielfalt.

VERZEICHNIS DER BISHER AUFGENOMMENEN UTOPIEEN :

JESAJA - Das Gottesreich / PLATO - Politeia / ARISTOPHANES - Die Weibervolksversammlung / XENOPHON - Kyropädie / DIE JÜDISCHE SIBYLLE über das Friedensreich / MORUS - Utopia / HANS SACHS - Das Schlaraffenland / RABELAIS - Die Abtei Thelem / SHAKESPEARE - Die Utopie des Gonzalo / CERVANTES - Sancho Pansas Statthalterschaft / CAMPANELLA - Der Sonnenstaat / GRIMMELSHAUSEN - "Simplex bekommt den Gott Jovem gefangen..." / FENELON - Die Verfassung von Salent / MONTESQUIEU - Die Geschichte der Troglodyten / SWIFT - Gulliver in Brobdingnag / HOLBERG - Nicolai Klims unterirdische Reise / HALLER - Fabius und Cato / WIELAND -Die Erzählung des weisen Danischmend / VAIRASSE - Geschichte der Sevaramben / RETIF - Das Jahr 2000 / LAWRENCE - Das Paradies der Liebe / SHELLEY - Das Geheimnis der Zukunft / CABET - Icarien / HEINE - "Was da unten räsonniert wird..." / BULWER - Das Geschlecht der Zukunft / LASSWITZ - Apoikis / LEIXNER - Das Weltalter der Gleichheit / BELLAMY - Ein Rückblick / MADACH - Im Phalansterion / MORRIS - Kunde von Nirgendwo /GREGOROVIUS - Der Himmel auf Erden im Jahre 1904 / DONNELLY - Der Garten in den Bergen / HERTZKA - Eine Reise nach Freiland / COUPERUS - Weltfrieden / HENNE AM RHYN - Das Reich Chryse / HELLENBACH - Die Insel Mellonta / SOLOWJEFF - Die Erzählung vom Antichrist / STRINDBERG - Die Eisengiesserei des Deputierten Godin / SCHEERBART - Das neue Konzerthaus / BISCHOFF - Masonia / NATHAN BIRNBAUM - In tausend Jahren / BRJUSSOFF - Die Republik des Südkreuzes / BENSON - Im Dämmerschein der Zukunft / FREKSA - Das Land der Normalmenschen / RUNG - Malthusia-Land / MADELUNG - Peter Mensch in Mittland / SCHOLEM ALECHEM - Die erste jüdische Republik / CHESTERTON - Das Reich von Notting-Hill / MOSZKOWSKI - Die Insel Balëuto / SOSULJA - Ak und die Menschheit / TH.TH. HEINE - Die Planwirtschaft / URIEL BIRNBAUM - In Utopia.

Friedrich Heer   Die Grosse Utopie

Unsere Zivilisation lebt,in ihrer politischen Propaganda,in ihrer Reklame
in ihrer Werbe-Technik,in ihren WUnschträumen und in ihren WUnschängsten
von vielen kleinen Utopien,von Fetzen von Utopien,von verschimmelnden
Utopien.Die grosse Kaft zur grossen Utopie scheint erloschen.Es ist sinn
voll,um gerade auch die österreichische Gegenwart etwas näher ins freund
liche VIsier,also in den kritsichen Blick des aufrichtig Liebenden,zu
bekommen,heute kurz im BLick auf die grosse Utopie einzukehren:sie ist
das Salz der Völker,der KUlturen,sie bildet mit ihren Visionen eine wahr
haft motorische,nämlich die Seelen,die Geister in Bewegung setzende Kraft.

Ich erinnere keine Thomas MOrus-Feier in Österreich,am fünfhundertsten
Geburtstag dieses seltenen Mannes am 6.Februar 1978.Ich selbst wurde nur
auf dies Datum aufmerksam gemacht,als mich eine deutsche Wochenzeitung um
einen Gedenkartikel bat.Das Wort Utopia,und frühe Utopien,finden sich
bei Plato.DIe grössten und geschichtsmächtigsten Utopien unserer ZIvilisa
tion finden sich in der Bibel,bei den grossen Propheten.,Für unsere europ
päische Neuzeit,die jetzt bereits hinter uns liegt,hat THomas Morus mit
seinem Werk Utopia,das er zunächst anonym,mit grosser Vorsicht,durch flan
drische Freunde 1517 in LÖwen,dann 1517 in Paris,dann 1518 in Basel heraus
brachte, Begriff und einige INhalte der Utopie geprägt.

Sozialisten des 19.Jahrhunderts,Kommunisten im 2o.Jahrhundert,sehr auch
in der SOwjetunion,Liberale und Konservative,Freidenker und Atheisten habe
sich auf MOrus berufen,der 1935 -im Wetterleuchten des Zweiten Weltkrieges
von der Römischen Kirche heiliggesprochen wurde.Sire THomas Morus,LOrd
HIgh Chancellor des Königs Heinrich VIII.eingekerkert im Tower 1534,hinge
richtet am 6.Juli 1535 hatte für ein mit Europa,mit dem Kontinent enge ver
bundenes England,für ein katholisches ENgland gekämpft :ein guter Europäer
wie sein Freund Erasmus von Rotterdam,der sein ;Lib der TOrheit,sein
Enkomium MOriae,in Anspielung aug den Namen seines Freundes Morus,ihm zu
Ehren verfasst hat.

THomas MOrus visiert einen Idealstaat ,ein Neu-England auf kolonialem
Boden an,entrückt den permanenten Kriegen und Bürgerkriegen Europas,ent
dürckt der Raffgier,dem Klassenkampf.Belehrt durch die Erfahrungen lang

Friedrich Heer: »Die Grosse Utopie«, Typoskript, o. D.
ÖNB, Literaturarchiv

2

Religionskriege anderer Völker gewähren die Utopier volle TOlerwnz und Religionsfreiheit.MOrus würtlich:"ALle gegenwärtigen Staaten erscheinen mir als eine Verschwörung der Reichen,die unter dem TItel des Staatswohles ihre eigenen Interessen vertreten".Die Reichen und Mächtige denken sich alle Künste aus,um sich die Arbeit der Armen anzueignen und sie um ihre Frühchte zu bringen/ und dekretieren ihre Ausbeutungen als Gesetze.MOrus,wiweiter:Tausende sterben in Hungerjahren,die SPeicher der Reicheh aber sind voll mit Getreide.MIt einer Verfluchung des heute alleinseligmachenden Geldes schliesst die Utopia des Thomas Morus.

Ich laufe jetzt schnell über die Papeerberge der liberalen,sozialistischen linken und rechten Utopien der Aufklärung,der ROmantik, der Gegenaufklärung,über diese schwarz-schwarzen zukunftsdüsteren Utopien und über die rosaroten und himmelblauen von utopistischen Erwartungen beflügelten Utopien des 18.,19.und frühen 20.Jahrhunderts und lasse mich am Fusse eines kleinen Büchkeins nieder,das ein Wiener Feuelltonist,Burgtheater-Autor,NOvellenschreiber geschrieben hat. Er schildert da in diesem seinem utopischen ROman eine Staatsgründung in Neuland,AUfbau eines technischen und sozlanen Musterlandes.Aus der Wüste werden PLantagen.Alle goldenen FRüchte,Orangen und APfelsinen und das goldene Korn,Getreide,wachsen aus dem Sande.Nach der Bewässerung Und die Menschen werden in Frieden leben.Friede zwischen ihnen und ihren Nachbarn.Im Zentrum Jerusalems sobl sich der Friedenspalast erheben, von dem aus HIlfswerke für notleidenden Völker und Menschen in der ganzen Welt zentral geleitet werden.

3

Feuer der Propheten,der grossen Utopie.Ein junger deutscher Revolutionär Rudi Dutschke,gab seinem Erstgeborenen den Namen des radikalsten dieser Propheten,AMos, Man braucht kein Prophet zu sein-ich erinnere,deer biblische Prophet sagt an,was ist,was heute ist,nur eben nicht gernek heute gesehen wird,man braucht kein Prophet zu sein,um zu sehen:Feuer grosser Utopie flammen in Österreich nicht auf.Dafür wimmelt es,wie in heutigen Wäldern von vielen Schwammerln,giftigen,ungeniessbaren Schwämmen:von verschimmelnden,verfaulenden Utopien:von ihnen sei das nächste Mal die Rede.

Urne ruht,
Stadt der
im Tower
lein "ALt
r VIerund
n grossen
opischen
srael.

Möglichkeitsdenken und literarische Utopie

Voraussetzungen und Variationen

VON WILHELM VOSSKAMP

Möglichkeitsdenken ist die Voraussetzung für jede Form philosophischer, sozialer und künstlerischer Utopien. Bereits in der aristotelischen Kategorienlehre ist der Modus des Möglichen durch Widerspruchsfreiheit und Potentialität definiert und verweist, im Gegensatz zum Wirklichen und Notwendigen, auf »das Noch-nicht-Seiende. Es steht am Anfang jedes Werdens, Entstehens, jeder Bewegung [...]. Vermögen (dynamis) wird der Wirklichkeit (energeia) gegenüber gestellt.« (Seidl 1984, Sp. 77) Leibniz knüpft daran an: »*Möglich* ist eine Realität, die nicht existiert, aber zur Existenz gelangen kann [...].« (Ebd. 1984, Sp. 86)

Die Unterscheidung zwischen Wirklichem und Möglichem, die auch für die Begründung der Aufklärung maßgebend war, bildet die Basis für die philosophischen Bemühungen von Karl Mannheim, Robert Musil und Ernst Bloch im 20. Jahrhundert, die Begriffe der Utopie und des Utopischen genauer zu charakterisieren. Mannheim bezeichnet »ein Bewusstsein, das sich mit dem umgebenden ›*Sein*‹ nicht in Deckung befindet, [als] utopisch« und »[...] unterscheidet das utopische vom ideologischen Bewusstsein«. (Mannheim 1929, zit. 1978, S. 169) Der Philosoph Martin Seel betont in seinen *Drei Regeln für Utopisten*: »Utopien sind in Raum und Zeit unerreichbare Zustände, deren Erreichbarkeit dennoch gedacht werden kann und gedacht werden soll. Sie soll gedacht werden[,] um innerhalb des Wirklichen den Sinn für das Mögliche zu schärfen [...].« (Seel 2001, S. 747) Wirklichkeitssinn und Möglichkeitssinn gehören, wie Robert Musil betont, zusammen; die jeweilige Realität wird als potentiell veränderbar angesehen. Der Möglichkeitssinn wird deshalb nicht als bloß romaneske Erfindung verstanden, er liegt vielmehr in der Wirklichkeit selbst begründet.

Die konstitutive Verbindung von Möglichkeitsdenken und Utopien lässt sich historisch als Kennzeichen der beginnenden Moderne bezeichnen. Mit ihrem Beginn entstehen in der je aktuellen Gegenwart Entwürfe, die unter Anknüpfung an das 1516 erschienene traditionsbildende Werk von Thomas Morus *Utopia* »Utopien« genannt werden: Die Kontinuität von Vergangenheit und Zukunft wird unterbrochen. Die *Verzeitlichung* von Erfahrung macht Projektionen in die Zukunft möglich und nötig, da sich die überkommene Erfahrung immer weniger mit den auftauchenden und hochschnellenden Zukunftserwartungen zur Deckung bringen lässt. Über Zukunft kann indes nur im Hier und Jetzt einer Gesellschaft (vor)entschieden werden: Es geht um einen Modus des Alternativdenkens. Dabei lassen sich Utopien aufgrund ihres experimentierenden Charakters nicht auf bestimmte literarische Formen und spezifische Diskursstrategien festlegen.

Für Thomas Morus und das zeitgenössische Publikum vom 16. bis ins 18. Jahrhundert enthält das Wort *Utopia* Bedeutungselemente des Nichtwirklichen eines idealen Staatsentwurfs und erstrebenswerten Tugendideals, die in der historischen Wirklichkeit nicht realisierbar sind. Johann Heinrich Zedler hat dies in seinem *Universallexikon* unter dem Stichwort *Schlaraffenland* 1742 so zusammengefasst:

> Schlaraffenland, lat. *Utopia*, welches im Deutschen Nirgendwo heißen könnte, ist kein wirckliches, sondern erdichtetes und moralisches Land. Man hat es aus dreyerley Absichten erdacht. Einige stellen darunter eine gantz vollkommene Regierung vor, dergleichen wegen der natürlichen Verderbniß der Menschen in der Welt nicht ist, auch nicht seyn kann; und thun solches zu dem Ende, damit sie in einem Bilde desto deutlicher und bisweilen auch ungestraffter, alle diejenigen Thorheiten und Unvollkommenheiten zeigen können, denen unsere Monarchien, Aristocratien und Democratien unterworffen sind. Andere suchen das Elend und die Mühseligkeit des menschlichen Lebens dadurch vorzustellen. [...] Noch andere stellen darunter die lasterhaffte Welt vor, und mahlen die Laster unter Bildern [dieser] Länder ab, [...]. (Zedler 1742, Bd. 34, Sp. 1828 f.)

Im Zeichen der Erbsündetheorie wird hier ein Ausgangspunkt für die Konzeption und Diskussion von Utopien in der Neuzeit formuliert: Aufgrund der menschlichen Erbsünde kann es keine in *dieser* Welt existierende vollständig andere Welt geben. Diese gibt es nur außerhalb des Diesseits. Dennoch wird durch das Stichwort *Schlaraffenland* klargemacht, dass der Einbildungskraft und Fantasie genügend Raum gelassen sind, um im Hier und Jetzt Wunschvorstellungen befriedigen zu können, und dies entweder im Sinne einer *positiven* Utopie insofern, als einem die gebratenen Tauben in den Mund fliegen, oder qua satirischer Umkehrung, indem genau diese Vorstellungen einer radikalen Kritik im Sinne der *negativen* Utopie anheimfallen. Mögliche Welten innerhalb des Diesseits sind nicht vorgesehen, denn die strenge theologische Grenze zwischen Diesseits und Jenseits verbietet jede Spekulation über mögliche Welten im Hier und Jetzt. Eine allmähliche Bedeutungserweiterung führt allerdings dazu, dass der Begriff *Utopie* als quasigeographische Metapher für einen Ort außerhalb dieser Welt und schließlich als Bezeichnung für ein erdachtes, dem Morus'schen analoges Werk bzw. für die in ihm geschilderte Staatsverfassung in den Sprachgebrauch einer humanistisch gelehrten Elite übergeht.

Als Bezeichnung für eine literarische Gattung findet sich der Begriff *Utopie* vergleichsweise spät. In Frankreich taucht er gegen Ende des 18. Jahrhunderts auf, in Deutschland und England kann er sich erst in der zweiten Hälfte des 19. Jahrhunderts durchsetzen. Dennoch lässt sich ein Genrebewusstsein in Hinblick auf die auch heute zur literarischen Utopie gerechneten Texte bereits im 17. und 18. Jahrhundert beobachten. Dabei spielen zwei Merkmale eine zentrale Rolle: Das Dargestellte muss sich als etwas Erfundenes zu erkennen geben; der Inhalt des utopischen Entwurfs stellt ein kritisches Gegenbild zur bestehenden Wirklichkeit dar. Der von der Gattungsbezeichnung *Utopia* abgeleitete Begriff des *Utopischen* ist ein intentionaler Begriff, der in unterschiedlichen Ausprägungen als »utopische Methode« (Raymond Ruyer), als »utopian propensity«, d. h. als utopische Neigung (Frank & Fritzie Manuel), oder als das Überschreiten bzw. als Bewegung vom gegenwärtigen *Noch-nicht* zum *Doch-schon* in die Zukunft (Ernst Bloch) aufgefasst wird.

Bei Ernst Bloch spielt der jüdische Messianismus eine entscheidende Rolle. Grundvoraussetzung für seine Hoffnungsphilosophie ist die menschliche Neigung und Fähigkeit zum Überschreiten. Der Mensch wird als ein sich »verändernwollendes Wesen« definiert, dessen spezifische, anthropologisch bedingte Fähigkeiten und Begabungen (seine Hoffnungen, Fantasien, Tagträume) im Möglichkeitsdenken bestehen. Im Unterschied zur überlieferten Möglichkeitsphilosophie geht Bloch von einem objektiv-realen Möglichkeitsbegriff aus. Möglichkeit wird als eine Realität aufgefasst, »[…] in der wir leben und in die alle Träume von uns hineingehen, in der sie überhaupt nur Platz haben und nicht ab ovo ersticken«. (Bloch 1980, S. 59)

Eine zentrale, auch für die Utopiegeschichte folgenreiche Voraussetzung dieses Utopiekonzepts ist ein nicht-homogener Zeitbegriff. Bloch schließt hier an sein Frühwerk *Geist der Utopie* (1918) unmittelbar an, indem er – in Anlehnung an den

Zeitbegriff Walter Benjamins – auf messianische Vorstellungen zurückgeht und Zeit als diskontinuierlich versteht. Die Ablehnung eines linearen und homogenen Zeitkonzepts, die mit einer Wendung gegen marxistisch-orthodoxen und ökonomischen Determinismus verbunden ist, erfolgt zugunsten einer diskontinuierlichen Augenblicks-Auffassung, die an jüdisch-kabbalistische Konzepte anknüpft.

Literarische Formen und Diskurse

In zwei Hauptformen konkretisiert sich das Möglichkeitsdenken in der Literatur: in *Raum-Utopien* und *Zeit-Utopien*. In beiden Varianten zeigt sich: Utopien sind nie eindeutig. Seit den ersten utopischen Erzählungen in der Frühen Neuzeit lassen sich auch *Mischformen* von *positiven* und *negativen* Utopien beobachten, wie der Soziologe Norbert Elias betont hat. (Vgl. Elias 1982, Bd. 2, S. 101–149) In der Gegenwart ist das Oszillieren zwischen Utopischem und Apokalyptischem ein untrügliches Zeichen für Mischformen.

Für *Raum-Utopien* bildet die *Utopia* des Thomas Morus das paradigmatische und traditionsbildende Modell; für Zeit-Utopien Louis-Sébastien Merciers *Das Jahr 2240* (1770/71).

1. *Utopia* bedeutet nicht nur das Durchbrechen von topographischen Erwartungen und die Möglichkeit, den *Nicht-Ort* auch als *Glücks-Ort* zu interpretieren, es impliziert immer auch den Verweis auf den tatsächlichen, historischen Ort – bei Morus das zeitgenössische England des 16. Jahrhunderts im Gegenbild.

Das Festhalten an der Differenz der Utopie zur jeweiligen gesellschaftlichen Wirklichkeit ist die Voraussetzung für den Entwurf einer möglichen *anderen* Ordnung. Es setzt neben der strengen Auswahl von Elementen der Realität eine Abstraktionsleistung gegenüber der historischen Wirklichkeit voraus und ermöglicht nur so den Entwurf eines rational konstruierten Staats nach strengen, geometrischen Regeln. Der *fast quadratische* Grundriss der Hauptstadt Amaurotum auf der Insel *Utopia* ist dafür nicht weniger bezeichnend als die durch sieben konzentrische Ringe gebildete Kreisform der *Sonnenstadt* Campanellas. Sein Buch *Civitas Solis* (1623) ist neben Morus' *Utopia* und Bacons *New Atlantis* (1627) eine der wichtigsten Utopien der Frühen Neuzeit. Der rationalen Geometrie des utopischen Raums entspricht darin die vernünftige Organisation menschlichen Zusammenlebens, das nur möglich ist durch strenge Regulierung der Affekte aller beteiligten Personen. Der neue Vernunftstaat geht von der Übereinstimmung von subjektivem und allgemeinem (gesellschaftlichen) Interesse aus; nur so ist konfliktfreies Miteinander-Leben möglich.

Die Utopien der Frühen Neuzeit antworten auf eine Problemkonstellation, in der Unordnung als größte Bedrohung gesehen wird. Sie suchen Geschichte zu bannen. Die Disziplinierung menschlicher Affekte macht dabei im Gegenzug ihre Unberechenbarkeit offenbar; die Reduktion auf ein fest definiertes Gattungswesen Mensch erinnert stets an das einzelne Individuum. Damit wird über Morus' *Utopia* hinaus ein zentrales Moment von Utopien sichtbar: die Gegenüberstellung von Ordnung und unberechenbarer Kontingenz. Menschliche Subjektivität, Liebe, Unglück und Geschichte sind Momente, die in Utopien durch Ordnung gebändigt werden sollen. Der Leser von Utopien soll überzeugt werden, dass Zufall und Unglückswechsel durch dauerndes Ordnungs-Glück zu bannen sind. Bis ins 20. Jahrhundert bleibt diese Hoffnung (und Illusion) in einzelnen literarischen Utopien bestehen. Dabei fordert die Geschichte jeweils abgestufte literarische Ordnungsmodelle heraus, Ordnungsmodelle, die je deutlicher zum Ordnungszwang (oder zum Ordnungsterror in Dystopien) neigen, desto bedrohlicher das Problem des Unberechenbaren eingeschätzt wird. Dies wird unmittelbar evident in den traditionsbildenden Dystopien der Moderne: Jewgenij Samjatins *My (Wir)* (1920/21), Aldous Huxleys *Brave New World* (1932) und George Orwells *Nineteen Eighty-Four* (1949) offenbaren jenen Ordnungsimperativ, der in Ordnungsterror umschlägt. Als utopische Schreckbilder sind sie Warn-Utopien mit diagnostischer und prognostischer Absicht.

2. Dass das Nicht-Eindeutige von Utopien in der Moderne zunimmt, lässt sich unmittelbar beim Wandel von räumlichen Utopien zu Zeit-Utopien bereits im Verlauf des 18. Jahrhunderts beobachten. Zeitliche Zukunftsprojektionen anstelle von Entwürfen imaginärer Räume oder Inseln sind Formen der Antizipation, die ohne gesteigertes Möglichkeitsdenken nicht vorstellbar wären.

Die Ursprünge utopischen Denkens als Vorwegnahme von künftiger Zeit sind vornehmlich einem Wandel des Subjektkonzepts geschuldet. Das neue Denken vom Subjekt verändert die Vorstellung vom Glück. Das Ordnungs-Glück in den Renaissance-Utopien (Überschaubarkeit, Vorhersehbarkeit und die möglichst vollständige Ausschaltung des Zufälligen in den Lebensläufen ihrer Bürger) hatte seinen Preis: Die psychische und soziale Disziplinierung der Individuen war die Voraussetzung. Zudem galt die Annahme, dass das Interesse des Einzelnen mit dem Interesse des Ganzen übereinstimme. Diese Vorstellung gründet auf der Selbstverständlichkeit der antiken Tradition, wonach die Gemeinschaft gegenüber dem Einzelnen Vorrang habe und das Subjekt im Blick auf Gemeinschaft konsensfähig sein müsse.

In dem historischen Augenblick, in dem diese in den Sozial-Utopien des 16. und 17. Jahrhunderts und noch in den Tugendrepubliken des 18. Jahrhunderts (vgl. etwa Johann Gottfried Schnabels *Insel Felsenburg* [1731–1743]) selbstverständliche Übereinstimmung von subjektivem Anspruch und gesellschaftlicher Notwendigkeit aufgrund eines neuen Subjektbegriffs als unattraktiv oder als *Illusion* angesehen wird, muss sich auch die Antwort auf die Frage nach dem in Utopien versprochenen Glück ändern: Anstelle einer vorausgesetzten Übereinstimmung von Subjekt und Gemeinschaft wird nun und fortan die Spannung und Polarität von Einzelnem und Allgemeinem zum zentralen Problem; der Glücksanspruch des Einzelnen rückt in den Mittelpunkt. Dies ist seit Jean-Jacques Rousseau *das* zentrale Kennzeichen der Moderne. Es entwickelt sich jene Glücksauffassung, wonach der Mensch sich aus eigener Kraft sein Glück selbst gestalten kann. Utopien mit einem statischen Glücksversprechen müssen als vergleichsweise langweilig oder bedrohlich empfunden werden. Begriffsgeschichtlich formuliert: Das Ideal der Vollkommenheit (perfectio) wird durch das der Vervollkommnung (perfectibilité) des einzelnen Menschen ersetzt.

Diesen Erfahrungswandel hat der Geschichtstheoretiker Reinhart Koselleck als *Verzeitlichung* der Erfahrung bezeichnet. Im Übergang von der ständischen zu einer funktionsorientierten Gesellschaft lässt sich *Verzeitlichung* aus dem Spannungsverhältnis von (geschichtlicher) Erfahrung und (künftiger) Erwartung bestimmen. Moderne Erwartungen können nicht mehr aus der historischen Erfahrung abgeleitet werden, sie stehen vielmehr unter dem Extrapolationszwang von Zukunft. Zu Recht hat Koselleck deshalb auch von der »Einverwandlung der Utopie in die Geschichtsphilosophie« gesprochen. (Koselleck 1982, Bd. 3, S. 1) Es kommt zu einer steten Beschleunigung von neuen utopischen Erwartungen. Der geweckte Bedarf an Zukunft kann kaum noch gestillt werden. Mehr noch: Die Antizipation des Zukünftigen lässt den Wunsch nach einer langfristigen und zumindest annäherungsweisen Realisierung des utopisch Vorweggenommenen entstehen. Zeit-Utopien offenbaren damit ihren politischen Imperativ: Das Möglichkeitsdenken erhält eine wirkungsmächtige politische Dimension.

Hatten Ordnungs-Utopien der Renaissance (Morus, Bacon, Campanella) Geschichte zu bannen und Individuen zu disziplinieren gesucht, so bieten Zeit-Utopien Entwürfe an, in denen sich das einzelne Subjekt im Blick auf Zukunft entwickeln und selbst vervollkommnen kann. Im Roman lässt sich der Übergang von *klassischen Ordnungs-Utopien der Vollkommenheit* zu *Utopien der Vervollkommnung* (im Sinne der Rousseau'schen Vorstellung von perfectibilité) paradigmatisch an

Louis-Sébastien Merciers *L'an deux mille quatre cent quarante. Rêve s'il en fut jamais* (1770/71) (dt. Übers. v. Christian Felix Weiße: *Das Jahr 2440. Ein Traum aller Träume*) ablesen. Mercier macht die Probleme und Möglichkeiten einer literarischen Zeit-Utopie mit antizipatorischem Charakter besonders deutlich. Der fiktive Erzähler, der im Jahr 1770 einschläft und sich in das Jahr 2440 träumt, bleibt zwar in Paris; er erlebt diese Stadt aber bei seinem Aufwachen als vollständig verändert: Die Regierungsform ist vernünftig, das Sozialgefüge intakt, der Binnenhandel verbessert, die Arbeitsleistung gesteigert, die Großstadt ohne Unordnung, Lärm und Gestank. Ein als Ideal empfundener Zustand wird in die Zukunft projiziert, allerdings ohne dass der Entwicklungsprozess hin zu diesem neuen Zustand veranschaulicht würde. Die Zielrichtung ist entscheidend: »Es gibt noch eine ganze Reihe von Dingen, die wir verbessern müssen. [...] Wir müssen noch mehr tun, als wir bisher geschafft haben. Wir haben nicht viel mehr erreicht als die Hälfte der Leiter [...].« (Mercier, zit. 1989, S. 102)

An der Rezeptionsgeschichte dieses Romans (exemplarisch sichtbar in Karl Heinrich Wachsmuths *Das Jahr 2440. Zum zweiten Mal geträumt. Ein Traum, deren es wohl träumerische gegeben hat* [1783]) lässt sich ablesen, dass sich der durchgängige Fortschrittsoptimismus dann auch umkehren lässt: Aufklärerische Hoffnung schlägt bei Wachsmuth in radikale Fortschrittskritik um. Damit ist eine fortan beobachtbare Dichotomie von Fortschritt (perfectibilité) und Rückschritt (corruptibilité) in literarischen Utopien und Dystopien der Moderne vorgezeichnet. Merciers Beispiel macht auch deutlich, dass der Gedanke der Antizipation in Zeit-Utopien eine doppelte Forderung enthält insofern, als sie einerseits den Übergang von der alten zur neuen Gesellschaft und zugleich die ständige Veränderung dieser neuen Gesellschaft selbst zum Thema machen müssen. Die Transformation von der Herkunfts- zur Zukunftsgesellschaft macht Mercier in einem Zeitsprung deutlich; die permanente Veränderungsnotwendigkeit der neuen Gesellschaft wird nur in Ansätzen sichtbar.

In der deutschsprachigen Literatur werden die produktiven Konsequenzen der Rousseau'schen perfectibilité-Vorstellung vor allem im Bildungsroman deutlich. Beispiele wie Christoph Martin Wielands *Geschichte des Agathon* (1766/67), Goethes *Wilhelm Meisters Lehrjahre* (1795), Gottfried Kellers *Der grüne Heinrich* (1854/56) und in kritischer Perspektive Thomas Manns *Der Zauberberg* (1924) liefern dafür variantenreiche Beispiele. Zeit-Utopie ist der Bildungsroman insofern, als er sowohl ein Ziel formuliert – die allseitige Vervollkommnungsfähigkeit des Subjekts in der Zeit – als auch eine künstlerische Form bietet, in der Möglichkeiten (und Grenzen) der Realisierung dieses Ideals darstellbar sind. Allseitige Bildung wird zugleich als hypothetisch-möglich gedacht und als Versprechen und Aufgabe für die Zukunft benannt. Das Postulat allseitiger Bildung des Subjekts steht dabei zugleich im Zeichen dauernder Selbstreflexion. Je mehr sich dieser Romantyp der Moderne nähert, desto prekärer erscheinen *Lösungen* zur allseitigen Bildung des Individuums. Schon seit E. T. A. Hoffmanns *Kater Murr* (1821) lässt sich das Fortschrittsmodell des Bildungsromans ironisch umkehren. In Thomas Bernhards *Auslöschung* (1986) wird schließlich deutlich, dass auch die literarische Zeit-Utopie des Bildungsromans in radikale Fortschrittskritik münden kann.

Radikale Fortschrittskritik ist zugleich die Voraussetzung für die schon genannten dystopischen Texte von Jewgenij Samjatin, *My (Wir)* (1920/21), Aldous Huxley, *Brave New World* (1932), und George Orwell, *Nineteen Eighty-Four* (1949). Sie sind (zu ihrer Entstehungszeit) in die Zukunft projizierte »negative« Utopien. Ordnungsterror charakterisiert den grundlegenden Konflikt zwischen dem geschilderten aktuellen System und einzelnen Subjekten. Als utopische Schreckbilder sind sie Warn-Utopien mit prognostischer Intention: Sie bieten keine erstrebenswerten Zukunftsvisionen, vielmehr liefern sie Bilder aus der *Utopie der Gegenwart* als dystopische Varianten des Möglichkeitsdenkens. Die Differenz zum gegenwärtigen Schrecken tut sich hier in der Vergangenheit auf, die nun zu einem positiven Gegenbild werden kann.

Nimmt man den Roman *Wir* als Beispiel, so liegt diesem zunächst ein binäres Schema zugrunde, in dem Samjatin der gegenwärtig realen, ordnungsbestimmten und furchterregenden Systemwelt im Zeichen eines erzwungenen Glücks (des *alleinigen Staats*) eine Gegenwelt der vergangenen *alten Welt* gegenüberstellt. Sie gilt als eine der Wildnis und Freiheit. Diese Dichotomie kontrastiert Samjatin mit einer dritten Welt: Das binäre Schema von *Freiheit ohne Glück* in der Vergangenheit versus *Glück ohne Freiheit* in der Gegenwart wird einer Welt immer neuer Revolutionen und dynamischer Veränderungen (im Zeichen von *Energie*) gegenübergestellt. Der Systemzustand des erzwungenen gegenwärtigen »Glücks« ist nicht das Ergebnis einer letzten Revolution und damit das Ende einer geschlossenen Utopie. Mit diesem Zustand der *Entropie* im Zeichen des *alleinigen* (Zwangs-) Staats werden Veränderungen im Zeichen von *Energie* konfrontiert. Diese Veränderungen sind zwar nicht eindeutig, prinzipiell werden aber Möglichkeiten sichtbar, die den indikativischen Zustand des vollendeten, hier schrecklichen Gleichgewichts kritisieren und satirisch entlarven. Das Möglichkeitsdenken kann so politisch-praktisch werden.

Literarische Formen wie der Bildungsroman oder politische Zeit-Utopien in der Tradition von Mercier und Samjatin verweisen auf jene kategorialen Prinzipien des Möglichkeitsdenkens, das die aktuelle Diskussion über Utopien und das Utopische bis heute charakterisiert. Literarische Schreibweisen müssen sich gegenwärtig mit Utopien der Wissenschaft, wie dem Transhumanismus, messen lassen. Läuft die Wissenschaft der Literatur den Rang ab? In dieser Diskussion sollte an das erstaunliche künstlerische Potential der utopischen und dystopischen Literatur und ihre unendliche Auslegbarkeit erinnert werden. Die konstitutive Grundlage dafür bildet das dialektische Spannungsverhältnis von Wirklichkeit und Möglichkeit, worauf insbesondere Ernst Bloch und Robert Musil hingewiesen haben. Dies bleibt zu beachten.

VERWENDETE LITERATUR

Thomas Morus: Libellus vere aureus nec Minus Salutaris quam Festivus de optimo reip. Statu, deq nova Insula Utopia. Löwen 1516; dt. in: Der utopische Staat. Hg. von Klaus J. Heinisch. Reinbek: Rowohlt 1960, S. 7–110.

Bloch 1959 = Ernst Bloch: Das Prinzip Hoffnung. Frankfurt am Main: Suhrkamp 1959.

Elias 1982 = Norbert Elias: Thomas Morus' Staatskritik. In: Utopieforschung. Interdisziplinäre Studien zur neuzeitlichen Utopie. Hg. von Wilhelm Voßkamp. Stuttgart: J. B. Metzler 1982, Bd. 2, S. 1–149.

Koselleck 1982 = Reinhart Koselleck: Die Verzeitlichung der Utopie. In: Utopieforschung. Interdisziplinäre Studien zur neuzeitlichen Utopie. Hg. von Wilhelm Voßkamp. Stuttgart: J. B. Metzler 1982, Bd. 3, S. 1–14.

Mannheim 1978 = Karl Mannheim: Ideologie und Utopie. Frankfurt am Main: Verlag G. Schulte-Bulmke 1978 [zuerst 1929].

Mercier 1989 = Louis-Sébastien Mercier: Das Jahr 2440. Ein Traum aller Träume. Übertragen von Felix Christian Weiße. Hg., mit Erläuterungen und einem Nachwort versehen von Herbert Jaumann. Frankfurt am Main: Suhrkamp 1989 (= Phantastische Bibliothek, Bd. 50).

Samjatin 1977 = Jewgenij Samjatin: Wir. Aus dem Russischen übertragen von Gisela Drohla. Nachwort von Ilma Rakusa. Zürich: Manesse-Verlag 1977.

Seel 2001 = Martin Seel: Drei Regeln für Utopisten. In: Zukunft denken. Nach den Utopien. Merkur-Sonderheft 5 (2001), S. 747–755.

Seidl 1984 = Horst Seidl: Art. »Möglichkeit«. In: Historisches Wörterbuch der Philosophie, Bd. VI. Hg. von Joachim Ritter/Karlfried Gründer. Darmstadt: Wissenschaftliche Buchgesellschaft 1984, Sp. 72–92.

Voßkamp 2016 = Wilhelm Voßkamp: Emblematik der Zukunft. Poetik und Geschichte literarischer Utopien von Thomas Morus bis Robert Musil. Berlin: de Gruyter 2016; Paperback 2018.

Zedler 1742 = Johann Heinrich Zedler: Großes vollständiges Universal-Lexikon aller Wissenschaften und Künste. Halle, Leipzig 1732–1754 (Nachdruck 1961–1964); Bd. 34 (1742), Sp. 1828 f.

Thea von Harbou: *Metropolis.* Wien: Milena Verlag 2014

Metropolis, Filmplakat 1926, Entwurf: Heinz Schulz-Neudamm.
Universum-Film AG. Druck: Paul Grasnick, Berlin. ÖNB, Bildarchiv und Grafiksammlung

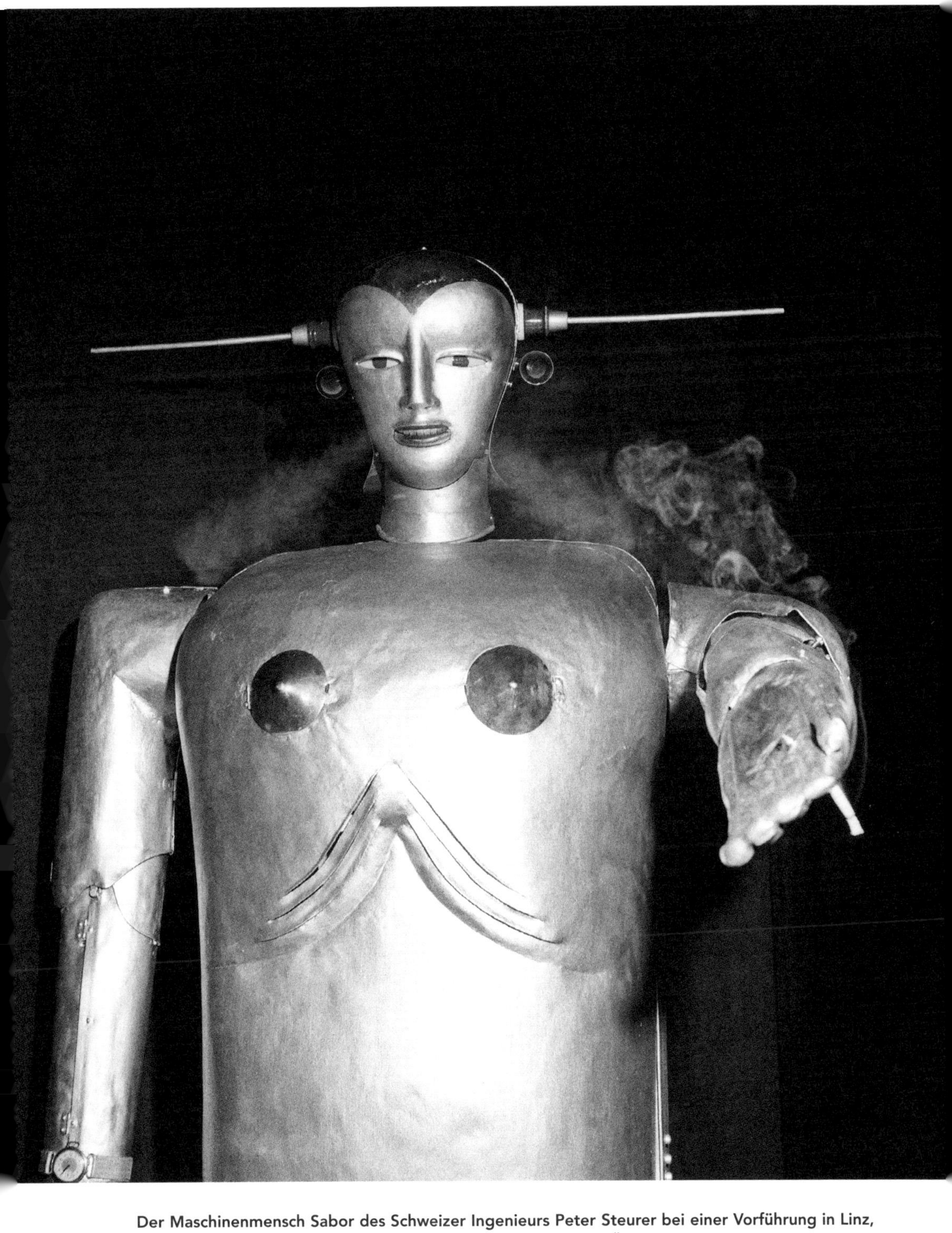

Der Maschinenmensch Sabor des Schweizer Ingenieurs Peter Steurer bei einer Vorführung in Linz, United States Information Service (USIS), 1952. ÖNB, Bildarchiv und Grafiksammlung

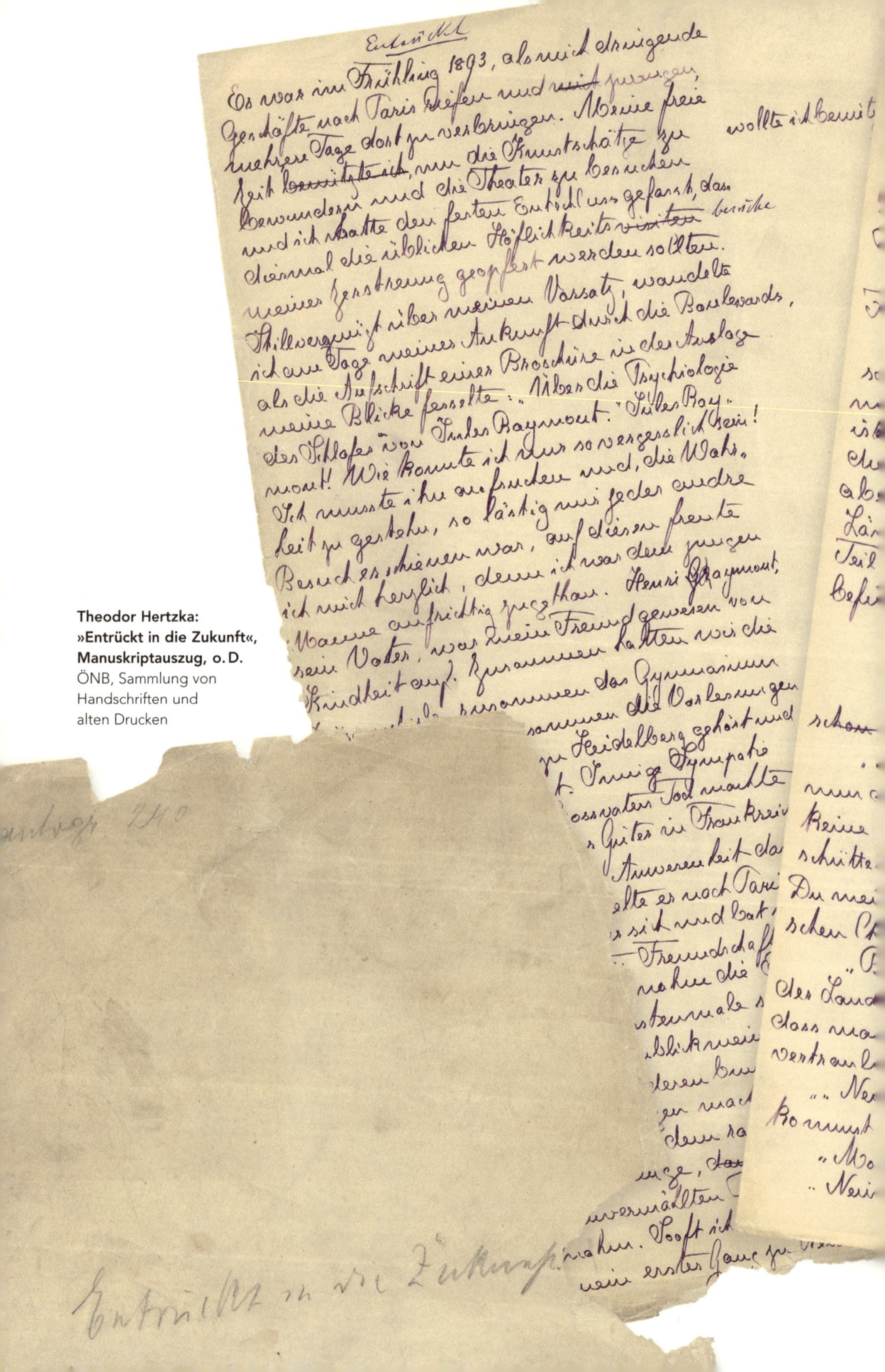
Entrückt

Es war im Frühling 1893, als mich dringende Geschäfte nach Paris riefen und ~~mit~~ zwangen, mehrere Tage dort zu verbringen. Meine freie Zeit ~~benützte ich~~, um die Kunstschätze zu bewundern und die Theater zu besuchen wollte ich bereits und ich hatte den festen Entschluss gefasst, dass diesmal die üblichen Höflichkeits~~visiten~~ besuche meiner Zerstreuung geopfert werden sollten. Stillvergnügt über meinen Vorsatz, wandelte ich am Tage meiner Ankunft durch die Boulevards, als die Aufschrift einer Broschüre in der Auslage meine Blicke fesselte: „Über die Psychologie des Schlafes von Jules Raymont." Jules Raymont! Wie konnte ich nur so vergesslich sein! Ich musste ihn aufsuchen und, die Wahrheit zu gestehen, so lästig mir jeder andre Besuch erschienen war, auf diesen freute ich mich herzlich, denn ich war dem jungen Manne aufrichtig zugethan. Henri Raymont, sein Vater, war mein Freund gewesen von Kindheit auf. Zusammen hatten wir die … zusammen das Gymnasium … zusammen die Vorlesungen zu Heidelberg gehört und … Innige Sympathie … Grossvaters Tod machte … Güter in Frankreich … Anwesenheit da… wollte er nach Pari… sich und bat, … Freundschaf… nahm die … erstenmale … Augenblick mein … deren … er nach … denn … unge, … unvermählten … nahm. Sooft ich … mein erster Gang zu …

schon … um … Keine … schritte … Du mei… schen … der Land… dass ma… vertraul… „Ne… Kommst … „Mo… „Nei…

Entrückt in die Zukunft

Theodor Hertzka: »Entrückt in die Zukunft«, Manuskriptauszug, o. D.
ÖNB, Sammlung von Handschriften und alten Drucken

Glaymont. Sein [jungen] Glück währte nicht lange. Nach 10jähriger Ehe starb seine Gemahlin, mehrere Monate darauf er selbst und ein Kind blieb einsam und verlassen, ein Knabe. Der Onkel seiner Mutter nahm ihn zu sich und liess ihn erziehen, aber er war kaum herangewachsen, als der alte Mann das Zeitliche segnete und Jules stand abermals allein ~~in dieser Welt~~. Ich hatte lange nichts von ihm gehört. Vor ~~fünf~~ [drei] Jahren grüsste mich ein junger Mensch auf dem Boulevard des Italiens und fragte schüchtern, ob ich mich seiner nicht erinnere. Anfangs verneinte ich verlegen, besann mich aber ~~sogleich~~ [schnell] und erkannte in ihm den Sohn meines verstorbenen Freundes. Er bat um die Erlaubnis, mich besuchen zu dürfen und im Laufe meines längeren Pariser Aufenthaltes entspann sich zwischen uns ein ziemlich reger Verkehr. ~~Im seinem~~ [Im] dritten Stock [weck] seines ihm gehörigen Hauses, Rue Montmartre, hatte er seine kleine Junggesellenwohnung inne und manchen Abend verbrachten wir plaudernd daselbst am Kamin, in dem das Feuer lustig flackerte und prasselte. Jules Glaymonts Wesen war ruhig und bescheiden, seine Rede ernster, als es seinen Jahren angemessen schien, dabei heiter und anregend, sein Äusseres wohlthuend sympatisch. Er erzählte mir die Geschichte seiner jungen Jahre. Auf Wunsch seines Grossoheim's hatte er Medicin studiert und vor zwei Wintern promoviert, ~~er hatte~~ sich jedoch nicht entschliessen können, seine Thätigkeit der Ausübung seines Berufs zuzuwenden, denn das Studium der Physiologie [nahm] ~~hatte~~ sein [ausschliesslicher] Interesse in [Anspruch] ~~weit grösserem Maasse wachgerufen~~. Jüngst hatte er seine schriftstellerische Begabung auf diesem Gebiete erprobt. „Ich fürchte jedoch", hatte er resigniert lächelnd gemeint, „dass der Wunsch, etwas zu leisten, bei mir grösser ist, als mein Können." Nachher vernahm ich, dass seine Arbeit von seiten der Gelehrtenwelt wenig Anerkennung gefunden

Diese und folgende Doppelseite:
Handpuppen zum Theaterstück *Der Krieg mit den Molche*n nach Karel Čapek, Schubert Theater, Wien, 2019, Puppenbau: Christoph Bochdansky, Schubert Theater, Wien.
Fotos: Katharina Manojlovic

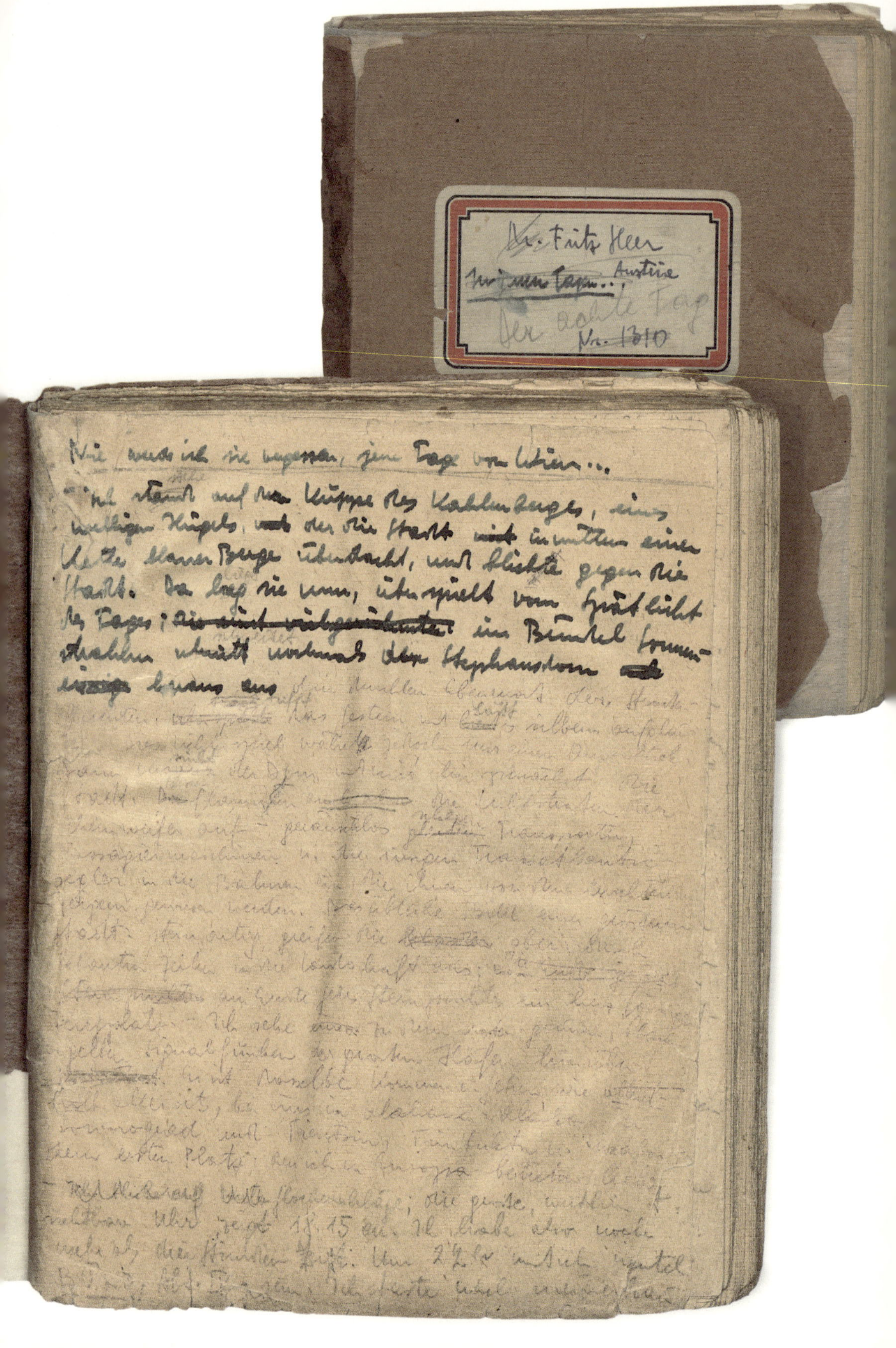
Dr. Fritz Heer
In jenen Tagen… Austria
Der achte Tag
Nr. 1310
Wie werde ich sie vergessen, jene Tage von Wien…

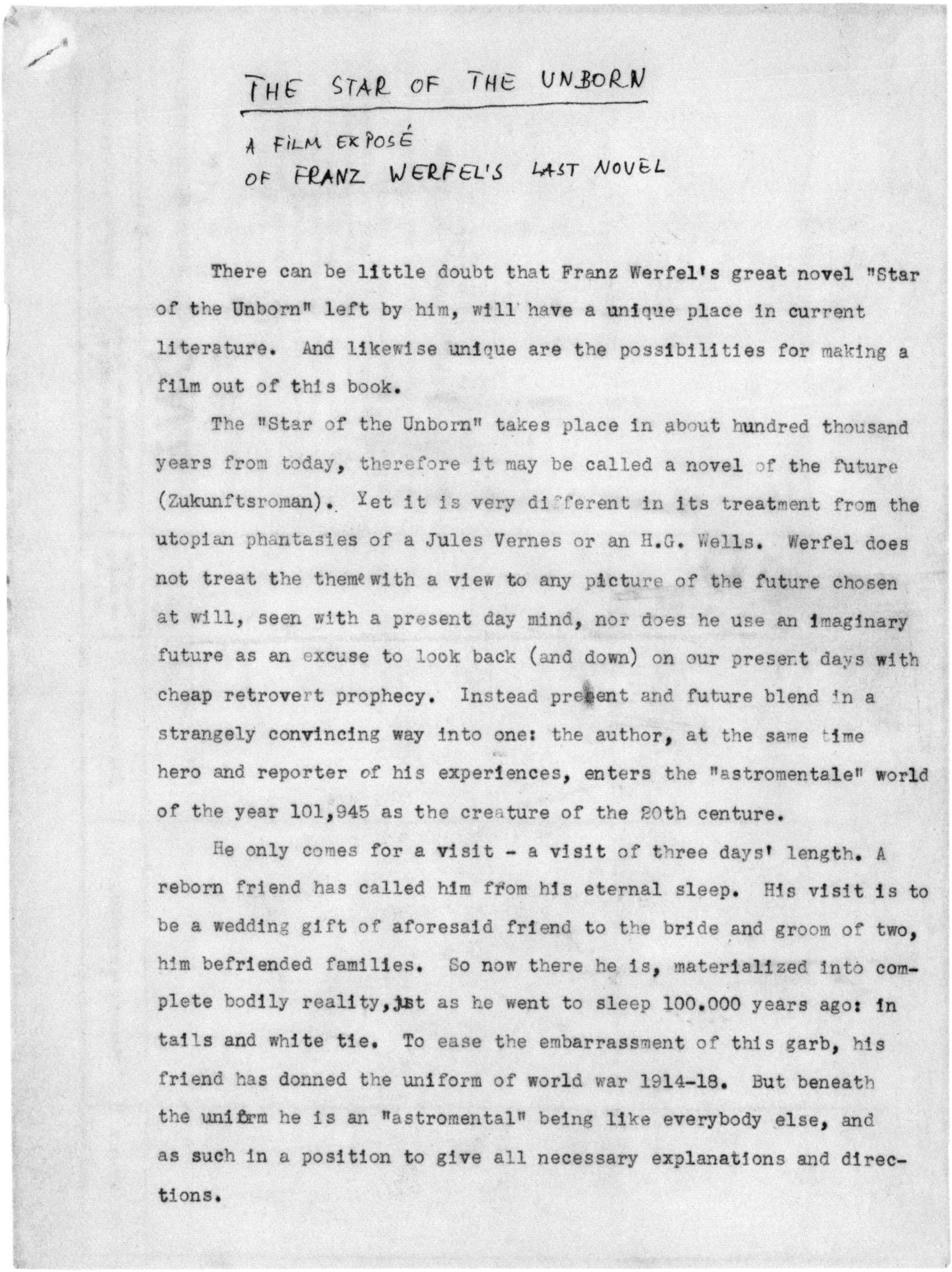

THE STAR OF THE UNBORN

A FILM EXPOSÉ
OF FRANZ WERFEL'S LAST NOVEL

There can be little doubt that Franz Werfel's great novel "Star of the Unborn" left by him, will have a unique place in current literature. And likewise unique are the possibilities for making a film out of this book.

The "Star of the Unborn" takes place in about hundred thousand years from today, therefore it may be called a novel of the future (Zukunftsroman). Yet it is very different in its treatment from the utopian phantasies of a Jules Vernes or an H.G. Wells. Werfel does not treat the theme with a view to any picture of the future chosen at will, seen with a present day mind, nor does he use an imaginary future as an excuse to look back (and down) on our present days with cheap retrovert prophecy. Instead present and future blend in a strangely convincing way into one: the author, at the same time hero and reporter of his experiences, enters the "astromentale" world of the year 101,945 as the creature of the 20th centure.

He only comes for a visit - a visit of three days' length. A reborn friend has called him from his eternal sleep. His visit is to be a wedding gift of aforesaid friend to the bride and groom of two, him befriended families. So now there he is, materialized into complete bodily reality, just as he went to sleep 100.000 years ago: in tails and white tie. To ease the embarrassment of this garb, his friend has donned the uniform of world war 1914-18. But beneath the uniform he is an "astromental" being like everybody else, and as such in a position to give all necessary explanations and directions.

Links: **Hermann Gohde [= Friedrich Heer]: »Der achte Tag«, Manuskript, o. D.** ÖNB, Literaturarchiv

Oben: **Friedrich Torberg, Franz Werfel: »The star of the unborn«. A film exposé of Franz Werfel's last novel, Typoskriptauszug, o. D.** ÖNB, Sammlung von Handschriften und alten Drucken

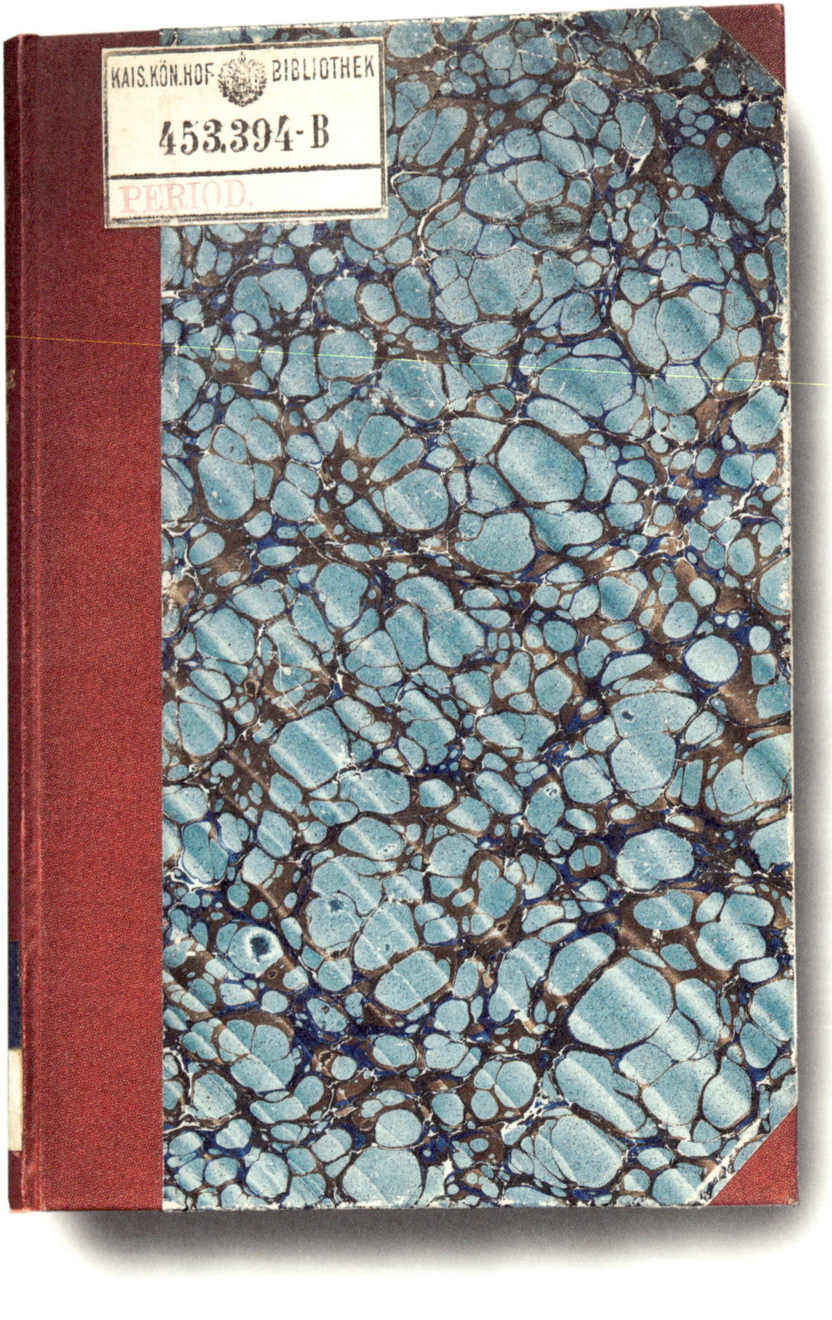

Diese und rechte Seite:
E. M. Foster: »The Machine Stops«. In: *The Oxford and Cambridge Review.* Ed. by Oswald R. Dawson. London: Constable & Co. Ltd. 1909.
Österreichische Nationalbibliothek

THE MACHINE STOPS

PART I

The Air-Ship

IMAGINE, if you can, a small room, hexagonal in shape, like the cell of a bee. It is lighted neither by window nor by lamp, yet it is filled with a soft radiance. There are no apertures for ventilation, yet the air is fresh. There are no musical instruments, and yet, at the moment that my meditation opens, this room is throbbing with melodious sounds. An arm-chair is in the centre, by its side a reading-desk—that is all the furniture. And in the arm-chair there sits a swaddled lump of flesh—a woman, about five feet high, with a face as white as a fungus. It is to her that the little room belongs.

An electric bell rang.

The woman touched a switch and the music was silent.

"I suppose I must see who it is," she thought, and set her chair in motion. The chair, like the music, was worked by machinery, and it rolled her to the other side of the room, where the bell still rang importunately.

"Who is it?" she called. Her voice was irritable, for she had been interrupted often since the music began. She knew several thousand people; in certain directions, human intercourse had advanced enormously.

But when she listened into the receiver, her white face wrinkled into smiles, and she said:

"Very well. Let us talk, I will isolate myself. I do not

G 2

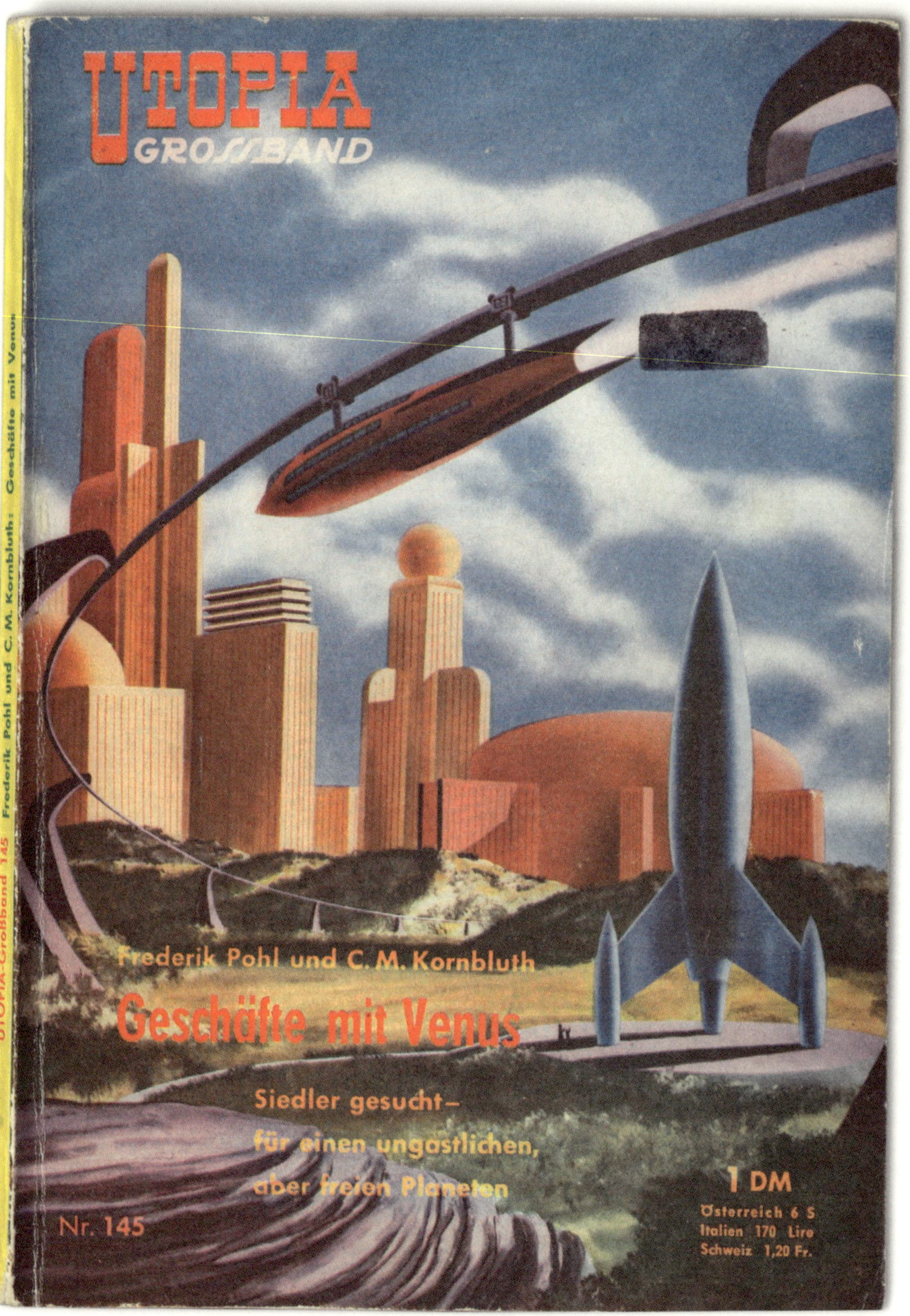
UTOPIA
GROSSBAND
Frederik Pohl und C. M. Kornbluth
Geschäfte mit Venus
Siedler gesucht –
für einen ungastlichen,
aber freien Planeten
Nr. 145
1 DM
Österreich 6 S
Italien 170 Lire
Schweiz 1,20 Fr.
UTOPIA-Großband 145 Frederik Pohl und C. M. Kornbluth: Geschäfte mit Venus

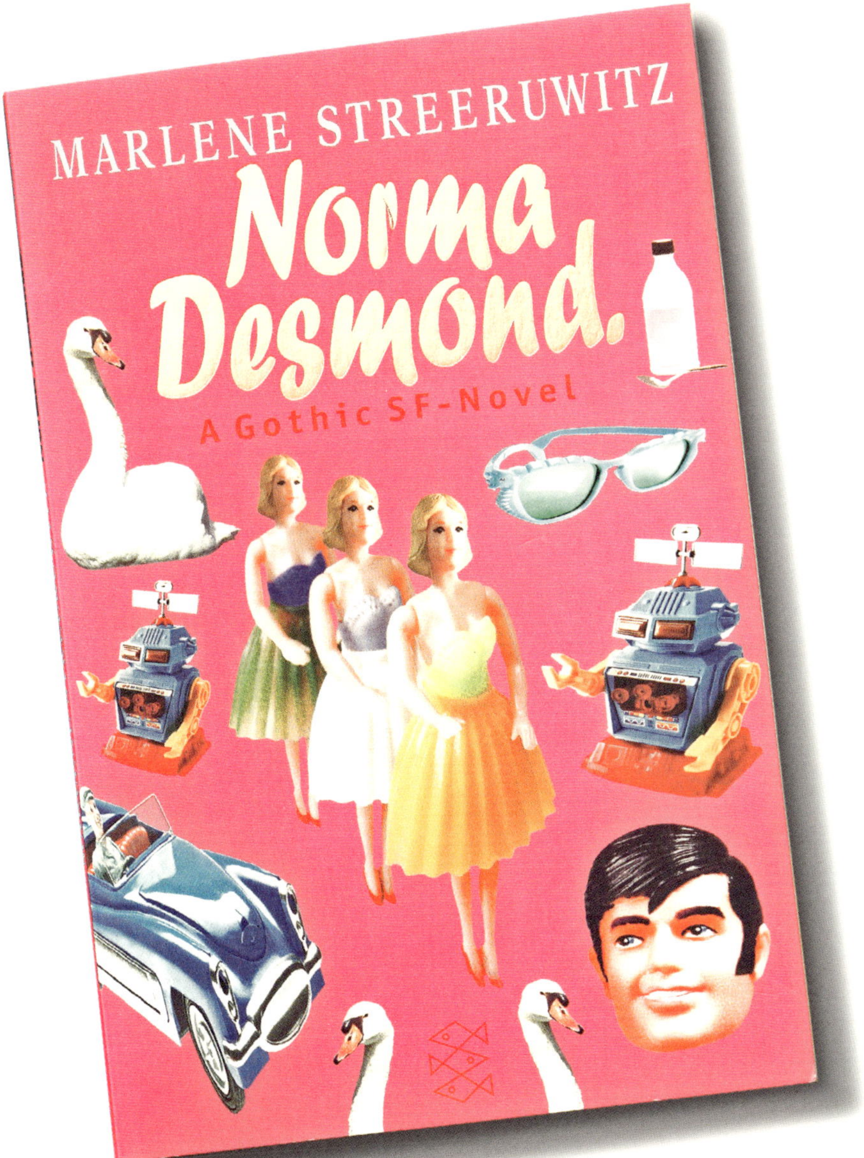

Marlene Streeruwitz: *Norma Desmond. A Gothic SF-Novel.*
Frankfurt am Main: S. Fischer Verlag 2002

Linke Seite: **Frederik Pohl, Cyril M. Kornbluth:** ***Geschäfte mit Venus.***
UTOPIA-Großband 145. Rastatt: Erich Pabel Verlag 1961.
Aus der Nachlassbibliothek Ernst Jandls. ÖNB, Literaturarchiv

Weltuntergang!

Kometen & Apokalypse

VON KATHARINA MANOJLOVIC

»Dieselbe Weltunterganks=Schtimmunk wie da=obm !«, kommentiert die Textilmusterzeichnerin Hertha Theunert in Arno Schmidts (1914–1979) Roman *KAFF auch Mare Crisium* (1960) eine Schulaufführung von August Wilhelm Ifflands Posse *Der Komet* aus dem Jahr 1799, die sie sich mit ihrem Geliebten Karl Richter während eines Besuchs bei »Tanndte Heete« in der Lüneburger Heide im örtlichen Gasthaus ansieht. (Schmidt 1960, 74) »Da=obm« meint in dieser Bestandsaufnahme dreier Leben »in den Därmen der Wiederaufrüstunk« im Deutschland der ausgehenden 1950er Jahre den Mond. (Ebd., 13) Auf diesem trägt sich die in das Jahr 1980 versetzte Endzeitfarce Karls zu: Mit der bunten Schilderung seines und Herthas Aufenthalts im Heidekaff Giffendorf bildet die lunare Binnenerzählung wie Kette und Schuss das Gewebe von *KAFF*. Im Mare Crisium, dem »Meer der Krisen« des Mondes, ist die von Karl erdachte Siedlung Glass Town gelegen, im Zentrum eines rund 500 Meter durchmessenden Kraters, der in seiner Mitte einen »hohen Zentral-Schpitzberg« hat, von dem aus »zu den Kesselwänden 5 bis 7 hohe Aluminium=Konstruktionen […] als Träger der Plexiglas=Kuppel, die über dem Ganzen flachliegt«, laufen. (Ebd., 14) Die Stimmung in Glass Town ist angespannt, die Treibhausatmosphäre miefig, ist die allgemeine Lage doch geprägt von der Sehnsucht nach der »flauschige[n] Kugel« Erde (ebd., 64), zunehmender Verarmung – »letzte dringende Anforderung von Kernseife — : DIE ERDE ANTWORTET NICHT MEHR !« (ebd., 86) – und Neid: »Bei den Russen soll's erst neulich wieder ›Frische Leber‹ gegeben haben …«. (Ebd., 30) In diesem Zustand allumfassender Verknappung, welche nur Ausdruck der kulturellen, geistigen und moralischen Verfassung der *KAFF*-Bewohner – oben wie unten – sein kann, erzcugt man wieder Schiefertafeln von Hand und sieht sich damit beauftragt, »mit wenich anderen Materialien als Sand & Bimmsschtein ein blütenweißes, büttenähnliches, Schreibmaterial her zu schtellen [...] für die Posteriora« (ebd., 28) – und das, wo Klopapier knapp ist, »*[v]on menstrual bandages noch gans* zu schweigen«. (Ebd., 34) Auf dem Heimatplaneten ist »platterdinx *Alles* kaputt«; Weltuntergangsstimmung herrscht unter den in *KAFF* ins Mondkaff Entkommenen angesichts einer bereits zerstörten, nach einem atomaren Weltkrieg im Jahr 1948 unbewohnbar gewordenen Erde: »von Leben iss überhaupt keene Rede mehr«, stellt die Hauptfigur von Karls Monderzählung Charlie zerknirscht fest. (Ebd., 19 f.) Dass darin die alte Welt, so die Prognosen, binnen fünfzig Jahren vollständig »von Lawen« überflutet sein wird, stellt für Schmidts postapokalyptische Siedler sogar noch einen Grund zur Hoffnung dar: Wenigstens auf dem Mond kann nach der vollständigen Vernichtung der Erde noch auf gute Strahlung, »Neue Wärmeschtrahlunk« für Glass Town, spekuliert werden. (Ebd., 88)

Dinge in der Schwebe

Die Weltuntergangsstimmung in Ifflands Posse *Komet*, die in *KAFF* als Stück im Stück, als Zitat und heiteres Echo vergangener Zeiten anklingt, hat einen Kometen als Grund: Der Himmelskörper soll, einer fragwürdigen Pariser Prognose zufolge, die Erde vernichtend treffen. Schmidts Protagonisten Karl und Hertha sehen sich das von der örtlichen Lehrerin mit ihren Schülern inszenierte Stück inmitten eines »Publikumm[s] wie aus Hanssax« an, das noch unbehelligt scheint von sämtlichen Weltuntergangsstimmungen und Ordnungen, von der Karls Mondfantasie beherrschenden Endzeitstimmung im Zeichen nuklearer Bedrohung ebenso wie von jener lichten aufklärerischen Ordnung, die den Schluss des Iffland'schen Bühnenstücks ausleuchtet. (Ebd., 77) Die sich angesichts der Kometenprognose einstellende Weltuntergangsangst im Zeichen der biblischen Apokalypse wird von Iffland aufs Korn genommen; die Gläubigen sind bei ihm von Abergläubigen kaum zu unterscheiden. Zu ihnen zählen der Buchbinder Balder und seine Familie, in Aufruhr gebracht durch den Betrüger Krappe, der Balder vom bevorstehenden Weltuntergang zu überzeugen versucht und vor diesem Horizont überreden will, seine Tochter Justine gegen deren Willen an ihn zu verheiraten: Wie auch in späteren Variationen dieses Stoffes birgt der prognostizierte Weltuntergang mancherlei Okkasionen. Im Gefolge ihres einfältigen Oberhauptes sehen sich bald auch Frau und Tochter vom ungesunden Wahn eingeholt: Das Stück beginnt mit Justine, die, allein mit sich, überlegt, warum sich noch plagen, wo doch »alles zu Grunde gehen soll und muß« und es »gleichviel [sei], ob die Stube so auss[ehe], oder anders« (Iffland 1799, 3); sie hofft, der

Komet möge sich verspäten, zieht aber die tödliche Begegnung mit diesem einer Verheiratung mit Krappe vor: »lieber will ich, daß uns der Komet erschlägt, als daß ich den heirathe.« (Ebd., 6) Doch es bleibt bei einem kurzen Kokettieren mit der Lust am kollektiven Untergang, denn Rettung naht durch Justines Verehrer und Wunschbräutigam Grünstein, dem es gelingt, den Buchbinder Balder, der ihm kurz zuvor noch gewünscht hat, er möge »mit den Büchern hinab fahren«, über seinen Irrtum aufzuklären. (Ebd., 14) Gemeint sind die Bücher »von denen, die an der Welt Untergang nicht glauben wollen« – jenen also, die angesichts der bedrohlichen Prognose wissenschaftlichen Erklärungen eher Glauben schenken wollen als biblischen Auslegungen – und bei Iffland triumphieren. (Ebd.) Hat auch »alles Feurige [...] Kapricen«, das Universum erscheint am Ende wohlgeordnet und der Mensch zur Läuterung fähig. (Ebd., 40) In Ifflands *Komet* wirkt der potentiell gefährliche Himmelskörper als Katalysator neuer Erkenntnisse und Anschauungen. Was in ihm nachwirkt als Vorstellung eines Prodigiums, eines wunderbaren Zeichens göttlichen Zorns, wird aufklärerisch in messbare Ordnungen überführt. Kometen wie dieser lassen sich als »epistemische Dinge in der Schwebe« beschreiben. (Rössler 2017, 145) Indem sie etablierte Ordnungen durchkreuzen – und durcheinanderzubringen drohen – und ihnen bis heute ein unbestimmbarer Rest anhaftet, stehen sie im Zeichen fundamentaler wissenschaftlicher wie medialer Umbrüche. Ihr literarischer Einsatz spiegelt je unterschiedliche Welterklärungsmodelle in ihrer Veränderlichkeit.

Erlösende Apokalypse

Justine heißt auch die Hauptfigur in Lars von Triers Film *Melancholia* (DK/SE/F/D 2011). Während Ifflands Justine aufgrund der abergläubischen Identifikation mit einer Weltuntergangsprognose an den falschen zu geraten droht, lässt von Triers Protagonistin ihre aufwändig in Szene gesetzte Hochzeitsfeier im Lichte gesellschaftlicher Ermüdungserscheinungen und unter dem Einfluss ihrer depressiven Erkrankung platzen. Das unausweichliche Herannahen des hier titelgebenden Planeten ahnt sie voraus und tritt dadurch in eine geradezu intime Beziehung zu ihm, die sich auf Dürers berühmten Kupferstich beziehen lässt, wenn sie in einer Szene des Films im Licht des neu aufgetauchten Gestirns badet. Zahlreiche weitere Anspielungen auf die Kunstgeschichte zeichnen den Film aus: In seinem Prolog stürzen in langen Zeitlupen Vögel vom Himmel, verdunkelt ein Ascheregen Pieter Bruegels Winterlandschaft *Jäger im Schnee* und brennt ein Dornbusch ungesehen. Gelangt der potentiell bedrohliche Himmelskörper bei

Iffland lediglich in den Debatten seiner Figuren zur Erscheinung, bedient *Melancholia* die visuelle Lust des Kinopublikums am Untergang. Dieser ist hier nicht bloß imaginiert oder verfehlt; er ist ausweglos und hat vor allem keinen tieferen Sinn. Die totale Apokalypse erscheint aber, wenigstens der Melancholikerin Justine, als Erlösung: Während das stetige Näherkommen des Himmelskörpers alle Anwesenden, darunter Justines nobel am Leben hängende Schwester Claire, aus der Fassung geraten lässt, sehnt sie das Ende herbei. Die Zerstörung ist unaufhaltbar, endgültig und irreversibel, niemand kann sich ihr entziehen. Ordnungen zerfallen, die »Sinnfigur des Danach« ist, wenigstens für die hier in planetarem Ausmaß unmittelbar Involvierten, schon zu Beginn verlorengegangen.

Kosmisch komisch

Dass das Auftreten eines Kometen mit Unvorhersehbarem und Ordnungsverlusten einhergeht, mit Hektik und Hysterie, nutzte auch der Dramatiker Johann Nestroy. In mehreren seiner Stücke ist der Komet Motiv; das berühmte, als »Kometenlied« bekanntgewordene Couplet aus seiner Zauberposse *Der böse Geist Lumpazivagabundus oder Das liederliche Kleeblatt* (1833) zur Musik Adolf Müllers hatte Nestroy bereits in anderen, zu Lebzeiten nicht aufgeführten Stücken, darunter *Genius, Schuster und Marqueur oder Die Pyramieden der Verzauberung,* in Verwendung. Verulkt wird darin die Kometenfurcht, mit der Nestroy vertraut gewesen ist aufgrund der für das Jahr 1832 vorhergesagten Vorbeiflüge zweier Kometen. Durch Nestroys Lied zieht ein vagabundierender Komet und bedroht, wenigstens wenn es nach einem der Protagonisten, dem trinkenden Schuster Knieriem, geht, die Erde: »Ein Komet reist ohne Unterlaß / Um am Firmament und hat kein' Paß«. (Nestroy 1924, 69) Knieriem redet sich und anderen den bevorstehenden Weltuntergang ein und sieht keinen Sinn darin, auf die Zukunft zu bauen; sein Fatalismus ist freilich auch der einer prekären Existenz. Sein Lied handelt von einer Unordnung in den Sternen, von Wetterkapriolen, der Komet hat »Kaprizen« wie schon jener Ifflands, und die himmlische Unordnung spiegelt sich in der Unordnung auf Erden: »Auch unt' sieht man, daß 's auf 'n Ruin losgeht.« Die Stimmung ist apokalyptisch: »Die Welt steht auf kein' Fall mehr lang.« (Ebd., 69 f.) Das Geschehen auf der Welt scheint ebenso ungewiss wie die Bahnen des Kometen, und immer geht es auch um das Entkommenwollen oder Nicht-Entkommenkönnen aus der eigenen Welt, die von etwas Großem gestreift wird. Bei Nestroy entsteht die mit den Kometenbeschreibungen einhergehende Komik nicht zuletzt aus der satirischen Zurschaustellung astronomischen (Un-)Wissens:

> Das
> Astralfeuer des Sonnenzirkels ist in der goldenen Zahl
> des Urions von dem Sternbild des Planetensystems in das
> Universum der Parallaxe mittelst des Fixstern-Quadranten
> in die Ellipse der Ekliptik gerathen; folglich muß durch
> die Diagonale der Approximation der perpendikulären
> Zirkeln der nächste Komet die Welt zusammenstoßen.
> Diese Berechnung ist so klar wie Schuhwix. Freilich
> hat nicht Jeder die Wissenschaft so im klein' Finger als
> wie ich; aber auch der minder Gebildete kann alle Tag'
> Sachen genug bemerken, welche deutlich beweisen,
> daß die Welt nicht lang mehr steht.
> (Nestroy 1924, 69)

Dass Kometen, ob bei Nestroy oder in den Zeitungs- und Magazinberichten des Jahres 1910, die anlässlich des Vorbeiflugs des Halley'schen Kometen vielfach ebenfalls humorig auf den Weltuntergang Bezug nahmen, anthropomorph, vermenschlicht erscheinen (und, wie später bei Jura Soyfer, Konrad heißen und sprechen können), mag auch davon zeugen, wie sehr diese aus fernen und noch ferneren Gegenden des Sonnensystems Vorbeireisenden unseren Wahrnehmungs- und Wissenshorizont (nach wie vor) herausfordern. Jedenfalls lässt sich aus den Texten Ifflands und Nestroys noch jenes Staunen heraushören, das die großen, insbesondere auch auf dem Feld der Astronomie verzeichneten Erkenntniszuwächse des 17. und 18. Jahrhunderts ausgelöst haben mussten. Was Ulrich Stadler mit Blick auf das 18. Jahrhundert formuliert hat, dass nämlich die Literarisierung von Kometenerscheinungen und -vorhersagen und der mit ihnen assoziierten Gefahrenvorstellungen einen »poetische[n] Depotenzierungsversuch« darstellen, gilt auch für sie: Während Astronomen und Mathematiker jener Zeit gegen die alte, immer noch präsente Angst vor Kometen als Unglückszeichen anzuschreiben versuchten – und damit zwar rationalere, aber deshalb nicht unbedingt weniger beängstigende neue Vorstellungen potentiell herabstützender Himmelskörper in Umlauf brachten –, kann in poetischen Texten vermittels der Kombination dieser Ängste mit leichteren Themen »hinweggescherzt« werden. (Stadler 2003, 119) Bei Nestroy erscheint der Mensch mit seinen Sorgen und Eitelkeiten im Anflug des Kometen schließlich klein und zum Lachen.

Komet als Vorwand

Ist die Rettung der unverbesserlichen Figuren im *Lumpazivagabundus* (wie auch jener Ifflands) Programm, erscheint sie bei Arno Schmidt nur noch als fernes Echo: Auf dem Mond und angesichts des bereits durchlebten, selbst verursachten Untergangs hat jede Hoffnung ihre alte Gültigkeit verloren; im Irdischen gibt es nichts mehr zu verzaubern oder aufzuklären.

Nicht nur Schmidt bedient sich eines älteren Kometentextes als doppeltem Boden seines Romans, um die dort artikulierte Angst vor höheren Gewalten mit dem Potential menschengemachter Vernichtung durch atomare Kräfte zu konterkarieren (bei ihm erscheinen die Mondsiedler unbelehrbar). Jura Soyfers (1912–1939) erstes, am 6. Mai 1936 im Wiener Kabarettlokal ABC (für »Alsergrund Brettl City«) uraufgeführtes Bühnenstück *Weltuntergang oder »Die Welt steht auf kein' Fall mehr lang«* verbindet eine Kometenprophezeiung mit deutlichen politischen Untertönen. Bereits im Titel klingt der Bezug zu Nestroy an, und zwar zum Fortsetzungsstück des *Lumpazivagabundus*, dem Zauberspiel *Die Familien Zwirn, Knieriem und Leim oder der Welt-Untergangs-Tag*. Dieses handelt, unter anderen Vorzeichen und zwanzig Jahre später, von denselben Figuren und ihren Nachkommen: Der vom jungen Knieriem prophezeite Komet ist nicht eingetroffen und wird sich erneut als unpünktlich erweisen. Soyfers Bühnenstück handelt vom »Zerstörungswerk« des Menschen, von einer Apokalypse, zu der es des hier ins Spiel gebrachten Kometen gar nicht mehr bedarf. Zu Beginn zeigen sich Sonne, Mond, Venus, Mars und Saturn. Die Sonne bestellt, da sie eine »ekelhafte Dissonanz« im Kosmos vernommen zu haben meint, den Mond zu sich, um »an allerhöchster Stelle eine Notverordnung [zu] erwirken«. Dieser erscheint, um zu berichten, dass die Erde krank sei, denn »sie hat […] MENSCHEN«. (Soyfer 1947, 247) Als »Radikalkur für die Erde« soll deshalb ein zufällig zu einem Rendezvous mit einer Sternschnuppe vorbeiziehender Komet namens Konrad in Richtung derselben geschickt werden und sie »entmenschen«. (Ebd.) Soyfers Stück ist voller Anspielungen auf die Diktion nationalsozialistischer Sprache und politische Ereignisse: So klingt in der hier erwirkten »Notverordnung« auch die »Verordnung des Reichspräsidenten zum Schutz von Volk und Staat« vom 28. Februar 1933 an, die einen wesentlichen Schritt Richtung Diktatur und Machtergreifung Hitlers bildete. Die Nachricht vom Weltuntergang macht unterdessen auf Erden die Runde. Der »Führer« empfängt den Gelehrten Guck, Entdecker des bedrohlichen Kometen, aber bloß um den Weltuntergang als »eine völkische Erfindung« für sich zu beanspruchen: »Zum Zerschmettern bin ich da!«

– »Weltjudentum, Freimaurerei und Bolschewismus« hätten den Kometen entsandt, um das Volk »durch fremdplanetarische Einflüsse zu zersetzen«. (Ebd., 252)

Soyfers Weltuntergang prägt Ausweglosigkeit; seine Figuren laufen der Apokalypse entgegen, weil sie sie nicht sehen wollen oder können, im Fall der Depravierten in diesem Stück, oder weil sie verbrecherisch agieren, im Fall der diversen Regierungen, denn Guck findet niemanden, der die von ihm erdachte Maschine zur Weltrettung zu finanzieren bereit wäre; sämtliche von ihm aufgesuchten Beamte Englands, Frankreichs und Deutschlands lassen ihn nach Vorbringung seiner Idee aufs Derbste per Fußtritt hinausbefördern; der zuletzt aufgesuchte österreichische reagiert auf seine Nachricht »Der Weltuntergang kommt!« mit dem Hinweis, dass kein Parteienverkehr stattfinde. Entsetzt durch die Straßen ziehend, wo Weltuntergangsanleihen gezeichnet werden und Ausverkäufe »zu Okkasionspreisen« stattfinden, begegnet Guck schließlich Sängern, die das Lied »Gehn ma halt a bisserl unter« singen:

> Ob ich auch das kleine Café
> In Hernals nimmer seh –
> Sag ich trotzdem ganz lustig ade!
> Gehn ma halt a bisserl unter,
> Mit Tsching-tsching in Viererreihn
> Immer lustig, fesch und munter,
> Gar so arg kann's ja net sein.
> (Ebd., 262)

Horst Jarka weist darauf hin, wie sehr Sprach- und Medienkritik bei Soyfer in eins wirken: Sensationslust und Profit siegen über Fakten, der Rundfunk mit seinen »zarten, blitzend harten / Kupfernerven« wirkt als in den 1930er Jahren schnell an Bedeutung gewinnende, den Regierungen zunehmend willfährig dienende Kraft. (Zit. n. Jarka 1987, 278 f.)

Für diesen Weltuntergang bedarf es keines außerirdischen Boten der Apokalypse, man besorgt sich ihn lieber selbst. Interessant ist das Abgleiten dieser Farce in die Science-Fiction: Die politischen Vertreter Amerikas malen sich kurz vor dem verfehlten Ende ein Davonkommen per Raumschiff aus – und enden in einer Attrappe. Der Komet jedenfalls zieht, verzaubert von der Erde, an dieser vorbei; seine Verliebtheit lässt ihn das »Lied von der Erde« anstimmen:

Voll Hunger und voll Brot ist diese Erde,
Voll Leben und voll Tod ist diese Erde,
In Armut und in Reichtum grenzenlos.
Gesegnet und verdammt ist diese Erde,
Von Schönheit hell umflammt ist diese Erde,
Und ihre Zukunft ist herrlich und groß!
(Ebd., 274)

Diese Zukunft sollte Jura Soyfer, der am 16. Februar 1939 mit sechsundzwanzig Jahren im Konzentrationslager Buchenwald umkam, nicht mehr erleben. In seinem Stück hat die Menschheit ihre Zukunft selbst in der Hand, sie kann sich der Figur des »Führers« folgend selbst vernichten, aber auch selbst retten. Der Blick nach außen ist dabei nur ein (stets vergeblicher) Versuch, diesen Widersprüchlichkeiten zu entkommen. So wenig wie die Welt den Kometen für die Apokalypse braucht, so gering ist das Versprechen auf Erlösung, die die Apokalypse einst verhieß.

In der Nachfolge Nestroys steht auch Peter Henischs (*1943) Prosaerzählung *Kommt eh der Komet* (1995). Waren es bei Nestroy die Handwerksgesellen Leim, Knieriem und Zwirn, treffen sich bei Henisch in vergleichbarer Konstellation der ehemalige Bankangestellte Scheck, der Kleinkriminelle Glasl und der dem Alkohol sehr zugetane Kuli, der, wie sein Name schon anzeigt, lieber Schriftsteller wäre. Und wie auch bei Nestroy gibt es eine Kometenprophezeiung: »Der wo die Welt zugrunde richtet!« (Henisch 1995, 20) Kuli weiß nicht, ob sich das mit seinem Roman noch auszahlt: »Selbst wenn er ihn fertigbringt –: Wer soll ihn lesen?« (Ebd.) Henischs Figuren sind ramponierter und statt von höheren Mächten vor allem von ihren eigenen, verhinderten Sehnsüchten gelenkt, an die sie nicht wirklich glauben, ebenso wenig wie an eine verheißungsvolle Zukunft. Das bei Nestroy noch zu erwartende Glück, die Existenz einer ihr Füllhorn ausschüttenden Glücksgöttin Fortuna fehlen; Verbesserungen erweisen sich als schwierig; das Komische wendet sich ins Tragische; das Böse erscheint lächerlich: Nach einem Geldgewinn, der auch dieses Dreier-Gespannt ereilt, wird der rehabilitierte, jedoch in seinen kleinbürgerlichen Verhältnissen unglückliche Scheck unvermutet zum Mörder, er erschießt seine ehemaligen Weggefährten, die sich einen Jux machen wollten und just jene Bank ausrauben, in der er am Schalter sitzt. Dabei wird Schecks eigenes Leben überfallen; Scheck sitzt in der Bank und schießt – weil sein Lebensentwurf nicht zusammengeht mit jenem der ehemaligen Freunde – Kuli und Glasl nieder.

In der Literatur sind Kometenprophezeiungen ein wiederkehrendes Motiv, eine sich wiederholende Konstellation, oft sind sie paradoxerweise nur Symptom eines ohnehin drohenden Untergangs, eine Art »MacGuffin«, ein Ding also, das vornehmlich da ist, um eine Handlung auszulösen und voranzutreiben. In modernen Endzeitstimmungen, die angesichts bedrohlicher Kometen imaginiert werden, soll sich (noch einmal) etwas vergegenwärtigen und offenbaren, kann sich, angesichts eines möglichen Endes, etwas verdeutlichen und konturieren: der Mensch selbst. Der Komet zeigt sich auf der Bühne oder erscheint im Text, und bestimmte Typen erscheinen auch, zeigen, wie sie wirklich sind, als könnten sie jetzt aushärten im Licht dieses herannahenden anderen Körpers. Sicher ist, dass etwas bersten wird: eine Weltanschauung, die Dimensionalität einer (historischen) Perspektive, ein bestimmter Vorsatz, Leben. In den meisten Katastrophenfilmen, in denen wir auf die Erde zurasenden Objekten gegenübersitzen, zeigt sich am Ende, wer die wirklich Harten sind: der Himmelskörper, das Ding aus dem All, besser nicht.

VERWENDETE LITERATUR

Henisch 1995 = Peter Henisch: Kommt eh der Komet. Erzählung. Salzburg/Wien: Residenz Verlag 1995.

Iffland 1799 = August Wilhelm Iffland: Der Komet. Eine Posse in Einem Aufzuge. In: A. W. Ifflands dramatische Werke, 5. Bd. Leipzig: Georg Joachim Göschen 1799.

Jarka 1987 = Horst Jarka: Jura Soyfer. Leben, Werk, Zeit. Mit einem Vorwort von Hans Weigel. Wien: Löcker Verlag 1987.

Nestroy 1924 = Johann Nestroy: Der böse Geist Lumpazivagabundus oder Das liederliche Kleeblatt. Zauberposse mit Gesang in drei Akten. In: ders.: Sämtliche Werke in zwölf Bänden. Hg. v. Fritz Bruckner u. Otto Rommel, Bd. 2. Wien: Kunstverlag Anton Schroll & Co 1924, S. 1–83.

Rössler 2017 = Reto Rössler: ›Glückliche Konstellation‹? ›Lehrgedicht‹, Komet und ›Versuch‹, 1744–1747. In: Zwischen Literatur und Naturwissenschaft. Debatten – Probleme – Visionen 1680–1820. Hg. v. Rudolf Freiburg, Christine Lubkoll und Harald Neumeyer. Berlin/Boston: de Gruyter 2017, S. 136–165.

Schmidt 1960 = Arno Schmidt: KAFF auch MARE CRISIUM. Karlsruhe: Stahlberg Verlag 1960.

Soyfer 1947 = Jura Soyfer: Weltuntergang oder »Die Welt steht auf kein' Fall mehr lang«. In: ders.: Vom Paradies zum Weltuntergang. Wien: Globus-Verlag 1947, S. 241–274.

Stadler 2003 = Ulrich Stadler: Der technisierte Blick. Optische Instrumente und der Status von Literatur. Ein kulturhistorisches Museum. Würzburg: Königshausen & Neumann 2003.

Adolf Müller, Johann Nestroy:
»Die Familien Zwirn, Leim und Knieriem oder
Der Welt-Untergangs-Tag«, Partitur, o. D.
ÖNB, Musiksammlung

Der Kometenhut.

Es lebe der Kometenhut! Der Aeroplanhut ist tot, der Chanteclerhut liegt in den letzten Zügen, es lebe der Kometenhut! Das scheint der neueste Grundsatz der Damenhutmode zu

Postkarten zum Erscheinen des Halley'schen Kometen im Jahr 1910.
Leihgabe Katharina Manojlovic

Illustrierte Kronen-Zeitung vom 4. Mai 1910.
Österreichische Nationalbibliothek

J. Rademacher: *Unser Wissen von den Kometen: Der Haleysche Komet. Kometen und Weltuntergang.* Wien: Opitz Nachfolger 1910.
Österreichische Nationalbibliothek

Rechte Seite: **Wilhelm Bölsche: *Komet und Weltuntergang.* Eugen Diederichs: Jena 1910.**
Österreichische Nationalbibliothek

Wilhelm Bölsche
Komet und Weltuntergang

CHRISTL DIMT - BUSTA

APOKALYPTISCHE LANDSCHAFT .

Ströme aus rotem Gold
Wälzen nach feurigen Meeren
Riesig reifen das Leid
Schwarze Sonnen der Schuld.

Tote Augen der Seen
Starrn nach blutigen Himmeln.
Städte schlagen die Szepter
Frevlen Geists ans Gestirn.

Berge heben das Haupt
Auf zu furchtbarer Klage
Wälder brüten den Fluch
Dem verlornen Geschlecht.

Günther Anders:
Fotoalbum seiner Japanreise 1958.
ÖNB, Literaturarchiv

Günther Anders während seiner Japanreise.
Im August 1958 nahm er in Tokio am »IV. Internationalen Kongress gegen Atom- und Wasserstoffbomben und für Abrüstung« teil.
ÖNB, Literaturarchiv

Linke Seite:
Christine Busta: »Apokalyptische Landschaft«, Typoskript, o. D. ÖNB, Literaturarchiv

F

~~die ü - i - schranke~~

Apocalypse Soon

maunchmoe hob e des gfüü
de wööd solled fuan untagaung
daun dafaunge me und sog ma
des güt ~~no~~ nua fia mii

29.8.91

~~A. hold~~ (Titel)

Ernst Jandl: Notizbuch, Eintrag vom 30.8.91.
ÖNB, Literaturarchiv

Linke Seite: **Ernst Jandl: »Apocalypse Soon«, Manuskript, 29.8.91.**
ÖNB, Literaturarchiv

Weltuntergang.

Heil Österreich mein Heimatland.
Die WÖTLT geht UNTer ------ da is Brand.
~~die Welt geht~~ unter der Arzt geht heim
Nun muß noch mal geschieden sein

WELTUNTERGANG

Heil Österreich mein Heimatl.
DIE WELT GEht unter – da is Brand.
Die Wölt geht unter der Arzt geht heim
Nun muß noch mal geschieden sein.

Otto Basil: *Apokalyptischer Vers.* Wien: Erwin Müller 1967. ÖNB, Literaturarchiv

Linke Seite: **Ernst Herbeck: »Weltuntergang« und »WELTUNTERGANG«, Manuskripte, 1968.**
ÖNB, Sammlung von Handschriften und alten Drucken

Plakat zu Gerhard Rühms Lesung aus »botschaft an die zukunft«, Forum Stadtpark, Graz, 21.12.1989. ÖNB, Literaturarchiv

Rechts: **Gerhard Rühm: »botschaft an die zukunft«, Typoskript, 1983.** ÖNB, Literaturarchiv

wi könän tsukünftigä gänäratsionän ätwa in tsentauzänt jarän for
ctraländän atommül-lagärctätän gäwarnt werdän / 3x7 PAUSE
wi könän tsukünftigä gänäratsionän ätwa in tsentauzänt jarän for
ctraländän atommül-lagärctätän gäwarnt werdän / 3x7
wi könän tsukünftigä gänäratsionän ätwa in tsentauzänt jarän for
ctraländän atommül-lagärctätän gäwarnt werdän /
d.- d.-.-n m.-.-nc.-.-n ..n ts.nt.-..-z.-.-nt j.-r.-.-n w.d.-.-r d..
h---.---t..g.-.-n cpr.-x.-.-n ..-nt z..t.-.-n n---x d.. xxxxxxxxx
g.g.-.-nw.-.-rt..g.-.-n k..-lt..-r.-.-n f.-.-ret.-.-ndl..x z.-..n
d..--rft..--n .-.-pf.-l .-..n w..s.-.-nc.-ftl.-.-r .-n d.--n
l.-g.-.-r---rt.-.-n gr---s.-.- w.-rnc..ld.-.-r m..t .-..n.-.-m
k---m..-n..k.-ts..---nsm..ks .-..-s w---rt.-.-n z..--mb---l.-.-n
..-nt k.-rt..-n.-.-nl..x.-.-n ts.-..xn..-q.-.-n .-..-fts..-ct.-.-l.-.-n / 3x7
d..z.-.- w.-rnh..nw.-..z.-.- z---lt.-.-n fr.-..l..x n..xt n..-r
..nf---rm..r.-.-n z---nd.-.-rn .-..-x .-n d.-.-n xxxxxxxxxxxxxxx
m.-.-ncl..x.-.-n h.-q ts..-m .-b.-.-rgl.-..-b.-.-n .-p.-.-l..r.-.-n
.-.-tw.- ..n f---rm .-..n.-.-r f.-.-rh..--lt.-.-n dr---..-q d.-s
xxxxxx j.d.-.-s b.-.-tr.t.-.-n d.-.-r l.-g.-.-rct.-.-t.-.-n
..-nw.-..g.-.-rl..x ..--b.-.-rn.-t..--rl..x.-.- r.-x.-.- ts..-r
f---lg.-.- h.-b.-.- / 3x7
d.- z---lx.-.- w.-rn..-q.-.-n n---.--g..r..g.-.- n.-t..-r.-.-n
.-.-f.-r..-qsg.-.-m.-.-s ..-.-r .-nts...-.-n .-ls .-pcr.-.-k.-.-n
xxxxxxxxxxx .-.-mpf..lt d.-.-r .-.-ksp.-.-rt.-.- ..--b.-.-d..s d..
..-mg.-.-b..-q d.-.-r .-t---ml.-g.-.-r n---x m..t d.-.-m
..--b.-.-g.-.-r..-x l.-qw..rk.-.-nd.-.-r ct..nkb---mb.-.-n ts..-
f.-.-rp.-.-st.-.-n / 3x7
-..'.. ..-'--'--.'.'-...'..-'--.- -..'.-.-'.-. .-'-'---'--'.-..'.-'--.'.-.-'.-.
-.'---'-..- --'..'- -..'.-.-'-- .--'-...'.-.-'.-..'--.'.-.-'.-.'..-'-..-
.-..'.-'--.-'.--'..'.-.'-.-'.-.-'-.'-..'.-.-'-.-
-.-.'-'..'-.'-.-'-...'---'--'-...'.-.-'-. -'...'..- xxxxxxxxxxxxxx
..-.'.-.-'.-.'.--.'.-.-'...'-'.-.-'-. / 3x7
//: ..-.'.-.-'.-.'.--.'.-.-'...'-'.-.-'-. ://

text auf ...---... (SOS)-klopfen lesen.

Nie wieder Kunst

Visionen einer Welt ohne Menschen

VON KERSTIN PUTZ

Wir verlassen die Erde, auf dass sie schöner werde
Die Goldenen Zitronen

Als Menschen erstmals den Mond betraten, bot sich ihnen und uns, die wir die Aufnahmen davon sahen und sehen, ein karges Bild: Was sich sehnsüchtig betrachten ließ aus der Ferne, von Weitem anhimmeln in Poesie und Lied, das offenbarte sich aus der Nähe besehen, erreicht und erobert, als reichlich unwirtlich. Wir nennen »Mondlandschaft«, was uns als trostlose Wüstenei, als entvölkertes Gebiet erscheint. Die Reisen zum Mond und alle anderen von Menschen unternommenen Expeditionen in den Weltraum zeigen uns vor allem auch unsere Erde anders; man musste gleichsam nur die Blickrichtung ändern: Es ist der Blick *vom* Mond, der das absolut Neue der Weltraumflüge darstellt. (Vgl. Anders 1970) Vom Weltall aus gesehen präsentiert sich die Erde als wundersame blaue Kugel, eingepasst in ein neues Welt-Bild, scheinbar verschont, scheinbar unberührt von Menschenhand, und darum umso berührender: schön. Als Anstifterin unserer Phantasie wirkt dieses Bild, beflügelt es die Vorstellung einer Welt ohne Menschen, unversehrt von Industrie, Umweltverschmutzung und Raubbau, nicht verunstaltet von Kriegen, Zerstörungslust, Menschengewalt, im Quasi-Naturzustand. Es ist gerade dieser Gedanke an eine von menschlichem Zugriff befreite Welt, der das Empfinden von Schönheit evoziert. Die Erhabenheit und Größe des im Weltall schwebenden blauen Planeten ist, was die Menschen im Vergleich dazu klein und unbedeutend, ob ihres Expansionswillens zugleich größenwahnsinnig und unendlich hochmütig erscheinen lässt. – Wäre die Erde nicht schöner, wenn wir sie verließen?

Lebendige Dinge, zerschlissene Kleider

An Visionen einer Welt (fast) ohne Menschen, wie sie in der Literatur, im Film, in Games und allen anderen Künsten entworfen werden, fasziniert ihre Drastik. In radikalen Versuchsanordnungen zeigt sich eine Erde, die nur noch von wenigen, letzten Menschen bevölkert ist, heimgesucht von Überschwemmungen, Erdbeben, Atomkriegen, Bränden, Epidemien, von Naturgewalten und menschengemachten Katastrophen aller Art, oder aber übernommen von Maschinen, Robotern, künstlicher Intelligenz. (Vgl. Horn 2014, 181 ff.) In solchen postapokalyptischen Szenarios ist die Katastrophe bereits geschehen: Wo wenige Überlebende eine verbrannte Erde durchwandern, wo Staub und Asche die Welt verdunkelt haben, wo nichts mehr ist, wie es war, dort stellen sich den letzten Menschen zwangsläufig auch einige der letzten Fragen: Wohin mit uns? Sind wir die letzten unserer Art? Wie weiterexistieren? Und: Welchen Sinn hätte eine solche einsame, alles andere als welthaltige Existenz noch in einer zerstörten Umgebung? Was bliebe noch von *uns* in einer solchen Welt, die entkleidet ist der Vielfalt menschlicher Beziehungen, ihrer Schutz bietenden Institutionen, ihrer menschengemachten Dinge und Artefakte? Wer sind wir, wenn wir unsere kulturelle Haut abstreifen? Was geschieht schließlich, wenn die zivilisatorischen »Tugenden [...] vom Menschen plötzlich ab[fallen] wie Kostüme«? (Horn 2014, 70)

In ihrer an Radikalität und existentieller Düsternis kaum zu überbietenden Endzeitvision *Die Höhlen Noahs* (1961) entwirft Hannelore Valencak (1929–2004) das bedrückende Bild einer familienähnlichen Überlebensgemeinschaft: Eine Handvoll Menschen ist nach einem Schreckensszenario aus Feuer, Glut, Rauch und Asche, das wie eine Art Weltenbrand anmutet, in einen Gebirgskessel, eine unwirtliche Felsenwelt geflohen, wo sie seither in Höhlen haust. Die Ursache der Katastrophe, die die Städte, den menschlichen Lebensraum, ja die Welt, wie wir sie kennen, zerstört zu haben scheint, bleibt ungenannt; dennoch erinnern Valencaks apokalyptische Beschreibungen zwangsläufig an die Atombombenabwürfe über Japan, an Welt- und Luftkrieg. Ein brennender Himmel, ein glühender Regen, eine versengte Erde, die sich wie ein Vulkan öffnet; »etwas Übergrelles«, »etwas Überheißes«, das der Protagonistin Martina noch in trüber Erinnerung geblieben ist; der Rest des Erlebten ist zu schrecklich, zu schmerzhaft, um erinnert zu werden. (Valencak 2012, 28) Ein archaisch anmutender ewiger Krieg scheint zu herrschen, die Zukunft ist aufgekündigt: »Ein Klagen füllte die Luft, das sich aus den Menschenstimmen und dem Wehlaut der Dinge gespenstisch zusammensetzte.« (Ebd., 30) Vom Rest der Welt abgeschnitten, jedes zivilisatorischen Kontexts beraubt, werden die Menschen den Dingen, der unbelebten, steinernen Natur immer ähnlicher. Ja, die bebende Erde scheint lebendiger noch als die Menschen, die im Vergleich zu den Dingen leblos, objekthaft wirken: »Die Dinge wehrten sich gegen ihre Peinigung. Was lebendig war, konnte nicht mehr aufbegehren. Starr und niedergeschmettert lag es da und wartete auf das Ende – auf irgendeines.« (Ebd., 38) Zu Beginn des Romans liegt dieses Ende bereits in der Vergangenheit, vom Untergangsszenario wird in der Rückschau erzählt. Die Überlebenden hausen, ja vegetieren in ihrer öden, staubigen Höhlenwelt, beherrscht von Hunger, Not, ihren Instinkten. Wie Tiere und mehr und mehr wie Pilze, deren Leben ein einziges Wuchern ist, eine dumpfe Existenz, wie Schimmel, wie Schleim, »der sich absondert, wo etwas Lebendiges zerfällt«. (Ebd., 45) Ein Entrinnen aus der steinernen Enge der Felskämme, aus den Höhlen, die alles andere sind als Ebenbilder der Arche Noahs, scheint es nicht zu geben. So verbrannt die Erde, so »tot« der Raum, so leblos und verelendet sind auch die Beziehungen der Menschen zueinander. (Vgl. ebd., 126, 136) Wo Zuneigung und menschliche Zuwendung in Augenblicken aufblitzen, verschwinden sie auch schon wieder hinter Felswänden, hinter unsichtbaren Schranken: »Es war, als verschöbe sich eine Wand und böte für eine schnell bewegte Spanne Zeit den Blick in eine ganz andere Welt. [...] Gleich darauf schloß sich die Wand, und es war zu spät hindurchzutreten.« (Ebd., 185f.) Wände aus Stein und unsichtbare Wände zwischen den Menschen sind unüberwindlich, können nicht oder nur in kurzen, sich wieder schließenden Zeitfenstern eingerissen werden. (Auf Gemeinsamkeiten, aber auch Unterschiede zwischen Valencaks Endzeitvision und Marlen Haushofers, zwei Jahre später erschienenem Roman *Die Wand* ist hingewiesen worden; vgl. Brandtner/Kaukoreit 2012, 33f.; Polt-Heinzl 2012, 244ff.; vgl. zu Haushofer auch Daniela Strigls Beitrag in diesem Band, S. 153.)

Angeführt wird die Gruppe der letzten Menschen in den *Höhlen Noahs* von ihrem Ältesten, einem Patriarchen, der die anderen kraft seiner (zunächst unverrückbar erscheinenden, später erodierenden) Autorität, kraft seiner dunklen Ideen – einer Art negativer Privatreligion, in der jede Hoffnung durch Todessehnsucht ersetzt ist – beherrscht. Überlebt zu haben, weiterzuleben, ja überhaupt geboren worden zu sein, gilt dem Alten als Nachteil, sich fortzupflanzen, neue Menschen in diese trostlose Welt zu setzen als größtes Übel. Wo das Leben nur noch eingefasst, nur noch zusammengehalten wird von täglichen Überlebensroutinen, wo allenthalben ein negativer Weltbezug, wie ihn der Alte predigt, herrscht, dort soll kein Platz sein für alles, was von dieser Negativität ablenken, ja sie kurz verbergen könnte: kein Platz für Schönes, das den Menschen ihr vielleicht schon verlorenes Antlitz zurückgeben könnte. Kleider, die man von »drüben«, jenseits des Gebirgskessels, aus einem Leben vor der Katastrophe gerettet hat, hält der Alte versteckt: Kleidungstücke in bunten Farben, aus Seide, verschiedenen Stoffen, zerschlissen an manchen Stellen, gut erhalten an anderen. Als jemand sie findet, euphorisch anprobiert und damit posiert (»›Nicht wahr, es ist sehr schön?‹«), verbrennt sie der Alte, und übrig bleiben nur verkohlte Fetzen. (Ebd., 78) Als Martina den Wunsch äußert, für sich neue Kleider auf einem neuen Webstuhl zu weben, weigert er sich, ihr dabei irgend mit seinen Kenntnissen zu helfen: »›Was nützt dir ein schönes Kleid? [...] Es wird dich doch niemand darin bewundern.‹« (Ebd., 58) Wo die Blicke und die Sinne abstumpfen, wo keine Augen mehr sind, um das Schöne zu sehen, verkommt es. Wo jede Handlung einzig dem rudimentären Überleben zu dienen hat, verliert das zweckfrei Schöne seine Legitimation: Schönheit, kein Mittel zu keinem Zweck, ist jedes Sinns beraubt. – Am Ende von Valencaks Roman haben Mord und Totschlag die Gruppe dezimiert: Nur noch ein junger Mann, eine junge Frau und ein Kind, das Martina allen Beschwörungen des Alten von Endzeit und Jüngstem Gericht zum Trotz geboren hat, bleiben übrig. Sie selbst und der Alte sind tot. Alles andere als ein hoffnungsfrohes Schlussbild.

Nutzlose Dinge, ein ominöses Tier

Während die letzten Menschen in Valencaks Roman in einer sich immer mehr in Staub hüllenden Felsenwelt zurückbleiben, in der sie sich mehr (moralisch) schlecht als recht einzurichten haben, so sie überleben wollen, öffnet sich in Doris Lessings (1919–2013) Zukunftsvision *The Memoirs of a Survivor* (1974) die Tür zu einer anderen, einer parallelen Welt. Die *Memoiren einer Überlebenden*, so der Titel der deutschen Übersetzung, sind der Bericht einer namenlos bleibenden Frau, die am nördlichen Rand einer englischen Stadt allein in einer Wohnung lebt, von der aus sie ihrer gewohnten Umgebung beim Verkommen, beim Verschwinden zusieht. Nach und nach zerbrechen Normalität und Ordnung, warum genau, bleibt unklar. Bekanntmachungen der Behörden, Lebensmittelrationierungen, eine Stadt, die sich immer mehr leert, sind allesamt Anzeichen einer andauernden Krise, die sich zur Katastrophe steigert. Gruppen gewaltbereiter Jugendlicher ziehen umher, es gibt Plünderungen, Verwüstungen, Kämpfe; Telefonnetz und Stromversorgung brechen zusammen, es mangelt an allem, der Schwarzhandel blüht. Flüchtlinge sind unterwegs, eine Art Belagerungs- und Kriegszustand scheint zu herrschen; umherziehende Kinder, Meuten und wandernde Stämme radikalisieren sich, manche davon essen Menschenfleisch. Das Leben, wie man es kannte, gerät langsam, aber sicher aus den Fugen. Während draußen die gekannte Ordnung zerbricht, zieht sich die Protagonistin immer mehr in ihre eigenen vier Wände zurück und versucht dort eine Art Normalzustand, eine zweifelhafte Privatheit zu wahren. Dieses Ausweichmanöver ist ein doppelter Fluchtversuch: Nicht nur zieht sie sich in ihre Wohnung zurück, sie macht von dort aus auch immer wieder Ausflüge in eine Parallelwelt, die hinter einer der Wohnungswände liegt: Bei ihren Besuchen in dieser zweiten Welt »hinter der Wand« zeigen sich ihr immer neue, weitläufigere Räume, Szenen, Visionen. (Lessing 1989, 44)

Das zurückgezogene, die Außenwelt lediglich registrierende Leben der Frau ändert sich schlagartig, als ihr ohne jede Erklärung ein junges Mädchen übergeben wird, um das sie sich nunmehr zu kümmern hat. Der Teenager Emily zieht zusammen mit Hugo, einem ominösen, gelben Tier ein, das ein Hybrid ist zwischen Katze und Hund. Im Roman gibt die Kreatur allerlei Anlass zu Überlegungen zu den Grenzbereichen des Menschlichen, den Relationen zwischen Mensch, Tier und Technik, zu Übergängen zwischen den Spezies. Im Übergang, verkehrt und durcheinandergebracht ist immerhin auch das Verhältnis der Generationen zueinander: Streunende Kinder und jugendliche Diebesbanden lassen sich von den Erwachsenen nicht länger beherrschen; sie leben auf der Straße oder gründen Kommunen in verlassenen Häusern. Andere Kinderbanden wiederum hausen in U-Bahn-Tunneln, wüten und zerstören, verbreiten Angst und Schrecken. Wildheit und Unzivilisiertheit sind Zeichen ihrer Auflehnung gegen eine Erwachsenenwelt, die ihnen als Nachkommende keinerlei Zukunft mehr zu bieten in der Lage ist.

Den Überlegungen der Protagonistin, vor den sich verschlechternden Verhältnissen in der Stadt aufs Land, in eine bäuerliche Idylle zu fliehen, folgen keine Taten. Während die Stadt immer menschenleerer wird, leben die Frau, Hugo, Emily und deren Freund Gerald still vor sich hin. Wer aber kann, wer über die entsprechenden Mittel verfügt, wer zur Beamtenschicht zählt, verlässt diesen Ort. Soziale Unterschiede werden schmerzhaft deutlich; die Aussiedler genießen Privilegien, protegiert von der »herrschenden Klasse«. (Ebd., 112) Während das soziale Gefüge zusehends auseinanderbricht, während Maschinen und Technik ihren Geist aufgeben, während die verdreckte Luft immer schwerer zu atmen ist, bleiben der Regierungs- und Verwaltungsapparat wie nicht umzubringende Geister bestehen, ihr »Funktionieren« kaschiert einen Ausnahmezustand und verhöhnt zugleich die Zurückgebliebenen. (Ebd., 188) Das Zerstörerische an diesem Zustand und seine diffus bleibenden Ursachen nennt die Chronistin irgendwann »es«; schreibend denkt sie darüber nach, was dieses – einerseits akute, andererseits seit

Menschengedenken existierende – »es« sein könnte: »[…] eine Macht, eine Kraft, die wie ein Erdbeben über uns kommt, wie ein Komet, dessen Unheilsdrohung Nacht für Nacht näherrückt und alles Denken durch Angst verzerrt – ›es‹ konnte und kann eine Seuche sein, ein Krieg, eine Klimaveränderung, eine Tyrannei, die das Denken der Menschen pervertiert, die im Namen einer Religion begangenen Greuel.« Und weiter: »›Es‹ war vielleicht – in diesem Augenblick der Geschichte – vor allem das Bewußtsein, daß etwas zu Ende ging.« (Ebd., 160)

In dieser Endzeit, einer immer prekärer werdenden Situation, verliert alles an Bedeutung, das nicht dem Überleben, nicht dem Bewahren des nackten Lebens dient: Gegenstände, schöne Dinge, Habseligkeiten, Möbel, die man früher, in einer immer unverständlicher und unwirklicher werdenden Vorzeit, noch zu brauchen schien, verlieren ihren Wert, ihre Funktion; man fragt sich, wozu sie einmal gut waren. (Vgl. ebd., 214) Weder das Wertloswerden der hübschen Dinge noch das Auseinanderbrechen, ja Verschwinden sozialer Beziehungen bringen die Frau samt ihren (tierischen und menschlichen) Gefährtinnen und Gefährten dazu, sich aufzumachen und ihr Schicksal in eigene Hände zu nehmen. Stattdessen harrt die kleine Gruppe aus und geht eines Tages statt in die diesseitige Welt hinaus gemeinsam durch die Wand in die andere, parallele Welt, aus der die Protagonistin bislang immer wieder zurückgekehrt ist. Ob diese zweite, surreale Welt hinter der Wand eine längerfristige Heimstadt sein kann, bleibt offen. Ob und inwiefern sie Ausgeburt der Phantasie der Überlebenden ist, aus der Not oder dem besseren Wissen geboren, ebenso. Im Gang durch die Wand jedenfalls liegt ein Sich-Ergeben, ein Annehmen, ja ein Anerkennen jenes »es«, das im Moment der Apokalypse zu seinem Recht kommt. Die *Memoiren einer Überlebenden* enden mit dem Verschwinden, dem Verlassen der Erde in Richtung einer »Welt ganz anderer Ordnung«. (Ebd., 223)

Tote Dinge, blinde Kunst

Von einer im England des Jahres 2021 angesiedelten Endzeitvision, in der der gesamten Menschheit ihr Verschwinden droht, erzählt P. D. James (1920–2014) in ihrem Roman *The Children of Men* (1992). Weltweit ist seit einer Generation kein Kind mehr geboren worden, die britische, immer undemokratischer werdende Gesellschaft ist allen (restriktiven) staatlichen Maßnahmen und reproduktionsbiologischen Versuchen zum Trotz mit ihrer eigenen Unfruchtbarkeit konfrontiert. Dies bleibt nicht ohne Folgen für die moralische und seelische Verfasstheit der Menschen: Hoffnungslosigkeit und Lebensmüdigkeit machen sich breit, rituelle Massenselbstmorde werden zahlreicher, in neuen Ritualen feiern Menschen die Geburt ihrer Haustiere. Angegriffen ist allerorten der Sinn für das Gute, Wahre und Schöne, also auch für die Künste: Die Londoner Museen sind menschenleer und werden nur noch von Freiwilligen offen gehalten; im Roman sind sie die Rückzugs- und Lieblingsorte des Protagonisten, eines fünfzig Jahre alten Historikers namens Theo. In einem der Kunstmuseen der Stadt betrachtet er einmal griechische Skulpturen, Originale aus Marmor und Abgüsse aus Gips, Torsi ohne Arme, Köpfe mit elegant drapierten Locken, Götter ohne Augen, ohne Iris, ohne Pupillen. Er sieht in Augen, die nicht sehen können, keine Blicke haben: »the marble gaze of those blank unseeing eyes«. (James 1994, 123) Die Rolle des Kunstbetrachters, der sich solchen Werken ausgiebig widmet, ihnen einmal nachsinnend, sie einmal nur mit Blicken streifend, ist anachronistisch geworden in einer Menschenwelt, die um ihr Fortbestehen ringt.

Die hier und anderswo in Museen ausgestellten Dinge können – eingeschlossen in klimatisierte Räume und Vitrinen, entzogen dem Alltag und der Lebenswelt – regelrecht tot wirken. Gleichsam doppelt tot aber sind sie, wenn es keine Öffentlichkeit, keine (neuen) Augen mehr gibt, um sie zu sehen, wie der Kulturtheoretiker Mark Fisher bemerkt: »No cultural object can retain its power when there are no longer new eyes to see it.« (Fisher 2009, 4) Fisher entfaltet diesen Gedanken ausgehend von einer Szene aus der Verfilmung von P. D. James' Roman: In Alfonso Cuaróns *Children of Men* (GB/USA 2006) hat die politische Elite Englands, anders als im Roman, Kunstschätze, darunter Michelangelos *David* oder Picassos *Guernica*, der Öffentlichkeit entzogen, hortet sie, »geschützt« vor der Außenwelt, in einer Privatsammlung: Welchen Sinn habe es noch, fragt der Protagonist, diese Dinge aufzubewahren, wenn es keine zukünftigen Generationen, keine Menschen mehr geben wird, die sie auch betrachten können: »Theo asks the question, ›how all this can matter if there will be no-one to see it?‹« (Fisher 2009, 1)

Last Exit Paralleluniversum

Nur noch wenige Menschen, wie wir sie kennen, sehen wir im Schussbild von Ann Cottens (*1982) Erzählung »Proteus oder Die Häuser denen, die drin wohnen« aus ihrem Prosaband *Lyophilia* (2019). Darin kündigt sich der Weltuntergang zunächst in den Nachrichten an: Deutsche Autobahnen sind verstopft, der Ruhrpott überflutet, Menschen fliehen nach Bayern, harren dort in Zelten in Stadien aus. Als das Ende unzweifelhaft bevorzustehen scheint, brechen der

Musiker Zladko, seine Bandkollegen und die Politikerin Ganja, die er liebt, zu einer Konzertreise ins slowenische Postojna auf. Die allgemeine Katastrophenstimmung weicht am Weg dorthin der Gewissheit, dass nicht nur die Apokalypse naht, sondern man außerdem in Richtung eines Paralleluniversums unterwegs ist. Der Zugang dazu befindet sich ausgerechnet in der Höhle von Postojna und öffnet sich auch nur dann, wenn Zladkos Band ihre neue Jazzfunk-Nummer mit dem Titel »Lyophilia« spielt. Kunst vermag hier vorm Untergang in eine neue Welt zu retten: Die Gruppe verschwindet von der Erdoberfläche und findet sich in einer neuen, ungekannten Umgebung wieder, in der alles, was man sich vorstellt, wirklich wird. Ein nur vermeintlich paradiesischer Zustand, in dem es erst einmal gilt, sich zurechtzufinden (Stichwort: Gedanken an Sex!): Ist »das hier eine Art Jenseits [...] oder ein Ghetto für menschliche Fantasie«? (Ebd., 226) Wie sich herausstellt, sind es künstliche Intelligenzen, die diesen utopischen Ort lenken, denken und programmieren. In Richtung der Menschen sagen sie: »Wir sehen keinen Grund, warum ihr nicht in genau der Welt leben sollt, die ihr euch wünscht, sofern technisch möglich. [...] Es ist ein Experiment.« (Ebd., 228 f.) Am Ende dieses Gedankenexperiments verschwindet der Protagonist Zladko, gerettet durch seine Musik und verwandelt in ein Tier, einen Grottenolm, in einer Höhlenritze: »Er wollte nie ein Mensch sein«, kommentiert ein Roboter. (Ebd., 230) – Ob er als Olm noch Musik machen wird?

VERWENDETE LITERATUR

Anders 1970 = Günther Anders: Der Blick vom Mond. Reflexionen über Weltraumflüge. München: C. H. Beck 1970.

Brandtner/Kaukoreit 2012 = Andreas Brandtner, Volker Kaukoreit: Marlen Haushofer. Die Wand. Erläuterungen und Dokumente. Stuttgart: Reclam 2012.

Cotten 2019 = Ann Cotten: Lyophilia. Berlin: Suhrkamp 2019.

Die Goldenen Zitronen: »Wir verlassen die Erde«, Track aus dem Album: Die Entstehung der Nacht. Hamburg: Buback Tonträger 2009.

Fisher 2009 = Mark Fisher: Capitalist Realism. Is There No Alternative? Winchester, Washington: O Books 2009.

Horn 2014 = Eva Horn: Zukunft als Katastrophe. Frankfurt am Main: S. Fischer Verlag 2014.

James 1994 = P. D. James: The Children of Men. London: Penguin Books 1994 [1992].

Lessing 1989 = Doris Lessing: Die Memoiren einer Überlebenden. Aus dem Englischen von Rudolf Hermstein. Frankfurt am Main: Fischer Taschenbuch Verlag 1989 [dt. zuerst 1979; *The Memoirs of a Survivor,* 1974].

Polt-Heinzl 2012 = Evelyne Polt-Heinzl: Nachwort. In: Valencak 2012, S. 243–249.

Valencak 2012 = Hannelore Valencak: Die Höhlen Noahs. St. Pölten, Salzburg, Wien: Residenz Verlag 2012 [1961].

Doris Lessing: *Die Memoiren einer Überlebenden.*
Aus dem Englischen von Rudolf Hermstein.
Frankfurt am Main: S. Fischer Verlag 1989

Hannelore Valencak: *Die Höhlen Noahs.*
St. Pölten: Residenz Verlag 2012

2
die gute Verbreitung ansprechen bereit ist. In ...

1. VI. 1972 – 28. VI. 1972 "ENTWURF FÜR EINE WELT OHNE MENSCHEN" 1

Die Erforschung des Erdballs ist abgeschlossen. Man kann heute mit Fug und Recht behaupten, daß die Erde, sowohl was ihr Antlitz, als auch was ihre Eingeweide, Geheimnisse betrifft, bis hinein in die kleinste Falte ausgeleuchtet und durchsucht worden ist. Wenn man sich der Mühe unterzieht, die wissenschaftlichen Bibliotheken und Veröffentlichungen, die sich im Lauf der Zeit, einer ungeheuren Zeit, angesammelt haben, aufs genaueste durchzustudieren, so wird man diese Aussage bestätigt finden. Hätte man die Erde auch niemals mit eigenen Augen gesehen, wäre man also ausschließlich auf jene in den Büchern niedergelegten Forschungsberichte der Gelehrten angewiesen, – man lebte etwa in vollkommener, endloser Finsternis oder in blendender, von Anbeginn an bestehender dauernder Helle, man wäre eine Art von Kaspar Hauser, ein kosmischer Kaspar Hauser –, so würde jene Lektüre ausreichen, um sich ein Bild von der Erde zu machen, vollständiger, wahrhaftiger und intensiver, als man es je durch eigene Anschauung hätte erreichen können. Weder auf der Welt, noch sonst irgendwo heimisch, könnte man solcherweise in seinem Kopf heimisch werden. – Die Frage, ob der Kopf, dieses einzigartige und doch so elende Gebilde, eine Heimstätte sein kann, ob man dann im Kopf, ausschließlich im Kopf, ausschließlich im Denken überhaupt leben könne, weisen wir ebenso fort wie jene, ob nicht die im Kopf existierende Welt ~~als ja~~ ~~tat~~sächlichen Deckungsgleiche sich nicht in derselben Konfusion, in derselben Unordnung, in solchen Wirren befinden müsse wie eben jene. Auf solche Fragen antworten wir nicht. Fragen und Antworten, dieses menschliche Spiel, dieses Ping-Pong- und Billardspiel, seine Regeln, haben wir verlernt. Wir schweigen. Einmal auf die Reise, auf die intergalaktische Reise gegangen, schweigen wir. Wir verschwinden in der Weite. Unsere Röcke starren vor Staub. Unsere Gesichter sind wie Pergament. Die Augen haben sich auf Kosten der anderen Gesichtspartien vergrößert. Unsere Münder haben etwas von Mauerwerk bekommen, unsere Schultern haben etwas vom Dahinschweigen, unsere Stimmen kennen wir nicht, so lange haben wir nicht gesprochen. Weil alles, was wir wahrnehmen, ein Schweigendes ist, sind auch wir selbst Schweigende geworden.

Im Süden erhebt sich eine etwa zweitausend Meter hohe Bergkette ohne jeglichen Bewuchs. Die Farben des Gebirges sind ein helles Gelb, Lößfarben, ein rostiges Orangerot und ein zartes Rosé, das an abgeblätterten, an den Rändern bereits braun gewordenen Magnolienblüten erinnert. Während das Gelb einer bänderartig exakt gegen das übrige sich abgrenzenden Zone an der Gebirgsbasis zugeordnet ist, – tief gefurchte Schuttkegel steigen zum Fuß der Felswände an –, mischt sich das Orangerot mit dem Rosé zu Kränzen und Wirbeln, die infolge der allzu weitläufigen Verwandtschaft dieser Farbtöne innerhalb des Spektrums einem hellroten, an geschabtem Blut, an die Zeichnungen gewisser Kräuter angelehnten Aussehen enthalten. Zwischen diesen Wirbeln entstehen sich Farbinselflächen von großer Farbreinheit, manche Felspartie wirkt auf wie ein Stück zartes Fleisch. Fast möchte man dem Auge gerne verweilen. Inwieweit allerdings die Luftperspektive die Farben verfälscht, ja inwieweit die verschiedenen Farben Produkt der verschieden starken Absorption der Sonnenstrahlen durch von Staub mehr oder minder gesättigte Luftschichten ist, kann nicht eindeutig geklärt werden. Die Schärfe und Farbunreinheiten widersprechen zwar einer solchen Annahme, es wäre aber immerhin denkbar, daß das Gebirge, stünde man davor, sich in strahlendem oder mattgelblichem Weiß vor einem erheben würde.

Die Ebene, die sich vom Fuß des Gebirges so weit das Auge reicht nach Norden erstreckt, ist von bräunlichem Braungrün. Hat sich das Auge aber einmal an die ungeheure Ausdehnung dieser auf den ersten Blick einfarbigen, eintönigen Fläche gewöhnt, erkennt man Flecken von verschiedener Intensität der Farbe. An manchen Stellen hellt sich das Braungrün zu einem sandigen Braun auf, – es scheint, als müßte es dort wärmer sein, als in der Umgebung –, an anderen Stellen verdunkelt es sich zu einem graphitgrauen, matten [illegible], eine seltsamen Färbung von großer Kälte. Diese Nuancierung mag in einer Ermüdung der Augen begründet sein. Auch ist der Mensch seiner Natur nach nicht im Stande, sich etwas völlig Einheitliches, Ungegliedertes vorzustellen. Überall sucht er nach Gliederung, nach einer durch sie hervorgerufenen Bewegung. Wie er die Zeit, die doch in äußerster Gleichgültigkeit und Unbewegtheit abläuft, in Vergangenheit, Gegenwart und Zukunft gliedert, so will er auch in den der Wahrnehmung unterworfenen Objekten Unterschiede feststellen, und zwar auch dort, wo sie nicht sind. Das Einerlei ist ihm unerträglich. Das Einerlei ist der Tod. – So mag auch jene Ebene durchaus glatt und einfärbig sein. Ihre Morphologie ist nicht eindeutig feststellbar. Gewisse Höhenunterschiede kann man, der Arbeit der Erfahrung, als wahrscheinlich annehmen, die Farbunterschiede aber mit den Geländeformen in Zusammenhang zu bringen ist eine [illegible], auch durch die Kunst des Analogieschlusses nicht zu unterkommende Vermutung. Während im Morgenlicht und in der späten Dämmerung die Ebene sich zu einer weichen, schwingenden Fläche zusammenschließt, – in der Frühe hebt sich langsam der Nebel, abends fallen sie ebenso langsam wieder ein –, so zeichnet das harte Licht des Mittags die hellen Konturen endloser Hügelrücken, die schattigen, dunklen Striche der Senken von ihrer Umgebung ab. Es ist ein so sanftes, gleichmäßiges Auf- und Ab, daß das Auge darüber ermüden würde, wäre nicht das ungehindert in blendender Helle einströmende Sonnenlicht, das jeden Gedanken an Rast und Schlaf verbietet. So folgt man dem vielfach gekrümmten Verlauf der parallel sich aufreihenden Senken so lange, bis ein Hügelrücken den Ausblick endgültig verschließt, man streift über ihn fort und sucht aus den bald vor- bald zurückweichenden Flanken der ferneren Hügel den weiteren Verlauf jener Senke zu bestimmen. Ein Hügelkamm folgt auf den anderen. Selten formt sich daraus ein alles bestimmendes Haupt. Die höchste Erhebung wird kaum zehn Meter über den tiefsten Schnittpunkt einer Senke sich aufwölben. Dennoch sind die Hügel völlig durch Mulden und Buckel gegliedert, die sich aber dem Auge selbst zu solch physiognomischer Deutlichkeit verdichten, daß ein derart Festhalten, daß eine von dort ausgehende Orientierung möglich wäre. Wie an ihnen der Blick von Welle zu Welle vorwärtshüpft und nirgends endet, weil er nirgends Halt und Ruhe findet, so treibt er sich herum zwischen den Hügeln und Senken um, ziellos, ziellos. Allein das Fortstreben nach der äußersten Ferne gibt ihm eine gewisse Richtung. In Bocksprüngen, – die Aufmerksamkeit wird bald von diesem, bald von jenem, sich bei näherer Prüfung als bedeutungslos herausstellenden Besonderheit angezogen –, bewegt er sich fort zum Horizont, zum Ungewissen, das man in Ermangelung gegenteiliger Beweise immer

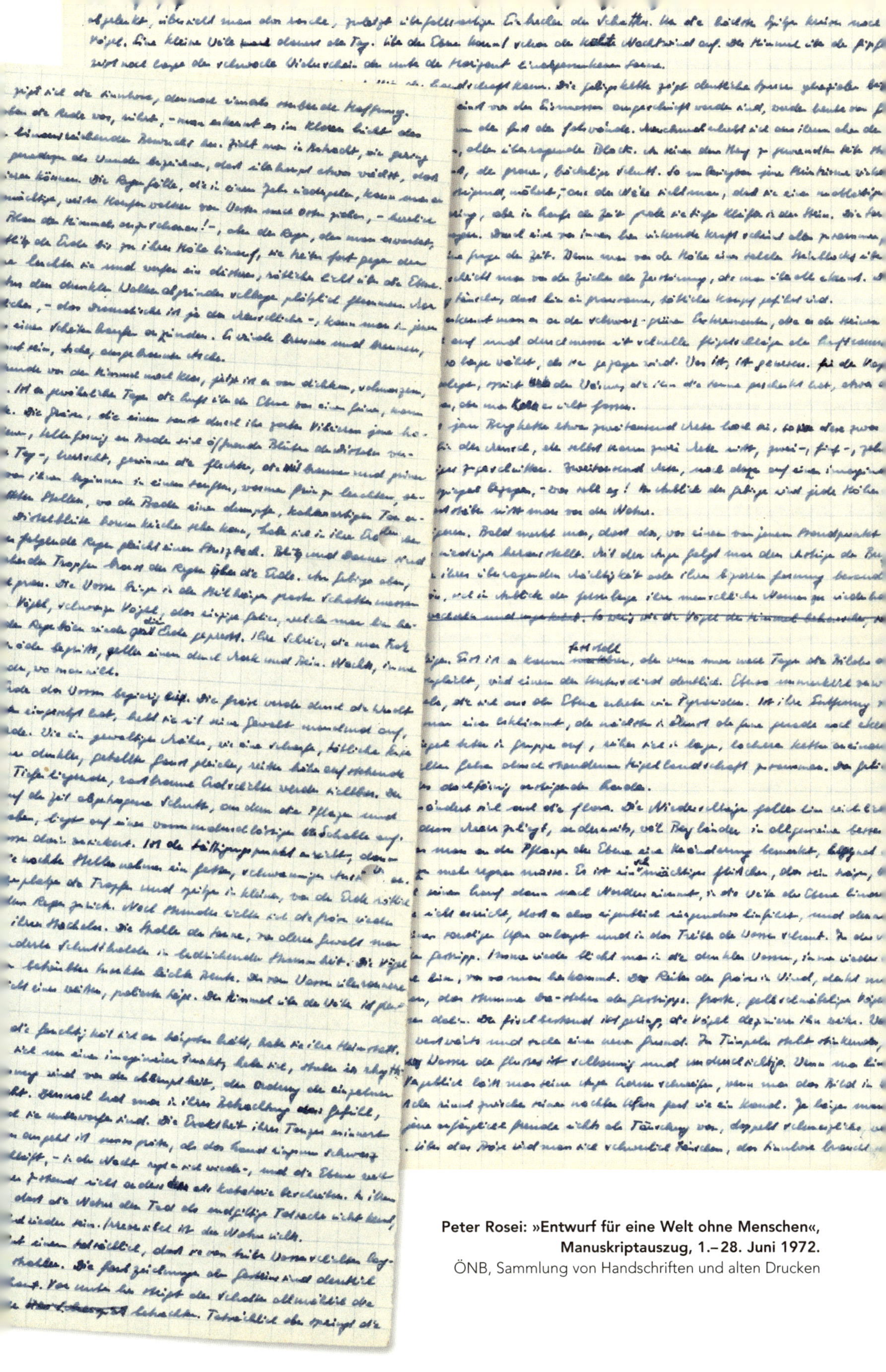

Peter Rosei: »Entwurf für eine Welt ohne Menschen«, Manuskriptauszug, 1.–28. Juni 1972.
ÖNB, Sammlung von Handschriften und alten Drucken

Diese und folgende Doppelseite:
Lackenhütte und Umgebung bei Effertsbach/Frauenstein in Oberösterreich, Herbst 2019.
Die Marlen Haushofer aus ihrer Kindheit bekannte Lackenhütte war Vorbild für die Jagdhütte in ihrem Roman *Die Wand* (1963). Fotos: Josef Reiter

Was fasziniert uns am Weltuntergang?

GESPRÄCH MIT EVA HORN

Frau Horn, Sie arbeiten aktuell an einer Kulturtheorie des Klimas und beschäftigen sich seit langem mit Katastrophenerzählungen und Untergangsszenarien. Ich möchte mit einer auch für unsere Ausstellung programmatischen Frage beginnen: In Ihrem Aufsatz »Enden des Menschen. Globale Katastrophen als biopolitische Phantasie« schreiben Sie, dass einer der beharrlichsten Träume der Moderne jener von der Vernichtung der gesamten Menschheit sei. Was fasziniert uns so sehr an Weltuntergängen und der Vorstellung allumfassender Zerstörung?

Eva Horn: Was uns an Weltuntergängen schon seit der Antike fasziniert, ist die Möglichkeit, dass die gesamte bestehende Ordnung ausgelöscht wird und dass es – auch das ist eine sehr alte Idee – eine neue Ordnung geben könnte. Es ist eine Phantasie, die sehr häufig von den unterdrückten Gruppen gehegt wird, die sagen: Wir sind hier am unteren Rand der Gesellschaft, und wir träumen davon, dass diese Gesellschaftsordnung zerstört wird und uns endlich Gerechtigkeit widerfährt. Das ist das Thema der biblischen Apokalypse, aber es durchzieht auch viele moderne Weltuntergangsphantasien.

Was unterscheidet zeitgenössische Katastrophenszenarien, wie wir sie aus der Literatur oder aus Filmen kennen, von der biblischen Apokalypse der Johannes-Offenbarung?

Eva Horn: Das Wichtigste an den heutigen Weltuntergangsvorstellungen ist die Idee, dass es der Mensch selbst ist, der den Weltuntergang verursacht, mit oder ohne Absicht. Darüber hinaus fehlt in modernen Weltuntergängen die Vorstellung, dass nach dem Ende ein neuer Aufbruch möglich wird. Wenn darin durch die Katastrophe eine Wendung zum Besseren imaginiert wird, dann besteht diese oft im Traum von einer Rückkehr zur Einfachheit, die in der Moderne verloren gegangen ist. Die Formulierung »Wir bomben euch zurück in die Steinzeit« findet sich in vielen Filmen und literarischen Entwürfen. Viele Katastrophenfilme imaginieren ein »Zurück zur Natur!«, das auch tröstlich ist. Gegenwärtige Desaster-Phantasien handeln oft davon, dass die Natur, angesichts ihrer wachsenden Beschädigung, nach einer Katastrophe zurückkehrt und zu einer neuen Harmonie findet, wenn erst mal der Mensch verschwunden ist.

Hat jede Epoche ihre spezifische Angst, d.h. lassen sich bestimmte Ängste an bestimmten Epochen festmachen?

Eva Horn: Natürlich. Jede Epoche hat eine spezifische Angst, auch Affekte sind historisch, ebenso wie Phantasien historisch sind. In einer Epoche, die uns noch relativ nahesteht, im 19. Jahrhundert, hatte man vor allem Angst davor, dass die Erde vereist, *Global Cooling* war also die Phantasie dieser Zeit. Das 20. Jahrhundert ist natürlich stark von technischen Katastrophen und Kriegen geprägt, insbesondere der atomaren Apokalypse im Kalten Krieg. Heute dagegen wissen wir gar nicht richtig, wovor wir Angst haben sollen. Mit dem Klimawandel oder der großen ökologischen Krise, in die wir uns gebracht haben, existieren so unendlich viele unterschiedliche Katastrophenszenarien lokaler und globaler Art, dass es unmöglich ist, diese auf eine einzige gemeinsame Phantasie zu bringen.

Was bedeutet es so gesehen, ein heutiges Katastrophenbewusstsein mit einem Begriff, den Sie formuliert haben, als »Katastrophe ohne Ereignis« zu fassen? Dass es also nicht um ein bestimmtes Ereignis geht …

Eva Horn: Die Katastrophe ohne Ereignis ist natürlich ein Widerspruch in sich. Wir denken, dass die Katastrophe *der* Prototyp des Ereignisses ist: Es gibt einen Bruch, oder besser: Zusammenbruch, und hinterher ist alles anders. »Katastrophe ohne Ereignis« meint jenen Zustand, den wir im Moment durchlaufen, nämlich eine tiefgreifende und unglaublich folgenreiche Veränderung des gesamten Erdsystems. Ein Geschehen, das langsam, in kleinen Schritten, unspürbar vor sich geht, aber unglaublich tiefgreifende Veränderungen mit sich bringt. Der wohl beste Begriff für diese aktuelle Katastrophe ohne Ereignis ist das »Anthropozän«, eine neue erdgeschichtliche Epoche, in der das ganze Erdsystem entscheidend vom Menschen verändert ist. Wir sehen immer wieder nur vereinzelte Bilder: Einmal brennt der Amazonas, einmal haben wir riesige Plastikansammlungen auf dem Meer, mal verseuchte Landschaften, mal schlimme Dürren oder Stürme. Auch der Klimawandel ist schwer als Ereignis zu begreifen, weil er ein langsamer, schrittweiser Prozess ist. Auch der Verlust der Artenvielfalt ist kaum als Ereignis zu beschreiben, außer zu sagen: »Jetzt ist der letzte Amurleopard gestorben.« Dennoch sind diese schleichenden, kaum bemerkbaren Vorgänge vielleicht folgenreicher als alles, was die Menschheit bisher an lokalen Katastrophen erlebt hat. Denn sie betreffen die Grundbedingungen des Lebens – und nicht nur menschlichen Lebens, sondern aller Arten auf dem Planeten.

Sie haben damit schon umrissen, was »Anthropozän« bedeutet. Vielleicht könnten Sie nochmals darauf eingehen, was dieser zurzeit intensiv debattierte Begriff im Sinne eines neuen Erdzeitalters meint?

Eva Horn: »Anthropozän« ist eigentlich ein Epochenbegriff, so wie Holozän. Das Anthropozän, so der Vorschlag vieler Wissenschaftler, soll das Holozän ablösen. Die Idee ist, dass es in diesem Fall der Mensch ist, der, ähnlich anderen planetarischen Kräften wie Plattentektonik, Zyanobakterien usw., das gesamte Erdsystem tiefgreifend verändert. Das Anthropozän umfasst insofern eine sehr große Bandbreite von Unterproblemen: Klimawandel, das Ozonloch, die Versauerung der Meere, Artenverlust, die Störung wichtiger Stoffkreisläufe, Toxine, Stoffe, die dort sind, wo sie nicht hingehören. Was den Begriff für mich so interessant macht, ist, dass er eine Krise formuliert, die wir gar nicht so richtig als Krise bemerken. Es wird viel darüber geredet – neuerdings ist der Klimawandel endlich einmal ein Thema –, aber das, worüber wir heute diskutieren, wissen wir seit dreißig Jahren. Und »Anthropozän« bringt auf den Punkt, dass das Problem viel größer ist als »nur« der Klimawandel.

In Ihrer Arbeit geht es wesentlich darum, Klimawissen zu rekonstruieren und auch auf das Heute anzuwenden. Was kann man aus literarischen Quellen, also abseits aktueller wissenschaftlicher Erkenntnisse, für eine heutige Betrachtung klimatischer Veränderungen lernen?

Eva Horn: Man kann in der Literatur, aber auch der bildenden Kunst, einiges lernen über die Art und Weise, wie Menschen sich in ihrem Klima einrichten. Es ist ein großes Thema in der Kulturgeschichte, der Baugeschichte, der Geschichte von landwirtschaftlichen Praktiken. Wenn wir uns zum Beispiel das 17. Jahrhundert – die sogenannte Kleine Eiszeit – vornehmen und sehen, dass die Temperaturen knapp ein Grad Celsius unter den Durchschnittstemperaturen von heute lagen, dann können wir beobachten, welche unglaublich tiefgreifenden Veränderungen dies für die Lebensbedingungen der Menschheit bedeutet hat. Ein ähnlicher Fall ist das berühmte »Jahr ohne Sommer« 1816, das zu Hungersnöten und einer Auswanderungswelle aus Europa geführt hat. Ich denke, dass man aus der Vergangenheit einiges über Klimawandelfolgen lernen kann. Heute geht es in eine andere Richtung: Es wird wärmer, und damit haben wir kulturhistorisch relativ wenig Erfahrung. Ich glaube, dass wir Wärme eher positiv konnotieren und deshalb bisher versäumt haben, der Schwere dieses Klimawandels wirklich ins Auge zu sehen und politische Konsequenzen zu ziehen.

Gespräch: Katharina Manojlovic

ERWÄHNTE LITERATUR

Eva Horn: Enden des Menschen. Globale Katastrophen als biopolitische Phantasie. In: Utopie und Apokalypse in der Moderne. Hg. v. Reto Sorg u. Stefan Bodo Würffel. München: Wilhelm Fink 2010, S. 101–118.

Utopisches Denken

GESPRÄCH MIT ILIJA TROJANOW

Herr Trojanow, ich würde unser Gespräch über das utopische Denken und Schreiben gerne mit einer Definitionsfrage beginnen: Was ist das – utopisches Denken? Es gibt ja viele Namen und Begriffe als Anhaltspunkte dafür, Ernst Bloch etwa sprach vom »Prinzip Hoffnung«. Wie würden Sie das utopische Denken charakterisieren?

Ilija Trojanow: Das utopische Denken ist die Erwanderung der Zukunft vor ihrer Zeit. Zukunft existiert natürlich physikalisch, aber nicht unbedingt persönlich, sozial. Menschen, die sich in einem täglichen Kampf befinden, haben keine Zukunft in dem Sinn, dass sie, wie Bloch sagen würde, tagträumen. Sie tasten sich nicht in die Möglichkeiten der Veränderung hinein, sondern sind gefangen im Hier und Jetzt, in den Zumutungen, den Kämpfen ihrer harten Gegenwart. Das utopische Denken ist das Narrativ dessen, das sich erst noch verwirklichen wird. Wir neigen dazu zu vergessen, dass das Wesentliche, das uns als soziale Tiere umgibt, eine Folge von Narrativen ist: D. h. irgendwann einmal wurde es gedacht, irgendwann einmal wurde es formuliert, irgendwann einmal wurde es rezipiert, dann oft diskutiert, und wenn es eine überzeugende, gelungene, inspirierende Erzählung war, dann ist sie tatsächlich irgendwann einmal Wirklichkeit geworden. Das ist seit Anbeginn der Menschheitsgeschichte so, und bei vielen Naturvölkern sogar wortwörtlich: Man glaubt, dass die Erzählungen der Schamanen, der Gurus oder der Griots tatsächlich Realität schaffen. In einem alten Sanskrit-Text schafft Gott die Welt, indem er sie aus einzelnen Silben zusammenstellt. Sprache ist ein Schritt, der notwendig ist, um etwas zu verwirklichen. Gleichzeitig aber gibt es ein großes Missverständnis darüber, dass Utopie immer nur im Zukünftigen ist, d. h. aus einer völligen Zufälligkeit oder aus einem Nebel heraus in irgendeiner Weise herbeiphantasiert wird. Dem ist nicht so. Das utopische Denken ist immer auch verwurzelt im Archiv bisheriger Erfahrungen. Ausgehend von dem, was die Gesellschaft, was die Menschen an Verwirklichung, an Ermutigung erfahren haben, wird in einer Art Potenzierung oder Widerlegung das Zukünftige freigedacht. Und insofern ist meines Erachtens das utopische Denken eine Grundvoraussetzung für ein zivilisiertes, beglückendes, profundes menschliches Leben. Wenn uns die Utopien ausgehen, sind wir eigentlich schon mit einem Bein im Grab.

Sie haben das Geschichten-Erzählen, die Narrative, das Archiv an utopischen Erzählungen genannt. Welches besondere Verhältnis hat denn die Literatur zur Utopie? Und wie sieht es in der Gegenwart mit der Lust am Gedankenexperiment, am utopischen Entwurf, am Spekulieren in der Fiktion aus?

Ilija Trojanow: Es gibt keine große Literatur ohne ein utopisches Moment. Gleichzeitig gibt es, soweit ich weiß, keine wirklich ganz, ganz große reine utopische Literatur. Der Moment der Erlösung aus dem Gefängnis des Faktischen im Hier und Jetzt gehört zum Wesenskern der Literatur. Etwas anders denken, etwas auf den Kopf stellen, sich einfach vorstellen, dass das Verhalten der Menschen, das Denken der Menschen, dass die Strukturen der Gesellschaft ganz anders aussehen könnten. Andererseits ist es unglaublich schwer, auf diesem Gedankenexperiment ein ganzes Genre aufzubauen, denn natürlich lebt Literatur von den Details – von konkreten, für die Leser und Leserinnen nachfühlbaren –, und insofern ist das rein Phantasmagorische immer in Verbindung mit einer Art Soziologie des Unbekannten zu sehen. D. h. das, was die Leserinnen und Leser nicht kennen, muss ausbuchstabiert werden. Und das macht die rein utopische Literatur oft sehr dröge. Man sieht es schon am Beginn des berühmten Buchs *Utopia* von Thomas Morus: Das liest sich teilweise wie der Bericht eines Buchhalters, in dem ganz genau festgehalten wird, wie viele Tiere man hat und wo die Tiere dann zur Tränke geführt werden. Ich übertreibe etwas, aber … die große Herausforderung für das Utopische in der Literatur ist es, glaube ich, einen Weg zu finden, das den Lesern Bekannte mit dem Phantastischen zu verknüpfen. Das ist in den letzten Jahrzehnten fast nicht mehr gelungen, weswegen die utopischen Romane eigentlich nur noch im Science-Fiction-Bereich zu finden sind. Dort gibt es eine sehr spannende Entwicklung, nicht mehr den rein utopischen Roman wie die berühmten Beispiele aus der Geschichte, aus dem 16., 17. Jahrhundert und dann noch einmal vom Ende des 19. Jahrhunderts, als es eine riesige Konjunktur an utopischen Geschichten gab, die teilweise immens erfolgreich waren, z. B. Edward Bellamy: Sein *Rückblick aus dem Jahre 2000 auf 1887* wurde in alle Weltsprachen übersetzt, hatte eine Millionenauflage, und überall auf der Welt haben sich Klubs gebildet, und das, obwohl der Roman an sich eine ziemlich uninspirierte, ästhetisch unanspruchsvolle Geschichte ist. Im Science-Fiction-Bereich hat sich mittlerweile eingebürgert, dass man das Dystopische und Utopische wild mixt. Man geht davon aus – was wahrscheinlich ziemlich nahe an den historischen Gegebenheiten ist –, dass es beide Optionen gibt, und dass in irgendeiner Weise das Reine nie gelingt, sondern dass sozusagen immer auch ein Tropfen Wehmut oder gar Gift in einem utopischen Glas zu finden ist.

Was Sie sagen, passt sehr gut zu einer Autorin, die in unserer Ausstellung eine wichtige Rolle spielt, nämlich der US-amerikanischen Schriftstellerin Ursula K. Le Guin, die in den siebziger Jahren den Roman »The Dispossessed« (1974) veröffentlicht hat – mit dem schönen Untertitel »An Ambiguous Utopia«. Wäre das in Ihrem Sinn? Eine mehrdeutige, ambivalente Utopie? Oder anders gefragt: Kann eine »reine« Utopie der Komplexität unserer gegenwärtigen gesellschaftlichen Verhältnisse überhaupt gerecht werden?

Ilija Trojanow: Also ich glaube, die Gesellschaft war immer schon komplex. Ich kann eigentlich nicht erkennen, dass die heutige Gesellschaft komplexer ist, denn – und das sehen wir in den letzten Jahren – die Oligarchisierung der Welt, die Phänomene von Macht, Geld – ein Dollar wäscht den anderen, und man verteidigt seine Pfründe –, diese Phänomene sind so alt wie der Staat und die Wirtschaft selbst. Insofern bin ich nicht sicher, ob das der Grund ist. Bei Ursula K. Le Guin ist das Raffinierte, dass es in ihrem Roman zwei unterschiedliche Sterne gibt [den anarchistischen Planeten Anarres und den kapitalistischen Urras], und dass sie eigentlich auf sehr viele Vorgänge anspielt, z. B. auf Aleksandr A. Bogdanov, einen berühmten russischen Utopisten, mit seinem Roman *Der rote Planet* (1908), in dem von Planet A zu Planet B oder von Stern A zu Stern B gereist wird und die Differenz zwischen beiden Sternen quasi das Spaltmaterial, das Entzündungsmaterial der utopischen Reflexion bietet. Bei Le Guin ist es so, dass man sozusagen losfliegt und an eine Art Kreuzung kommt, bei der man klar zu wissen meint, wohin es links und wohin es rechts geht. Es ist wie bei diesen Spiegeln, die es in den USA beim Ausgang von Diners gibt: Die linke Seite zeigt einen ganz elegant, schmälert einen, und die rechte Seite zeigt, wie man aussehen würde, wenn man jeden Tag dort essen würde, ohne sich zurückzuhalten. Und bei Le Guin ist es ein bisschen so: Es gibt die Option, dass es schlanker, eleganter, verschönert wird, oder die Option, dass es in seinen Hässlichkeiten und Brutalitäten übersteigert wird, und damit spielt sie sehr schön. Ich glaube, dass dieses Misstrauen gegenüber der Wirkungskraft der reinen Utopie neben dem schon erwähnten ästhetischen Problem, mit dem sich absolut jeder Schriftsteller, jede

Schriftstellerin auseinandersetzen muss, einen zweiten Grund hat: Seit 1989 haben wir das Ende der Geschichte, d.h. wir haben das neoliberale Narrativ als einzig mögliches Narrativ, und das ist natürlich eine unglaublich einflussreiche, verdummende Propaganda, die sich durch einen geistigen Trickle-down-Effekt in den Köpfen festgesetzt hat. Das stelle ich immer wieder fest, nach Veranstaltungen, nach Lesungen, wenn Menschen mir sagen: »Ja, Sie haben ja so recht, aber es gibt ja keine Alternative.« Das Dogma, das Diktat der Alternativlosigkeit ist der Erzfeind des utopischen Schreibens: Es ist so unfassbar dominant im Moment, bis hin zur Dominanz des Schwachsinns, wie z.B. der Forderung nach Wirtschaftswachstum, die jedes Kleinkind als eine Unsinnigkeit sondergleichen wahrnimmt, weil es weiß, dass Planeten begrenzte Ressourcen haben. Also all das hat natürlich dem freien, radikalen Denken geschadet, und insofern sind wir, glaube ich, in einem Moment, in dem die dystopischen Narrative so überhandgenommen haben, sich so sehr in die popkulturelle Währung eingeschrieben haben, dass sie völlig selbstverständlich erscheinen. Wenn ich z.B. mit meiner Tochter rede, die die *Tribute von Panem* verschlungen hat, merke ich, dass sie das Dystopische darin gar nicht erkennt, weil es eine Art ist, die Welt, von der Welt zu erzählen. Oder nehmen Sie die beliebteste Serie aller Zeiten, *Game of Thrones*: über acht Staffeln hinweg eine extrem spannende, extrem gut erzählte Geschichte, aber ohne utopisches Moment. Wenn man sich überlegt, wie viele verschiedene Gesellschaften, Gruppen und Interessen darin repräsentiert werden, ist es völlig absurd, dass nicht mindestens eine davon mit einer radikal erlösenden, verbessernden Grundhaltung ausgestattet ist. Das ist, glaube ich, der Grund, wieso das utopische Denken und auch das utopische Schreiben im Moment darniederliegen, und das muss unbedingt schleunigst und dringendst geändert werden.

Gespräch: Kerstin Putz

ERWÄHNTE LITERATUR

Edward Bellamy: Looking Backward: 2000–1887. Oxford: University Press 2007 [1888].
Ernst Bloch: Das Prinzip Hoffnung. 3 Bände. Berlin: Aufbau-Verlag 1954–1959.
Aleksandr A. Bogdanov: Der rote Stern. Ein utopischer Roman. Aus dem Russischen übertragen von Hermynia Zur Mühlen. Frankfurt am Main: Makol-Verlag 1972 [1908; dt. auch unter dem Titel »Der rote Planet«].
Suzanne Collins: Die Tribute von Panem. Übersetzt von Sylke Hachmeister. 3 Bände: Tödliche Spiele, Gefährliche Liebe, Flammender Zorn. Hamburg: Oetinger Verlag, 2009–2011 [Suzanne Collins: The Hunger Games, Catching Fire, Mockingjay. New York: Scholastic 2008–2009].
Game of Thrones. TV-Serie. Produktion: David Benioff, D. B. Weiss für HBO. USA, 2011–2019 [Nach der Romanreihe von George R. R. Martin: A Song of Ice and Fire. New York: Bantam Books 1996–2011].
Ursula K. Le Guin: The Dispossessed. An Ambiguous Utopia. New York: Harper Voyager 2011 [1974]. [Ursula K. Le Guin: Freie Geister. Eine zwiespältige Utopie. Aus dem Amerikanischen von Karen Nölle. Frankfurt am Main: Fischer Tor 2017].
Thomas Morus: Utopia. In der Übertragung von Hermann Kothe. Hg. und mit einem Nachwort versehen von Horst Günther. Frankfurt am Main, Leipzig: Insel Verlag 1992 [1516].

Von der Zukunft erzählen

GESPRÄCH MIT KATHRIN RÖGGLA

Frau Röggla, wie lässt sich von der Zukunft erzählen?

Kathrin Röggla: Ich denke, dass es wenig Sinn macht, von *der* Zukunft zu berichten oder zu erzählen. Vielmehr geht es darum, Zukünftigkeit im Erzählen unterzubringen. Zukunft ist nicht etwas, das abgespalten von uns irgendwann stattfindet, sondern mit der Gegenwart verbunden ist. Es geht darum, dieses Gefühl für Zukünftigkeit zu erlangen und überhaupt erst wieder ein Bewusstsein dafür zu bekommen, dass unser gegenwärtiges Handeln auf eine Zukunft hin ausgerichtet ist. Die Literatur verfügt diesbezüglich über ein breites Repertoire, um Vorstellungsvermögen, ein Freispiel, zu erzeugen. Ob es der Spielbegriff oder der Konjunktiv oder gewisse Erzählkonstruktionen sind, die zeitliche Parallelräume aufmachen und dadurch ein Verhältnis zu Zukünftigkeit schaffen: Es gibt sehr viele Möglichkeiten.

Sollten wir also besser von »Zukünften« sprechen als von der Zukunft?

Kathrin Röggla: Von »Zukünften« zu sprechen ist schon sehr gut, weil es natürlich nicht nur *die* eine geschlossene Zukunft gibt, sondern verschiedene Möglichkeitsräume existieren. Aber auch das wäre mir noch zu wenig, denn es geht um die Verbindung von gestern, heute und morgen, die immer präsent ist: Wir können uns kein Morgen ausdenken, das mit dem Heute nichts zu tun hat, auch existiert die Zukunft nicht jenseits von unserem Handeln, scheinbar abstrakt. Der Plural »Zukünfte« zeigt, dass es unterschiedliche Möglichkeiten gibt, wohin sich eine Sache entwickelt, und wir als handelnde und denkende Menschen sind gefragt; es ist eine bewegliche Angelegenheit, nichts Starres. Heute ist es allerdings so, dass Zukunft im Grunde genau umrissen wirkt: in Risikoberechnungen und Szenarien, in Spekulationen. Wir leben in einer Gesellschaft, die sich obsessiv mit der Festlegung der Zukunft beschäftigt, sie quasi ständig in unsere Gegenwart holt, so sehr sind wir damit beschäftigt, Risiken einzukalkulieren und Zukunftsszenarien zu erstellen. Der Soziologe Niklas Luhmann hat die Unterscheidung von Gefahren und Risiken als grundlegend für seine Definition von Mittelalter und Moderne angewandt, d. h. die Moderne zeichnet sich für ihn dadurch aus, dass sie die Gefahren in Risiken zu verwandeln vermag und sich so der Zukunft bemächtigt. Auf der anderen Seite ist es so, dass wir in etwas leben, das der Literaturwissenschaftler Hans Ulrich Gumbrecht als »breite Gegenwart« beschrieben hat: Das bedeutet, dass wir total darauf bedacht sind, die Gegenwart zu verlängern und festzuhalten, koste es, was es wolle. Stichwort: Klimawandel: Wir entwickeln kein zukünftiges Handeln, stattdessen möchten wir immer noch konsumieren, weitermachen wie bisher und halten mit allen Kräften daran fest. Dieses »Wir« meint natürlich Mitteleuropa und eine bestimmte Schicht, die sich das zu leisten können glaubt.

Einerseits scheint es darum zu gehen, die Gegenwart immer weiter zu verlängern; zugleich entsteht das Bild einer zunehmend eingeschränkten, einer von der Zukunft, wie Sie gesagt haben, aufgesaugten Gegenwart. In diesem Zusammenhang würde ich gerne auf Ihren Vortrag »Zukunft als literarische Ressource« zu sprechen kommen. Sie meinten darin, in Zusammenhang mit Kapitalismus und Finanzspekulation, dass es »in diesen Tagen vermutlich einen Tigersprung« bräuchte, um aus der Zukunft »herauszureißen, was nicht schon verbucht, verwettet, in die Gegenwart hineinkalkuliert« wurde. – Läuft die Zukunft Gefahr, verspekuliert zu werden? Oder anders gefragt: Kommt uns eine offene Zukunft tatsächlich zunehmend abhanden?

Kathrin Röggla: Man muss sich nur ansehen, dass jeder Mensch in Österreich bereits mit 20 000 Euro Schulden auf die Welt kommt. Allein damit ist Zukunft schon festgelegt, es ist klar, in welche Richtung es gehen muss. In einer Gesellschaft der Schuldner und der Spekulationen hat eine vermeintlich offene Zukunft immer auch Warenwert und ist Teil ökonomischer Dynamiken. Dabei ist es eine unserer großen Aufgaben, Handlungsmöglichkeiten zu erkämpfen, gerade weil das unmöglich wirkt. Ich sehe da Literatur als einen der Orte, an dem dies möglich ist, gerade durch ihre Möglichkeit, kausale Logiken aufzubrechen, mit Paradoxien und Widersprüchen umzugehen. Sie kann da etwas freispielen.

Zur Frage nach den Möglichkeiten von Erzählungen, die sich an eine Zukunft richten, würde ich gerne den Begriff der Katastrophe ins Spiel bringen: Susan Sontag meinte in ihrem Essay über Katastrophenlust aus dem Jahr 1965, auf den Sie sich beziehen, dass Science-Fiction – die ja von Zukunftsvorstellungen lebt – so beliebt sei, weil sie uns von komplexen Welterfahrungen befreien würde. Gilt das immer noch? Auch für heutige Entwürfe, die Zukunft in diesem Sinne imaginieren?

Kathrin Röggla: Ich denke, dass es heute sogar schlimmer ist als in den 1960er und 70er Jahren. Filme, die von Zukunft oder vom Katastrophischen in der Zukunft erzählen, sind zumeist sehr konservativ bis reaktionär. Es ist ein Genre, in dem es sehr stark um Werterestauration geht. Oft geht es um ein Narrativ, in dem die Familie wieder gekittet oder der Nationalstolz repariert werden soll. Es geht also um den Traum von Gemeinschaft, der aber in einem sehr restaurativen Sinn geträumt wird, in biblischen Kategorien der gerechten Strafe für moralische Übertretung, und nicht zuletzt spielte auch das Militär meist eine wichtige Rolle. Daran hat sich wenig geändert, ganz im Gegenteil: In den 1970er Jahren hatte dieses Genre noch emanzipatorische Qualitäten, indem am Ende beispielsweise nicht unbedingt die Familie stand, sondern eine Trennung oder Öffnung. Heute ist es ein Genre, das uns nicht unbedingt ermächtigt, sondern Ohnmacht zelebriert. Nur der Held wird zelebriert. Er ist die einzige Figur, die Handlungsmacht besitzt, in einem so unglaubwürdigen Sinn allerdings, dass man als Normalsterblicher oder als Zuschauerin nicht wirklich in diese Handlungsmacht hineinfinden kann. Das ist auch das Problem dieses Genres. Wenn Greta Thunberg heute sagt, sie wolle nicht unsere Hoffnung, sie wolle unsere Panik, so ist das eine sehr, sehr heikle Aussage. Denn Panik erzeugt ein Ohnmachtsgefühl und nicht unbedingt Handlungsmacht. Auf der anderen Seite ist Hoffnung natürlich auch etwas Trügerisches: Wenn man zu viel Hoffnung hat, handelt man ebenso wenig. Diese Anrufung der Panik stellt letztendlich eine rhetorische Geste dar, die noch einmal aufstacheln, noch einmal Handlungsmacht herausschlagen will, was zunehmend schlechter gelingt, je öfter wir es hören.

Malen wir uns Zukunft aus, um die eigene Gegenwart in den Griff zu bekommen, um Kontrolle über sie zu erlangen, oder wenigstens die Vorstellung davon?

Kathrin Röggla: Das Genre der Dystopie, beispielsweise, dient seit jeher dazu, die Gegenwart zu erzählen, und zwar über den Blick in die Zukunft. Es geht also weniger darum, Zukunft zu entwerfen, sondern ein verstecktes Gegenwartsbild mitzuliefern, eine Art verschärfte Gegenwart. Dystopien sind zumeist sehr geschlossene Erzählungen, die immer auch etwas Verschwörungstheoretisches an sich haben. Nur selten handelt es sich um offene Erzählungen. Die Dystopie ist sozusagen eine Art Sondergenre im Bereich der Science-Fiction. Oft geht es darin auch um Technik-Träume, in denen wir uns selbst überholen. Mit klassischer Science-Fiction ist es heute ja etwas schwieriger geworden, weil sie immer schon etwas antiquiert wirkt. Serien wie die Netflix-Serie *Black Mirror,* beispielsweise, erzählen uns ja sehr deutlich die Gegenwart in einer etwas expliziteren, auf

Medienfragen zugespitzten Variante; auch hier würde ich, bei aller Faszination, von Verohnmächtigungserzählungen sprechen, weil sie Medien eine sehr hohe Definitionsmacht über unsere Gegenwart zusprechen: Immer ist die freie Entscheidung, das vermeintlich menschliche Miteinander bedroht, es sind dennoch die Alpträume aus dem 19. Jahrhundert, die wir vorfinden. E. T. A. Hoffmann lässt grüßen: Automatisierung, Entfremdung, Kommunikation, Identitätsprobleme. Das ist nach wie vor das Unheimliche daran. Sehr verlockend, zugleich aber problematisch, weil die einzelnen Erzählungen nur binäre Fragen stellen und keine Offenheit zulassen. Wie man allerdings zu Handlungserzählungen, also zu Handlungsmacht, kommen kann, ist für mich derzeit die Frage schlechthin. Es ist ja nicht so, dass alles zunehmend stagnieren würde, sondern wir uns in einer Situation befinden, in der ganz viele Krisen sichtbar werden, und mit ihnen ebenso viele Handlungsfiguren oder -versuche. Egal, ob es sich um zivilgesellschaftliche Zusammenschlüsse handelt oder um WutbürgerInnen: Die Leute politisieren sich wieder, es formiert sich, mit Blick auf die Krisen der großen Institutionen und der bürgerlichen Parteien, eine Gegenbewegung.

Eine ihrer Thesen lautet, dass sich die katastrophischen Erzählungen zunehmend in die Medien hineinverlagert hätten und mediale Erzählungen verstärkt das Katastrophische befördern würden, wovon auch Ihr Werk »Die Alarmbereiten« handelt. Denken Sie, dass wir solcher Katastrophenszenarien zugleich – oder gerade deswegen – müde werden könnten und die Sehnsucht nach gegenteiligen Erzählungen zunehmen wird?

Kathrin Röggla: Ich glaube, dass beides immer gleichzeitig da ist, und denke nicht, dass wir der Katastrophenerzählungen müde werden. Gerade dystopische Texte verkaufen sich sehr gut, und auch Serien wie *Black Mirror* sind sehr präsent und laufen in zahlreichen Staffeln. Auch die Katastrophengrammatik, das große Katastrophen-Spektakel, hat in den Medien nicht nachgelassen, was ein Zeichen ist, dass sie sich nach wie vor gut verkauft. Das erzeugt eine Realität, der wir uns nach wie vor stellen müssen. Die immer gleichen Narrative wiederholen sich und reiben sich an anderen Erzählungen oder an konkreten Erfahrungen und Situationen. Insofern war es für mich wichtig, in den *Alarmbereiten* nicht nur eine Erzählung zu liefern, sondern mindestens zwei Erzählungen gleichzeitig laufen zu lassen und zu sehen, wie sie ständig miteinander in Berührung kommen. Dadurch erzeuge ich zugleich Distanz und ein Spannungsverhältnis, und außerdem etwas, das ich für sehr wesentlich halte, nämlich Komik. Es ist absolut wichtig, Zukünftigkeit in einem auch komischen Verhältnis zu sehen. So sehe ich unsere heutige Situation. Früher wäre man vielleicht stärker auf einer einzigen Ebene geblieben.

Komik fehlt in vielen dieser Szenarien ja komplett.

Kathrin Röggla: Wenn man nicht mehr lachen kann über die Zukunft – man lacht ja nicht über die Zukunft, sondern über die Vorstellungen und Narrationen von Zukunft –, wird es schwierig. Komik schafft immer sofort andere Verhältnisse. Und das ist, glaube ich, der Punkt, an den ich immer wieder gelange: Es geht um Verhältnismäßigkeiten. Es geht um ein offenes systemisches Denken und weniger um ein Denken in fixen Kategorien, weniger um Entitäten wie Zukunft als etwas Abgeschlossenes, und Komik kann da helfen.

Gespräch: Katharina Manojlovic

ERWÄHNTE LITERATUR

Black Mirror. TV-Serie. Produktion: Charlie Brooker, Annabel Jones, Emma Pike, Barney Reisz für Netflix, UK 2011.

Hans Ulrich Gumbrecht: Unsere breite Gegenwart. Aus dem Englischen von Frank Born. Berlin: Suhrkamp 2010.

Niklas Luhmann: Risiko und Gefahr. St. Gallen: Hochschule für Wirtschafts-, Rechts- und Sozialwissenschaften, 1990 (= Aula-Vorträge 48).

Kathrin Röggla: Die Alarmbereiten. Frankfurt am Main: S. Fischer Verlag 2010.

Kathrin Röggla: Zukunft als literarische Ressource. Vortrag, gehalten im Rahmen der Zürcher Poetikvorlesungen 2016.

Susan Sontag: The imagination of disaster. In: Against interpretation and other essays. New York: Farrar, Straus & Giroux 1966, S. 209–225 (Erstveröffentlicht in: Commentary, Nr. 40/4, 1965, S. 42–48).

Martin Luther: *Biblia/das ist/die gantze Heilige Schrifft Deudsch, 2. Bd.: Die Propheten alle Deudsch.* Wittemberg: Hans Lufft 1534.
Ansicht: Offenbarung des Johannes, Fünfte Figur.
ÖNB, Sammlung von Handschriften und alten Drucken

Folgende Doppelseite:
Christine de Pizan: *Le Trésor de la cité des dames.* Paris: Antoine Vérard 1497.
ÖNB, Sammlung von Handschriften und alten Drucken

Die Offenbarung

Die Fünffte Figur.

Dis sind allerley plagen/so mit auffrhur vnd zwitracht sich land vnd leute verendern bis an jüngsten tag.

Vnd ich sahe/das es das sechste siegel auffthet/vnd sihe/da ward ein grosses erdbeben/vnd die sonne ward schwartz wie ein harin sack/vnd der mond ward wie blut/vñ die stern des himels fielen auff die erden/gleich wie ein feigenbaum seine feigen abwirfft/wenn er von grossem wind beweget wird/vnd der himel entweich/wie ein eingewickelt buch/vnd alle berge vnd Insulen wurden bewegt aus jren örten/Vnd die könige auff erden/vnd die öbersten/vnd die reichen/vnd die Heubtleute/vnd die gewaltigen/vnd alle knechte vnd alle freien/verborgen sich jnn den klüfften vnd felsen an den bergen/vnd sprachen zu den bergen vnd felsen/Fallet auff vns/vnd verberget vns fur dem angesichte des/der auff dem stuel sitzt/vnd fur dem zorn des Lambs/Denn es ist komen der grosse tag seines zorns/vnd wer kan bestehen?

Vnd dar-

V
e
a
m
E
te
mit grosser stimm
digen die erden/
nicht/noch das me
te vnsers Gottes an
Vnd ich höre
vier vnd vierzig tau
der kinder Jsrael.
Von dem geschlechte
Von dem geschlechte
Von dem geschlechte
Von dem geschlechte
Von dem geschlechte
Von dem geschlechte
Von dem geschlechte
Von dem geschlechte Le
Von dem geschlechte Js
Von dem geschlechte Zab
Von dem geschlechte Jose
Von dem geschlechte Ben

CEst par divin vou
loir lestat de mageste
Royale ⁊ de seignou
rie est esleue sur tous
estas mōdains ⁊ que
a la conduite ⁊ doctrine dicelluy
soit regi ⁊ gouverne le petit ⁊ me-
nu peuple pour au monde estre en
union paix ⁊ cōcorde: bien licite est
⁊ convenable q̄ ceulx ⁊ celles tant
fēmes cōme hōmes q̄ Dieu a esta
blis es haulx sieges de puissance
⁊ dn̄atiō de tant plus soiēt mieulx
morigines q̄ aultre gent ⁊ aornes
de belles doctrines ⁊ de bonnes
meurs affin que la reputation de
eulx en soit plus venerable/ ⁊ que
cōme ilz sont ensuys ⁊ imites aux
choses mondaines ⁊ temporelles:
pareillemēt en vie spirituelle soiēt
a toutes gens miroir ⁊ exēple de
toutes beneuretez ⁊ faictz ṽtueux
Et pource ma treschiere ⁊ tressou
veraine dame Anne Royne de
frāce treschrestiēne que vostre tres
benigne ⁊ royale mageste tousio's
desire veoir bōnes choses ⁊ vertu
euses Je vostre treshumble ⁊ tres
obeissant serviteur a lhonneur et
magnificēce de vostre trestrium
phāte souverainete ay fait le livre
des trois dames de vertus cest
assavoir Raisō droicture ⁊ iustice
souveraines dames de la noble
cite des dames de vertus. Le ql
livre fist ⁊ cōposa dame christine
a lenseignemēt ⁊ exhortation des
Roynes haultes dames ⁊ prin-
cesses par le cōmandemēt dicelles
nobles vertus. ad ce que lesdictes
Roynes haultes dames ⁊ prin-
cesses soient convoquees a estre sou
veraines citoyennes ⁊ cōme telles
mises ⁊ fichees en la noble cite des
dames de vertus. Et a lexēple
dicelles les autres dames da-
moiselles bourgoises ⁊ fēmes du
cōmun peuple. Et si demonstre
cōment les bonnes princesses doi
vent aymer ⁊ craindre Dieu pour
le premier ⁊ pricipal enseignemēt
Et q̄lles doivent prēdre le bon ⁊
sainct advertissemēt qui vient pour
lamour ⁊ craite de nostre seign̄r
Avecq̄s plusieurs beaulx ⁊ vertu
eux enseignemēs cōtenus en celui
livre, ainsi q̄ vostre tresglorifique
⁊ beneuree dignite en lisant le li-
vre ou faisant lire par maniere de
recreatiō pourra veoir ⁊ cognoistre

Or dit dame christine.

Apres ce q̄ ie eus edifie a laide
⁊ par le cōmandement des
trois dames de vertus/cest assa
voir Raison droicture ⁊ iustice la
cite des dames ꝑ la forme ⁊ ma
niere q̄ au contenu de ladicte cite
est declaire. Je cōme persōne tra-

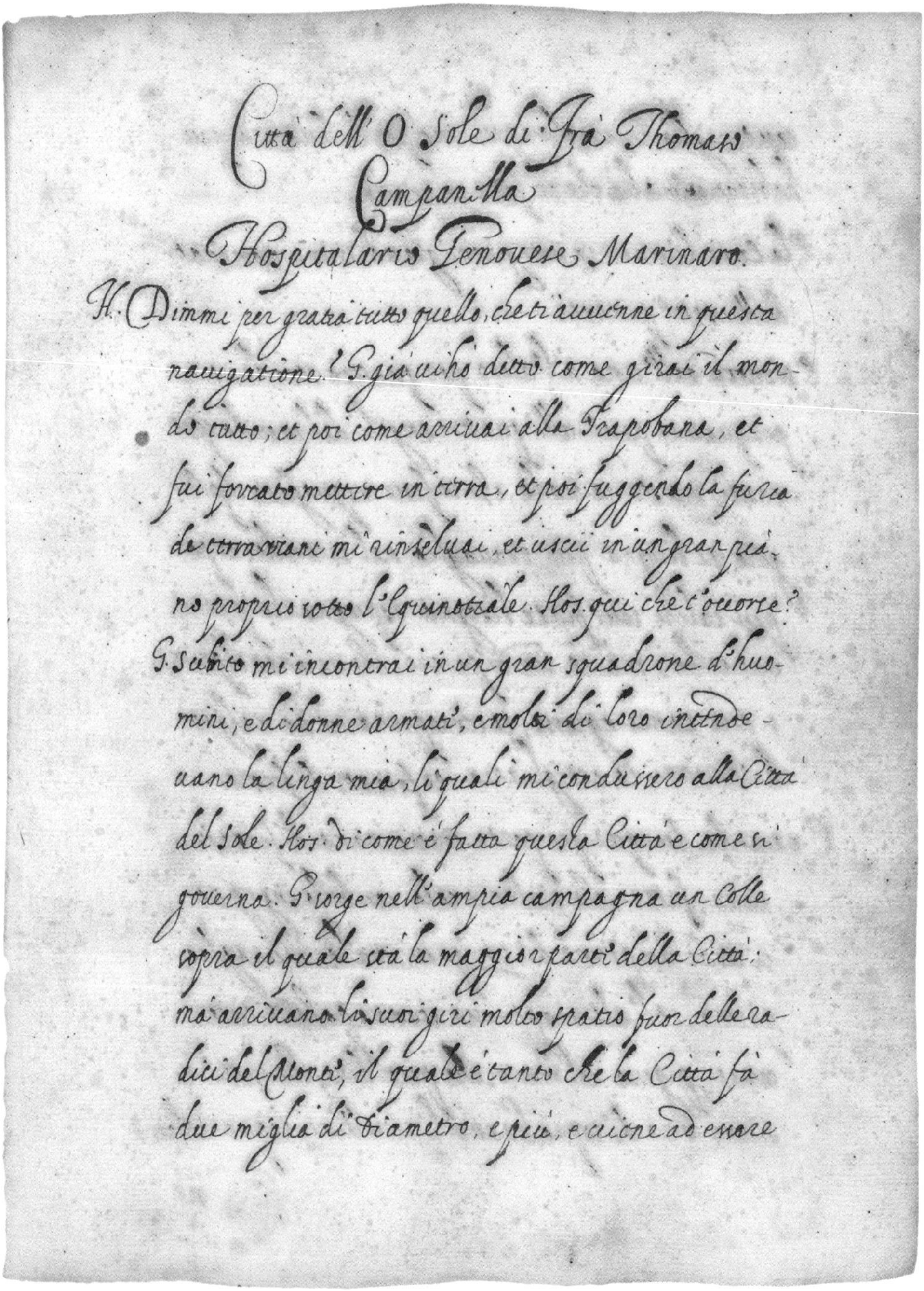
Città dell' O Sole di Frà Thomaso
Campanella
Hospitalario Genouese Marinaro.
H. Dimmi per gratia tutto quello, che ti auuenne in questa
nauigatione? G. già ui hò detto come girai il mon-
do tutto; et poi come arriuai alla Taprobana, et
fui forzato mettere in terra, et poi fuggendo la furia
de terrazzani mi rinselvai, et uscii in un gran pia-
no proprio sotto l'Equinottiale. Hos. qui che t'occorse?
G. Subito mi incontrai in un gran squadrone d'huo-
mini, e di donne armati, e molti di loro intende-
uano la lingua mia, li quali mi condussero alla Città
del Sole. Hos. di come è fatta questa Città e come si
gouerna. G. sorge nell'ampia campagna un Colle
sopra il quale stà la maggior parte della Città;
mà arriuano li suoi giri molto spatio fuor delle ra-
dici del Monte, il quale è tanto che la Città fà
due miglia di diametro, e più, e uiene ad essere

»Città dell' o sole di Frà Thomaso Campanella«, Manuskriptauszug, o. D.
ÖNB, Sammlung von Handschriften und alten Drucken

Rechte Seite: **Jonathan Swift: *Travels into Several Remote Nations of the World in Four Parts. By Lemuel Gulliver.* The Fifth Edition, Corrected. London: Charles Bathurst 1747.**
ÖNB, Sammlung von Handschriften und alten Drucken

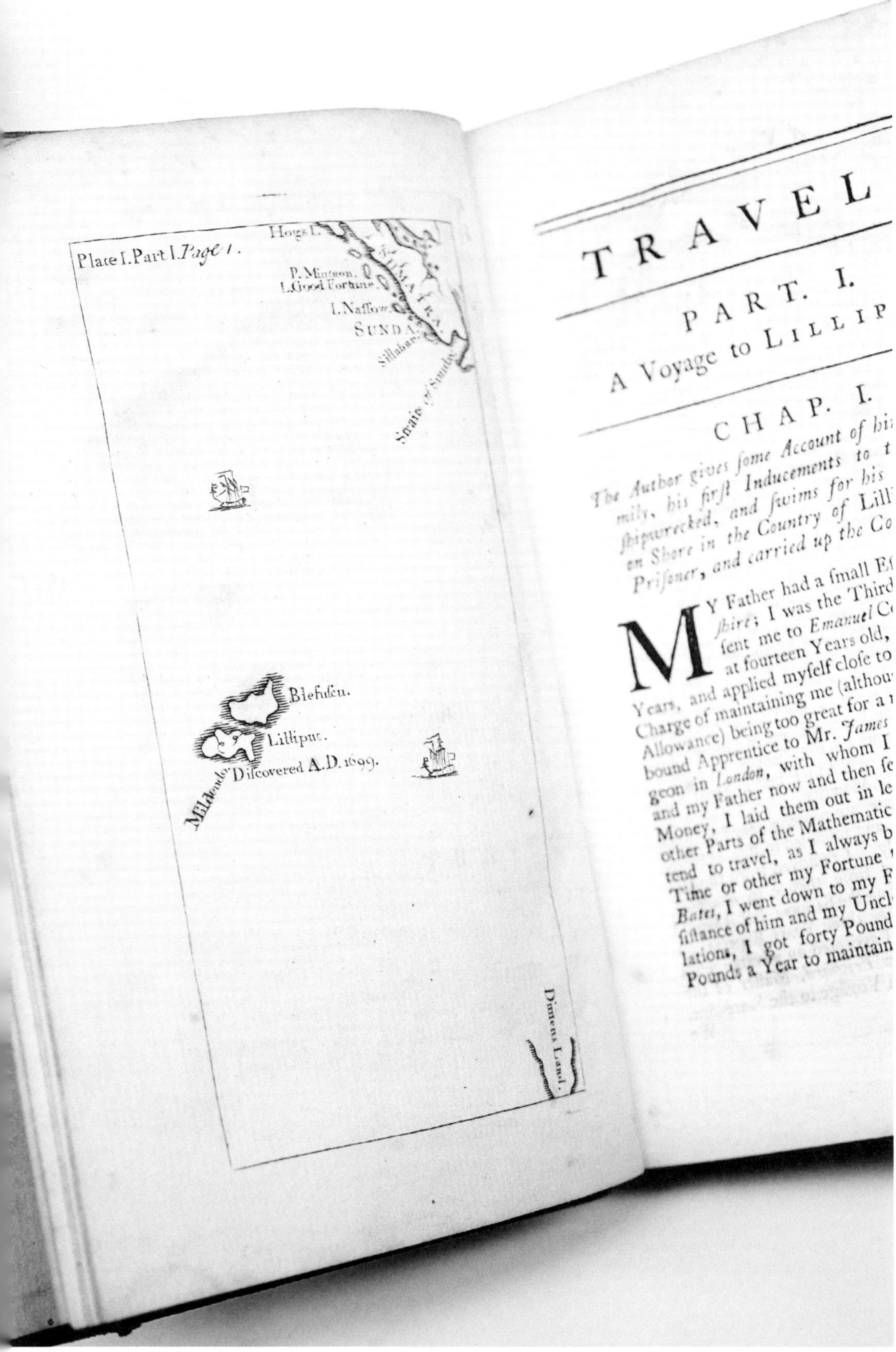
Plate I. Part I. Page 1.
Hogs I.
P. Minstan.
I. Good Fortune.
I. Nassow.
SUNDA.
Sillabar.
Straits of Sunda.
Blefuscu.
Lilliput.
Discovered A.D. 1699.
Dimens Land.
TRAVEL
PART. I.
A Voyage to LILLIP
CHAP. I.
The Author gives some Account of hi
mily, his first Inducements to t
shipwrecked, and swims for his
on Shore in the Country of Lill
Prisoner, and carried up the Co
MY Father had a small E
shire; I was the Third
sent me to Emanuel C
at fourteen Years old,
Years, and applied myself close to
Charge of maintaining me (althou
Allowance) being too great for a
bound Apprentice to Mr. James
geon in London, with whom I
and my Father now and then se
Money, I laid them out in le
other Parts of the Mathematic
tend to travel, as I always b
Time or other my Fortune
Bates, I went down to my F
sistance of him and my Uncl
lations, I got forty Pound
Pounds a Year to maintain

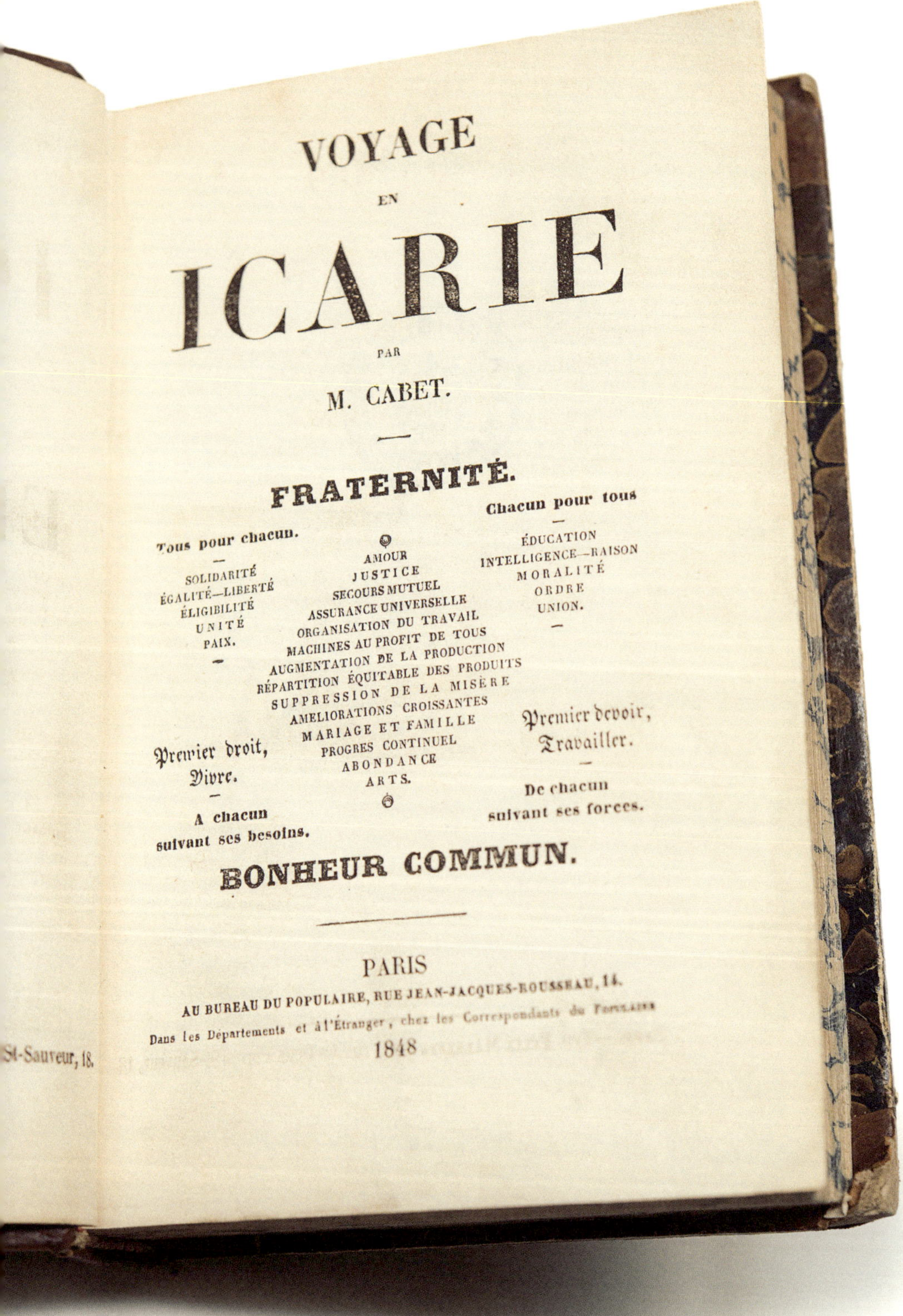

VOYAGE
EN
ICARIE
PAR
M. CABET.

FRATERNITÉ.

Tous pour chacun.
SOLIDARITÉ
ÉGALITÉ—LIBERTÉ
ÉLIGIBILITÉ
UNITÉ
PAIX.

AMOUR
JUSTICE
SECOURS MUTUEL
ASSURANCE UNIVERSELLE
ORGANISATION DU TRAVAIL
MACHINES AU PROFIT DE TOUS
AUGMENTATION DE LA PRODUCTION
RÉPARTITION ÉQUITABLE DES PRODUITS
SUPPRESSION DE LA MISÈRE
AMELIORATIONS CROISSANTES
MARIAGE ET FAMILLE
PROGRES CONTINUEL
ABONDANCE
ARTS.

Chacun pour tous
ÉDUCATION
INTELLIGENCE—RAISON
MORALITÉ
ORDRE
UNION.

Premier droit,
Vivre.
A chacun
suivant ses besoins.

Premier devoir,
Travailler.
De chacun
suivant ses forces.

BONHEUR COMMUN.

PARIS
AU BUREAU DU POPULAIRE, RUE JEAN-JACQUES-ROUSSEAU, 14.
Dans les Départements et à l'Étranger, chez les Correspondants du Populaire
1848

St-Sauveur, 18.

Étienne Cabet: *Voyage en Icarie par M. Cabet.* Cinquième Édition. Paris: Au Bureau du Populaire 1848.
ÖNB, Sammlung von Handschriften und alten Drucken

Denis Veiras: ***Conclusion De L'Histoire des Sevarambes.*** **2. Teil. Paris: Michalet 1679.**
ÖNB, Sammlung von Handschriften und alten Drucken

Johann Valentin Andreae: ***Reipublicae Christianopolitanae descriptio.*** **Strassburg, Argentorati: Lazarus Zetzner 1619.**
ÖNB, Sammlung von Handschriften und alten Drucken

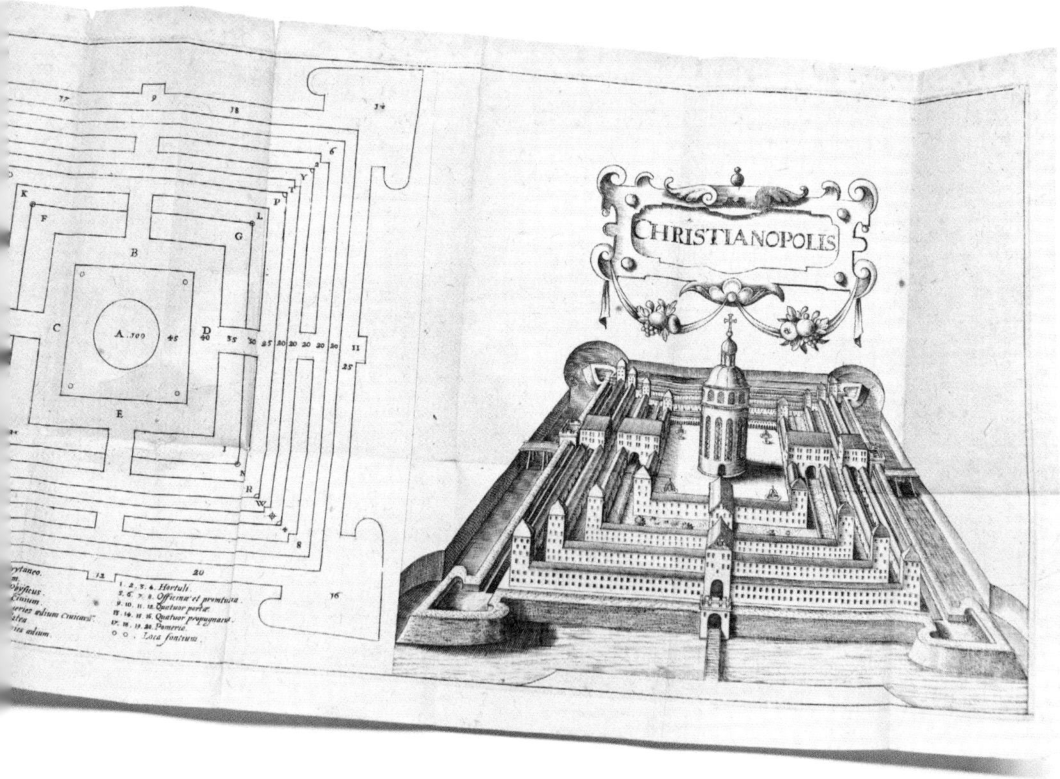

Daniel Defoe: ***Das Leben und die ganz ungemeine Begebenheiten des Robinson Crusoe.***
Frankfurt/Leipzig: 1720. ÖNB, Sammlung von Handschriften und alten Drucken

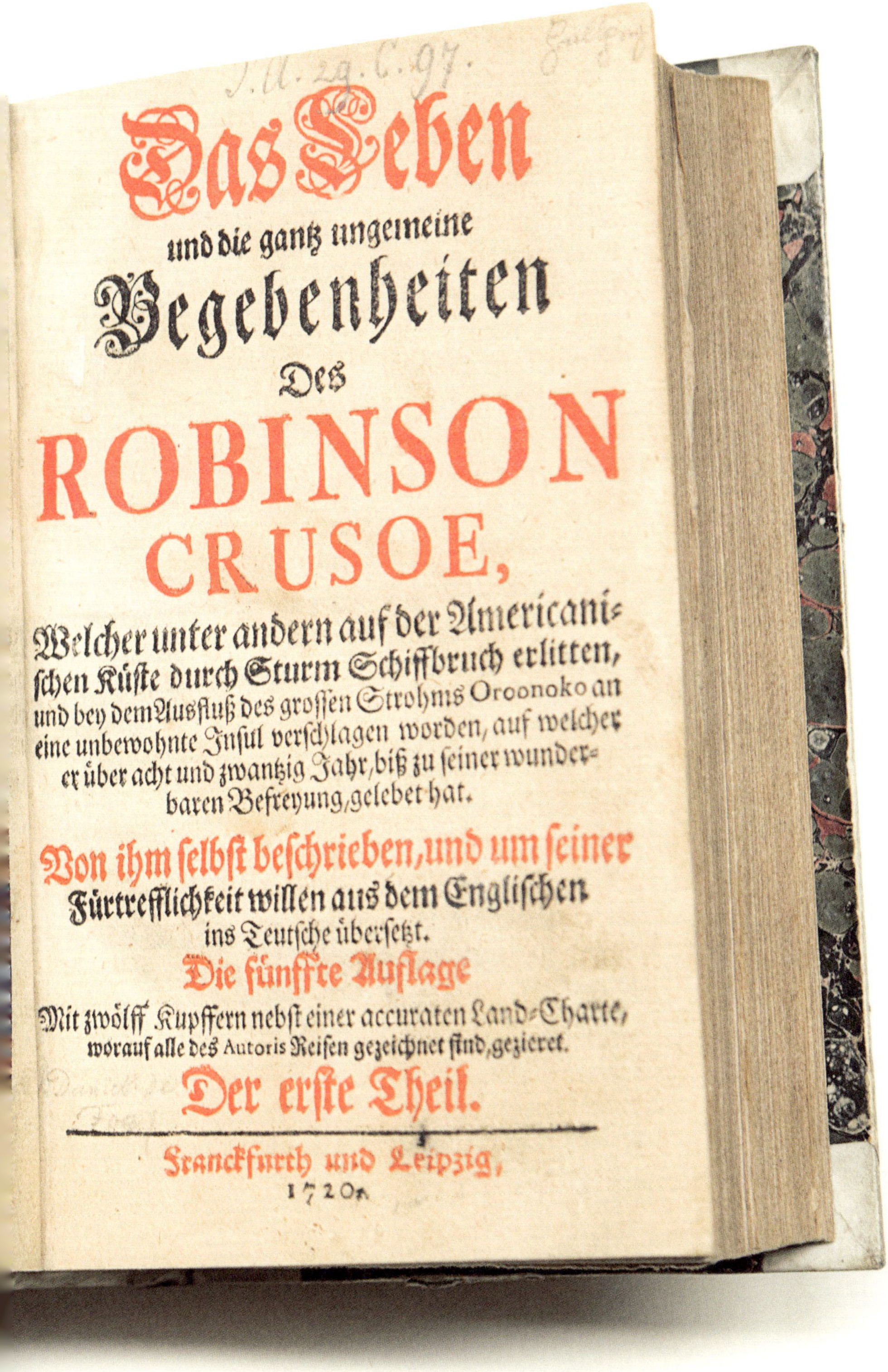

Das Leben
und die gantz ungemeine
Begebenheiten
Des
ROBINSON
CRUSOE,
Welcher unter andern auf der Americanischen Küste durch Sturm Schiffbruch erlitten, und bey dem Ausfluß des grossen Strohms Oroonoko an eine unbewohnte Insul verschlagen worden, auf welcher er über acht und zwantzig Jahr, biß zu seiner wunderbaren Befreyung, gelebet hat.

Von ihm selbst beschrieben, und um seiner Fürtrefflichkeit willen aus dem Englischen ins Teutsche übersetzt.

Die fünffte Auflage

Mit zwölff Kupffern nebst einer accuraten Land-Charte, worauf alle des Autoris Reisen gezeichnet sind, gezieret.

Der erste Theil.

Franckfurth und Leipzig,
1720.

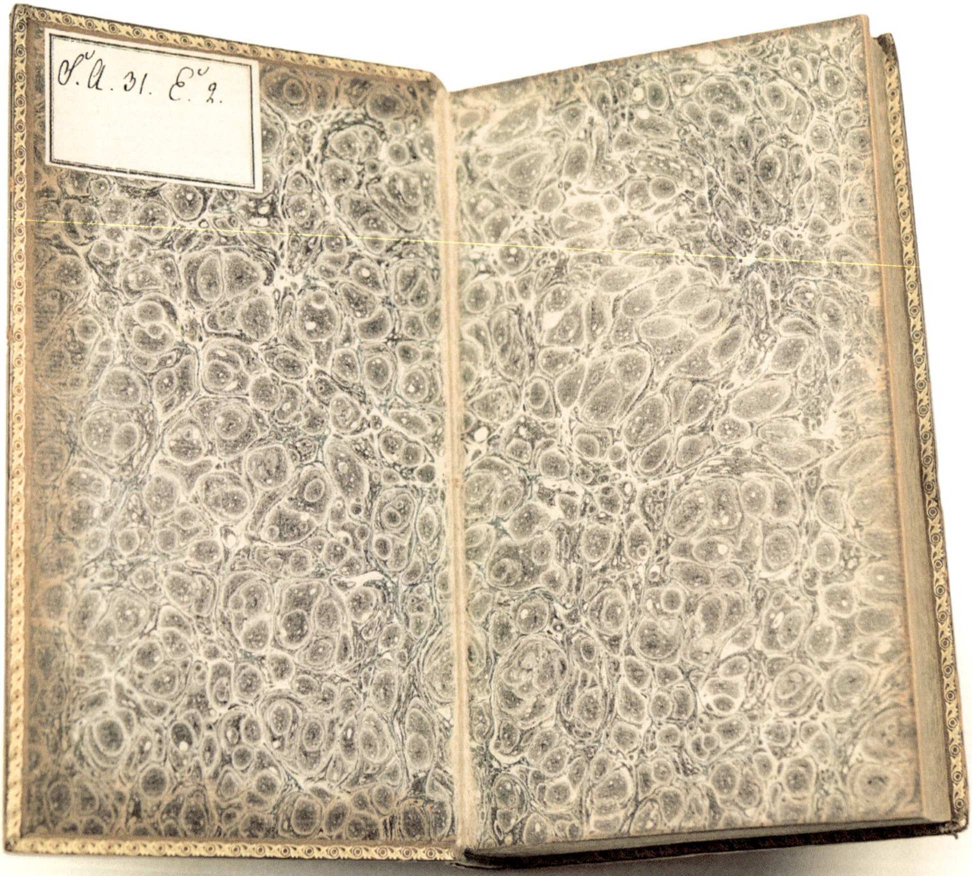

Mary Wollstonecraft Shelley: *Frankenstein or The Modern Prometheus.*
London: Whittaker 1823.
ÖNB, Sammlung von Handschriften und alten Drucken

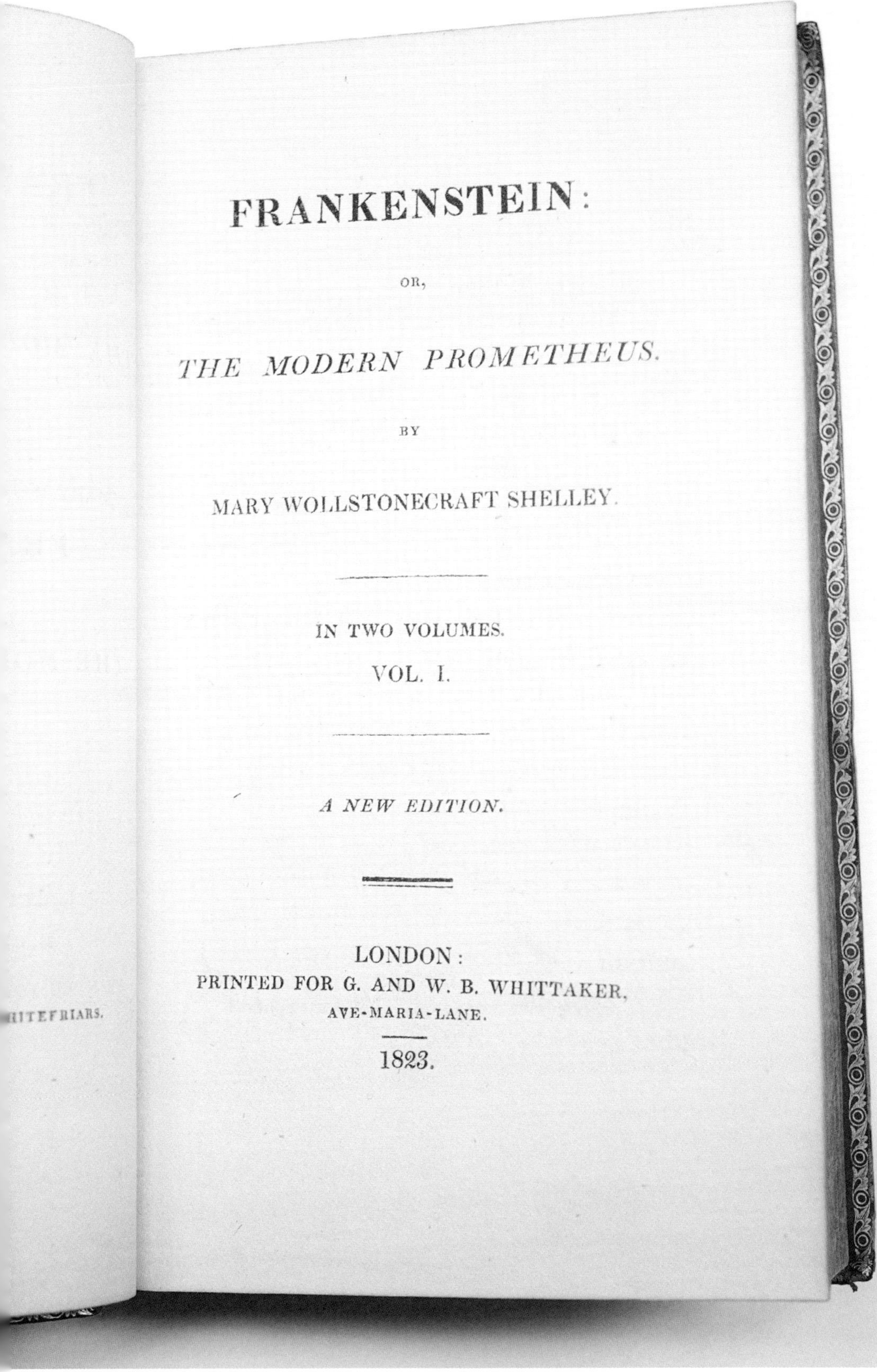

HITEFRIARS.

FRANKENSTEIN:

OR,

THE MODERN PROMETHEUS.

BY

MARY WOLLSTONECRAFT SHELLEY.

IN TWO VOLUMES.

VOL. I.

A NEW EDITION.

LONDON:
PRINTED FOR G. AND W. B. WHITTAKER,
AVE-MARIA-LANE.

1823.

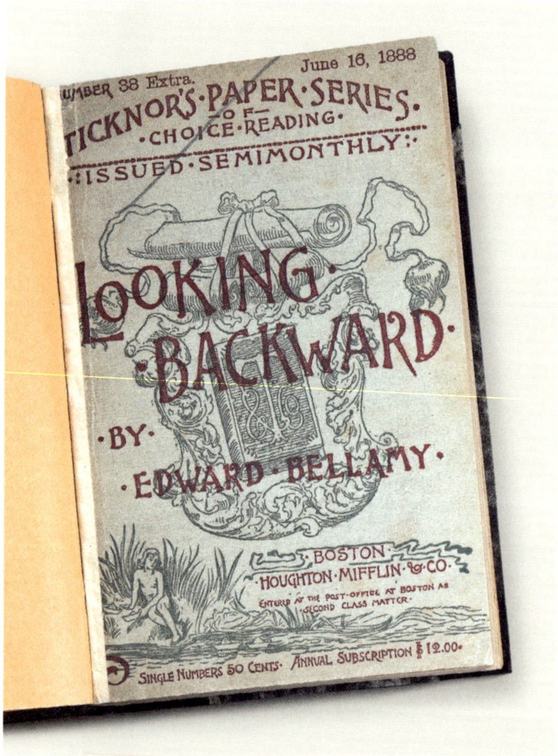

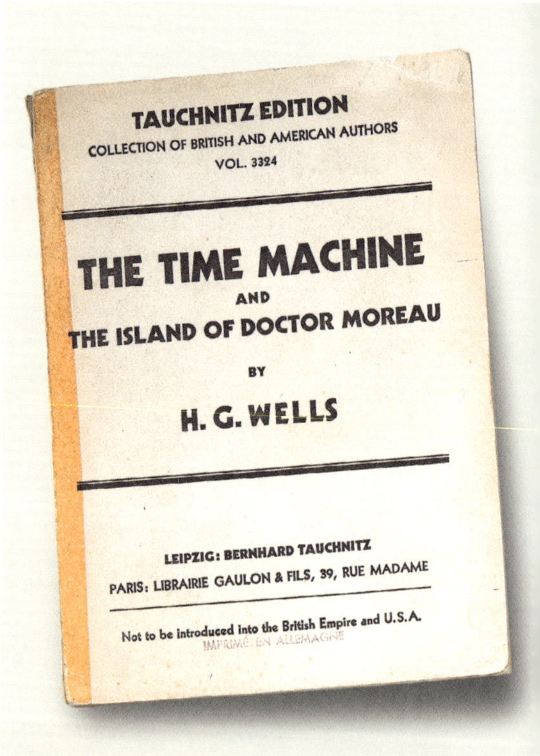

Edward Bellamy: *Looking Backward: 2000–1887.* Boston, New York: Houghton Mifflin 1889.
Österreichische Nationalbibliothek

H. G. Wells: *The Time Machine and the Island of Doctor Moreau.* Collection of British and American Authors. Vol. 3324. Leipzig: Bernhard Tauchnitz, ohne Jahr. ÖNB, Literaturarchiv

Kurd Laßwitz: *Auf zwei Planeten. Roman in zwei Büchern.* Weimar: Verlag Emil Felber 1897
Österreichische Nationalbibliothek

Rechte Seite: **Theodor Herzl: *Altneuland. Roman.* Wien: R. Löwit Verlag 1933**
Österreichische Nationalbibliothek

ALTNEULAND
ROMAN
VON
THEODOR HERZL
R·LÖWIT, VERLAG, WIEN.

Alfred Kubin: ***Die andere Seite. Illustrierter Roman.***
München: Georg Müller 1928. Österreichische Nationalbibliothek

Rechte Seite: ***Literatura Mondo.*** **Dua periodo. Unua jaro. Budapest 1931.**
ÖNB, Sammlung für Plansprachen

BELETRISTIKO
BIBLIOGRAFIO
OBSERVO
ARTO
ALBRECHT DÜRER
ROMANO
FEBRUARO 1931
LITERATURA
MONDO
szin Blau 1930 mühely
A PERIODO
unua jaro
2-a numero

Oben: **Jewgenij Samjatin: *Wir*.**
Aus dem Russischen übertragen von Gisela Drohla. Köln und Berlin: Verlag Kiepenheuer & Witsch 1958.
Österreichische Nationalbibliothek

Aldous Huxley: *Brave New World*.
London: Grafton Books 1977.
ÖNB, Literaturarchiv

Karin Boye: *Kallocain*. Übersetzt aus dem Schwedischen von Helga Clemens. Kiel: Neuer Malik Verlag 1984.
Österreichische Nationalbibliothek

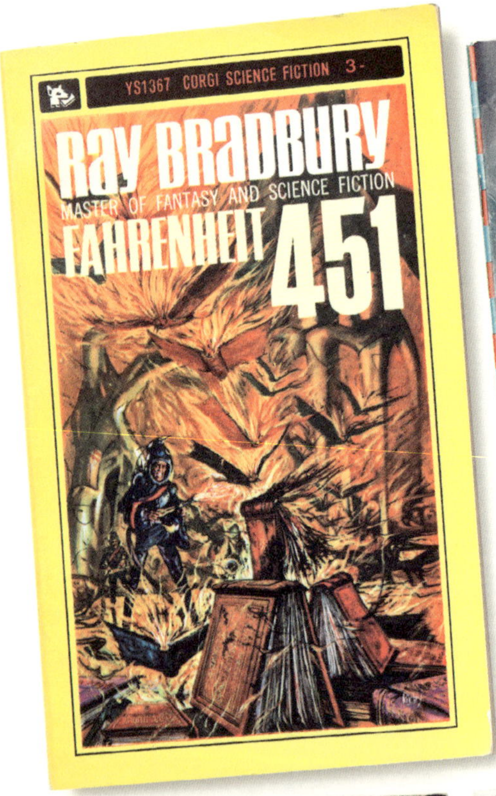
YS1367 CORGI SCIENCE FICTION 3-
RAY BRADBURY
MASTER OF FANTASY AND SCIENCE FICTION
FAHRENHEIT 451

Nr.692
DM 1,50
Österreich S 12,-
Schweiz sfr 2,-
Perry Rhodan
der Erbe des Universums
Neu!
Die grosse WELTRAUM-SERIE
von K. H. Scheer und Clark Darlton
Die Insekten-Königin
Sie ist die Mutter und die Herrscherin – sie führt ihr Volk in den Kampf

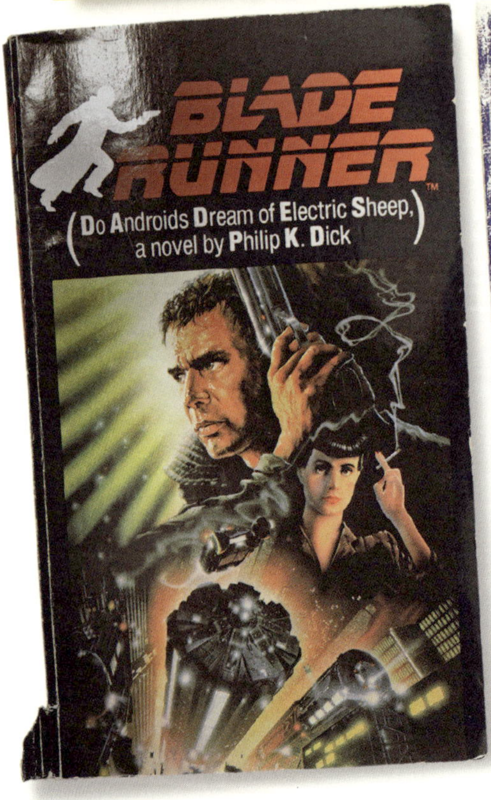
BLADE RUNNER
(Do Androids Dream of Electric Sheep,)
a novel by Philip K. Dick

SF MASTERWORKS
JOANNA RUSS
The Female Man
'A visionary novel about a society where women can do all we now fantasize . . . Intricate, witty, furious . . . savage'
MARGE PIERCY

Charlotte Perkins Gilman: *Herland*. New York: Pantheon Books 1979.
ÖNB, Literaturmuseum

Linke Seite im Uhrzeitgersinn:
Ray Bradbury: *Fahrenheit 451. A Novel of a Strange and Weird Future.*
London: Corgi Books 1967. ÖNB, Literaturarchiv — **H. G. Ewers: Die Insekten-Königin.**
Perry Rhodan, Heft Nr. 692. Rastatt: Pabel-Moewig Verlag 1974. — Joanna Russ: *The Female Man.*
London: Orion Publishing Group 2010 — Philip K. Dick: *Do Androids Dream of Electric Sheep?*
New York: Ballantine Books/Del Rey 1982. ÖNB, Literaturmuseum

Suzette Haden Elgin: ***A First Dictionary and Grammar of Láadan*****.**
Madison: Society for the Futherance and Study of Fantasy and Science Fiction 1988.
ÖNB, Sammlung für Plansprachen

Margret Atwood: ***Der Report der Magd*****. Deutsch von Helga Pfetsch.**
Hamburg: claassen 1987. Österreichische Nationalbibliothek

Rechte Seite: **Science-Fiction-Bibliothek aus dem Nachlass Ernst Jandls.**
ÖNB, Literaturarchiv

Penguin
ce Fiction
Edited by Brian Aldiss
Yet More Penguin Science Fiction Edited by Brian Aldiss
Edited by Brian Aldiss Penguin Science Fiction 1638
GEORGE ORWELL ANIMAL FARM
Olaf Stapledon Sirius
Fred Hoyle The Black Cloud 838
The Hugo Winners Edited by Isaac Asimov
Theodore Sturgeon More Than Human
Lambda I and Other Stories Selected by John Carnell
F2588 8 SCIENCE FICTION 50¢ THE ILLUSTRATED MAN RAY BRADBURY
GN7489 MACHINERIES OF JOY RAY BRADBURY
NEW MAPS OF HELL Kingsley Amis 863
1128 WHEN THEY COME FROM SPACE Mark Clifton
life in the twenty-first century edited by M. Vassiliev and S. Gouschev
F 648 CITIZEN IN SPACE SHECKLEY 50c
MARK CLIFTON Eight Keys to Eden PAN
ISAAC ASIMOV'S SCIENCE FICTION MAGAZINE OCTOBER 1986
SPECTRUM 2 KINGSLEY AMIS & ROBERT CONQUEST PAN M75
SPECTRUM 1 KINGSLEY AMIS & ROBERT CONQUEST PAN M61
SPECTRUM 3 KINGSLEY AMIS & ROBERT CONQUEST PAN M113

Bio-Engineering als Social-Engineering

Hans Flesch: *Baltasar Tipho: Eine Geschichte vom Stern Karina*

VON BERNHARD FETZ

Im Science-Fiction-Roman verändert sich die Perspektive des klassischen Kriminalromans, in dem Schuld und Verbrechen oft mythische Dimensionen gewinnen. An die Stelle der Frage nach individueller Schuld oder gesellschaftlicher Schuldverstrickung tritt der Zweifel, ob es mit unserem Menschsein als souveräne Individuen nicht überhaupt vorbei sein könnte; die Heldinnen und Helden in der SF-Literatur sind sich ihrer selbst als menschliche Wesen nicht mehr sicher. Diese Literatur, wie auch die SF-Filme, konfrontieren den sterblichen Menschen mit überlegenen biotechnischen Apparaturen, was Um- und Neubewertungen der Begriffe Transzendenz und Natur provoziert.

SF grenzt auf der einen Seite an die Literatur, von deren Parallelwelten und Geheimgesellschaften sie nicht so weit entfernt ist, auf der anderen an die Wissenschaft – wobei der Vorsprung, den die *Fiction* vor der *Science* hat, immer kleiner wird. Manche der technischen Fantasien im Roman *Baltasar Tipho* aus dem Jahr 1919 wurden bereits dreißig Jahre später mit der Television von der Wirklichkeit eingeholt. (Die im Roman ebenfalls möglich Übertragung von Materie gelingt im großen Maßstab nach wie vor nur in den SF-Fantasien.) Nicht Literatur oder Philosophie liefern heute »die großen, aber auch ›lebendigen‹ (Ricoeur), sich fortschreibenden Metaphern«, sondern die *Science-Fiction*. (Vgl. Zons 2001, 17) Sie liefert nicht nur Metaphern für den wissenschaftlichen Fortschritt, sondern – in Ablösung der humanistischen Metaphern in klassischer Literatur und Philosophie – posthumanistische Metaphern: Bilder vom Menschen als integriertem Bestandteil technischer Kreisläufe.

Hans Fleschs (1895–1981) *Baltasar Tipho* ist eine in Teilen noch stark vom Expressionismus beeinflusste Parallelwelt-Geschichte vom Stern Karina. Der Roman beginnt mit dem Kapitel »Wie die Karina entstand«: »Aus den Weichen unserer Erde ist sie gesprungen, ein wildes Tier. Du zahme, ächzende Erde, alte

Hure!« (BT, 7) Die Biografie des heute nahezu vergessenen Autors trägt selbst fantastische Züge.

Hans Flesch, besser bekannt als Hans Flesch-Brunningen, oder auch Johannes Evangelista Luitpold Flesch Edler von Brunningen, wurde 1895 im mährischen Brünn geboren und starb 1981 in Bad Ischl. Er kam als Kind nach Wien, war sehr junger Kriegsteilnehmer, publizierte sein erstes Gedicht mit siebzehn Jahren in der Zeitschrift *Pan,* und bereits zwei Jahre später schrieb er für Franz Pfemferts *Aktion*. 1917, mit 22, erschien im Kurt Wolff Verlag ein Band mit expressionistischen Novellen, der den programmatischen Titel *Das zerstörte Idyll* trug. Wie groß sein früher literarischer Ruhm war, beweist eine dem Neunzehnjährigen gewidmete Sondernummer der *Aktion* von 1914, deren Umschlag eine Porträtzeichnung Fleschs von Egon Schiele zeigt (s. Abb. S. 137). Ein teilweise abenteuerlicher Lebensweg führte ihn schließlich ins englische Exil nach London, wo der polyglotte altösterreichische Grandseigneur als Übersetzer, Schriftsteller und Kommentator der BBC lebte und wo er 1963 die ebenfalls emigrierte Schriftstellerin und Publizistin Hilde Spiel heiratete.

Auf dem Stern Karina ist nach einer Zeit der Revolutionen und Aufstände das Klassenproblem gelöst. Die Masse der rechtlosen, verarmten »Unteren« wird von einer dünnen Schicht der »Oberen« beherrscht. Die Regierungsgewalt geht von dem brutal herrschenden, gottähnlichen Baltasar Tipho und seinem engsten Berater Ral Tintal aus. Tiphos Herrschaft beruht auf einem Schwindel und einem Verrat. Ursprünglich aus der Klasse der Unteren stammend und in seiner Jugend, als es noch Unruhen gab, einer der radikalsten anarchistischen Aufrührer, ist er auf die Seite der Macht übergelaufen. Ermöglicht wurde dies durch die Mithilfe seines geheimnisumwitterten Vaters Markus Mann, einer mit teuflischen Zügen ausgestatteten übermenschlichen Figur, die in vielerlei Gestalt auftritt. Durch die Entdeckung von Energieströmen ist es gelungen, den natürlichen Tod auszuschalten; Angst vor dem Tod und menschliche Gefühle wie Liebe und Trauer kennen die Wesen auf der Karina nicht mehr. Hat einer genug, begibt er sich einfach in Sterbekammern und tritt ab.

Das Unglück Baltasar Tiphos, das Unzählige auf grausamste Weise mitreißt, nimmt seinen Lauf, als er sich zu einem fühlenden Wesen zurückentwickelt und die Macht der Maschine damit verrät. Denn das Sozialwesen auf Karina beruht auf der Synthese von Mensch und Maschine. Der Gründungsmythos der neuen Gesellschaft ist die Geburt der Maschine, ihre Heilige Schrift das »Epos von der ersten Maschine«. (BT, 164) Am Ende des Romans kommt es zu einer großen ver-

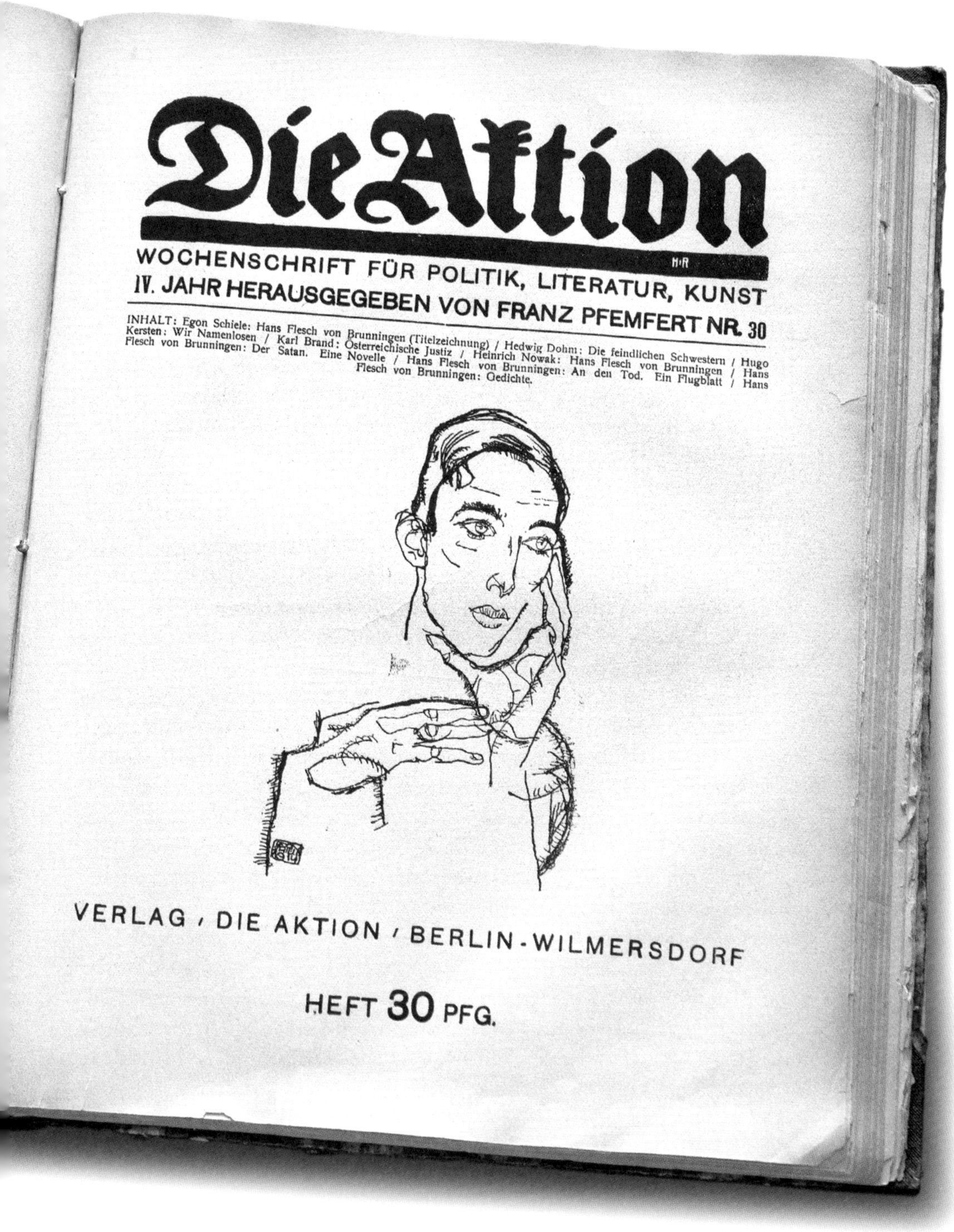

Die Aktion

WOCHENSCHRIFT FÜR POLITIK, LITERATUR, KUNST

IV. JAHR HERAUSGEGEBEN VON FRANZ PFEMFERT NR. 30

INHALT: Egon Schiele: Hans Flesch von Brunningen (Titelzeichnung) / Hedwig Dohm: Die feindlichen Schwestern / Hugo Kersten: Wir Namenlosen / Karl Brand: Österreichische Justiz / Heinrich Nowak: Hans Flesch von Brunningen / Hans Flesch von Brunningen: Der Satan. Eine Novelle / Hans Flesch von Brunningen: An den Tod. Ein Flugblatt / Hans Flesch von Brunningen: Gedichte.

VERLAG / DIE AKTION / BERLIN-WILMERSDORF

HEFT 30 PFG.

Egon Schiele: Zeichnung von Hans Flesch-Brunningen auf dem Cover der Zeitschrift *Die Aktion. Wochenschrift für Politik, Literatur, Kunst.* Hg. von Franz Pfemfert. IV. Jahr. Nr. 30. Berlin-Wilmersdorf: Verlag Die Aktion 1914. Österreichische Nationalbibliothek

nichtenden Anklage des Vaters gegen den verlorenen Sohn, der dem Werk nicht gewachsen war. Dieses Werk hieß *Social-Engineering* auf der Basis des *Bio-Engineering*: Die Erfindung eines Fluidums, das Unsterblichkeit und schmerzfreies ewiges Glück verheißt, ist in Fleschs SF-Szenario die Bedingung totaler sozialer Steuerung. Die Ordnung auf Karina wird durch gigantische und exakt kalkulierte technische Spektakel aufrechterhalten, die als Surrogate für die Bedürfnisse nach Arbeit, Unterhaltung und intensiven Gefühlen dienen. Die Choreografie der Massen wird von einem übermächtigen Amt gesteuert, das den Namen »Gesellschaft für Theater, Kunst und Volksbeschäftigung« trägt.

Der religiöse Stachel wie der Gefühlsstachel sitzen tief im Fleisch einer scheinbar technisch befriedeten Menschheit. Zu verfolgen ist, wie der starke Baltasar Tipho zum liebeskranken Schwächling mutiert, der am Höhepunkt eines zuerst aufgezeichneten und dann öffentlich übertragenen Realschauspiels der verführerisch kindlichen Mara Ruba unter Tränen seine Liebe eingesteht. Die Zuseher können sich zu den Figuren an den Tisch setzen, sie können sich mit ihnen ins Bett legen, ohne dass diese sich in ihrem zeitversetzten Tun und Treiben beirren ließen.

Die Anti-Utopie des Romans mit seiner Verkehrung aller zivilisatorischen Werte soll die Kritik an der zerstörerischen Gewalt der Maschine, wie sie im Ersten Weltkrieg entfesselt wurde, hervortreiben; die in die SF-Erzählung gekleidete Darstellung der Ersetzung individueller Werte durch die gesichtslosen Massen der ausgebeuteten Soldaten und Arbeiter enthält die Warnung vor einem totalitären Maschinenstaat. Der Staat als omnipotente Erziehungs- und Unterhaltungsmaschine, die unter dem Deckmantel einer allumfassenden Befriedung aller Triebe Grausamkeiten provoziert und zulässt, ist der Feind, gegen den sich Hans Fleschs Roman richtet.

VERWENDETE LITERATUR

BT = Hans Flesch: Baltasar Tipho. Eine Geschichte vom Stern Karina. Leipzig, Wien: E. P. Tal & Co. Verlag 1919.

Zons 2001 = Raimar Zons: Die Zeit des Menschen. Zur Kritik des Posthumanismus. Frankfurt am Main: Suhrkamp 2001.

Die Grammatik der Schläge

Günther Anders: *Die molussische Katakombe*

VON KERSTIN PUTZ

Seit Anfang der 1930er Jahre, in Reaktion auf das politische Erstarken des Nationalsozialismus in Deutschland, arbeitete der Philosoph und Schriftsteller Günther Anders (1902–1992) an einem »literarisch getarnte[n] Buch gegen den Fascismus«. (Anders 2012, 421) Diesen damals unveröffentlicht gebliebenen Roman *Die molussische Katakombe*, der erst Jahrzehnte später 1992 erschien, wollte er als »utopisches Buch über den Mechanismus der Diktatur« verstanden wissen. (LIT 237/W98) Anders entwirft darin das fiktive Land Molussien, das beherrscht wird von einem diktatorischen Regime: Rigoros verfährt es mit seinen Gegnern, sperrt die Kämpfer für ein befreites Molussien in unterirdische Kerker. Die Gespräche, die zwei dieser Gefangenen in ihrer abgedunkelten Zelle führen, stehen im Zentrum des Romans: In ihnen werden, Tag um Tag, Nacht um Nacht, Geschichten über molussische Zustände, über Wahrheit, Lüge und Moral, über die Mechanismen von Gewaltherrschaft und Propaganda getauscht. Es sind »Maulwurfsgeschichten« (LIT 237/W98), die nicht nur von einem Häftling zum anderen, sondern von Gefangenengeneration zu Gefangenengeneration weitergegeben werden: Das Erzählen dieser Geschichten wird unter den widrigen Bedingungen der Haft für die Regimegegner zu einer Art Überlebensprinzip, vor allem aber soll es den Widerstand gegen das molussische Regime am Leben erhalten. Die Lehren und Einsichten, die die tradierten Fabeln, Episoden und Dialoge bereithalten, sollen eines Tages aufgehen wie politische Keime: Im Erzählen soll gleichsam für ein zukünftiges Handeln geübt werden.

Eine besonders eindrückliche dieser Geschichten trägt den Titel »Das Schweigeedikt«: Darin attestiert der regierende Geistliche Molussiens namens Ko der molussischen Gesellschaft eine Verrohung ihrer Sprache und verfügt, dass diese nur noch in äußersten Notfällen gebraucht werden solle, dann nämlich, wenn Schläge und Prügel, wenn Fausthiebe und Fußtritte nichts mehr auszurichten vermögen. Per Erlass eines »Schweigeedikts« ersetzt er Worte durch Schläge, und die Molussier befolgen gehorsam die ihnen auferlegte Pflicht; bald schon herrscht Stille auf den Straßen, keiner mehr spricht. Das tägliche Prügeln aber wird lustlos erledigt – wie Arbeit: »Jeder Tag forderte eine sinnlose Anzahl von zufälligen Toten.« (Anders 2012, 353) Gegen die geistlose Monotonie des einfachen Prügelns und Tötens entsteht nach und nach eine neue Kultur: Die Molussier entwickeln ausgefeilte Techniken und Instrumente des Schlagens und Tötens, Präzisionsmaschinen, die die körperliche Gewalt verfeinern und kultivieren. Statt Wortkunst, Literatur und Theater entsteht eine »Syntax der Gewalt«, eine »Grammatik der Zerstörung«, die man in Pantomimen, in öffentlichen Vorführungen von Gefechten zur Schau stellt. (Ebd., 354) Angetan von dieser Verfeinerung der Kunst des Tötens als einer Verbesserung der Sitten, schickt sich Ko am ersten Jahrestag des Erlasses seines Edikts an, eine öffentliche Rede zu halten. Allein die Tatsache aber, dass er dabei in Worten zu den Molussiern spricht, gilt diesen als unerhörte Provokation. Das Volk ist in Aufruhr, vor allem jene, die besonders eifrig an der Grammatik der Gewalt gearbeitet hatten. Sie sind es, die der Rede Kos ein jähes Ende setzen: »Die jüngere Garde der neuen Kultur aber, die stolz war, daß ihre Instrumente jedes Gedicht und jeden Satz an Feinheit und Präzision um ein Vielfaches übertrafen, zielte nach Ko und tötete ihn im Namen der Kultur.« (Ebd., 355)

VERWENDETE LITERATUR

Anders 2012 = Günther Anders: Die molussische Katakombe. 2., erweiterte Aufl. mit Apokryphen und Dokumenten aus dem Nachlaß. Hg. und mit neuem Nachwort versehen von Gerhard Oberschlick. München: C. H. Beck 2012 [1992].

LIT 237/W98 = Günther Anders: Antwort auf die Anfragen nach dem Lande »Molussien«. Typoskript, 2 Bl. Nachlass Günther Anders, Literaturarchiv der Österreichischen Nationalbibliothek, Wien, LIT 237/W98.

Zeichnungen zu Günther Anders' *Die molussische Katakombe*
aus dem Nachlass des Autors, o. D. ÖNB, Literaturarchiv

»Gone on a journey«

Egon Friedell: *Die Reise mit der Zeitmaschine*

VON ELISABETH STRICKER UND KERSTIN PUTZ

Bevor der Zeitreisende aus H. G. Wells' (1866–1946) Roman *The Time Machine* (1895) in eine ungewisse Zukunft aufbricht, lernen wir ihn als Teil eines britischen Gelehrtenzirkels kennen, einer Männergesellschaft, die regelmäßig die neuesten Entwicklungen aus Naturwissenschaft und Technik diskutiert. Die Erfindung der Zeitmaschine ist es, die den bei Wells namenlos bleibenden Zeitreisenden aus diesem Milieu, aus seiner Zeit, seinem Weltwissen in eine völlig andere Welt wirft: ins England des Jahres 802 701. Was der Wissenschaftler dort erlebt und erfährt, lässt ihn zunächst auf eine weiterentwickelte, verfeinerte Menschheit der Zukunft, eine paradiesische Ordnung, einen in Stand und in die Verhältnisse gesetzten Kommunismus schließen. Nach und nach freilich bekommt dieses Bild Risse, und die Zukunftsgesellschaft entpuppt sich als radikal zweigeteilt: An der Erdoberfläche leben die Eloi, kindlich-naiv anmutende Wesen, kraft- und ambitionslos dekadent; im dunklen Untergrund die Morlocks, rohe, verwilderte Geschöpfe, die den unbarmherzigen Takt der Maschinen, an denen sie als Arbeitstiere molochen, inkarniert zu haben scheinen. Zwei Spezies also: beherrschtes Proletariat unten, degenerierte Oberschicht oben. – Nach seiner Rückkehr aus dieser Welt in die Gegenwart bricht der Zeitreisende abermals auf, diesmal mit einem Fotoapparat ausgestattet, mit dem er seine Eindrücke festhalten will. Von dieser zweiten Reise wiederum ist er am Ende von Wells' Roman noch nicht zurückgekehrt.

Hier nun setzt Egon Friedell (1878–1938) mit seiner Fortsetzung der Wells'schen Geschichte unter dem Titel *Die Reise mit der Zeitmaschine* an: Begonnen in den 1910er Jahren, erschienen posthum 1946, präsentiert sich diese Erzählung als launige Tour de force durch die Zeiten, Geschichte/n und Kulturen, als Gelehrtensatire, ausgestattet mit allerlei gewitzter Rahmenhandlung, mit fiktiven Briefen und mittels drahtloser Telegrafie versandten Botschaften, die ob der Paradoxien, die das Zeitreisen mit sich bringt, nicht oder nur verspätet ihre Emp-

Egon Friedell:
Die Reise mit der Zeitmaschine. Phantastische Novelle. **München: R. Piper & Co. Verlag 1946.**
ÖNB, Literaturmuseum

fänger erreichen. In verschachtelten Vor- und Rückblenden, komische Verwicklungen inklusive, erfahren wir, wie sich das Leben des Zeitreisenden, der bei Friedell James Mac Morton heißt, nach dem Ende von Wells' Roman gestaltet. Wir lernen ihn mit seinen wunderlichen Geistesblitzen, seinen allzumenschlichen Schrullen und exzentrischen Rauchgewohnheiten durch den Bericht des Journalisten Anthony Transic kennen. Transic erzählt vom Vorhaben des Zeitreisenden, statt wie bei Wells in die Zukunft, in die Vergangenheit zu reisen. Um sich jedoch in der Zeit rückwärts bewegen zu können, muss zuerst, da es den »Widerstand der Erdzeit« zu überwinden gilt, die Zukunft bereist werden. (Friedell 1974, 47) »Gone on a journey« lautet die lakonische Notiz, die der Wissenschaftler vor seiner Abreise in seiner Villa zurücklässt. (Ebd., 36)

Mac Morton landet zunächst in der Zukunft des Jahres 1995: London schwebt über der Erde in der Luft, das Wetter ist steuerbar und wird von einer Firma mit »Wettererzeugungsmonopol« hergestellt, die Zollschranken in Europa sind abgeschafft. (Ebd., 53) Weitergereist ins Jahr 2123, muss der Wissenschaftler feststellen, dass (auch) dieses London nicht mehr existiert. Schockiert macht er sich wieder in die Gegenwart auf und stößt nach einer unsanften Landung auf ein elementares Problem: Er ist an einen Zeitpunkt zurück in die Vergangenheit gereist, an dem er seine Zeitmaschine noch nicht erfunden hatte. Nachdem er die Hoffnung, je wieder in seine »Heimatzeit« zurückkehren zu können, beinahe schon aufgegeben hat, gelingt es ihm doch noch, die logisch-mathematischen Probleme des Zeitreisens zu lösen und zu überwinden. (Ebd., 77) Zurück in seiner ursprünglichen Gegenwart aber, schwört er dem Zeitreisen und der wissenschaftlichen Forschung ab und tritt statt weitere Reisen in der Zeit schließlich seine Hochzeitsreise an.

Egon Friedells »phantastische Novelle«, so ihr Untertitel, schließt mit heiteren Überlegungen zum Verhältnis von dichterischer Phantasie und wissenschaftlicher Evidenz. Am Ende tritt der Autor Friedell in Konkurrenz zu seinem Zeitgenossen Wells, und zwar nicht im Metier des Utopischen, sondern in jenem der Geschichtsschreibung: Wells habe seine weithin bekannte Weltgeschichte *The Outline of History* (1920) aus der Sicht eines Laien für Laien geschrieben. Was dabei entstanden ist, sei allerdings, wie Friedell in satirischer Polemik feststellt, noch unwissenschaftlicher als seine eigene *Kulturgeschichte der Neuzeit* (1927–1931), und dies, obwohl er, Friedell, kein Historiker sei; nichtsdestotrotz oder gerade deshalb habe er darin mehr Faktisches als Wells, ja mehr Faktisches als die gesamte Historikerzunft zutage befördert.

Vom humorvoll-polemischen Ende seiner Novelle aus lohnt ein Blick in Friedells *Kulturgeschichte der Neuzeit* selbst: Darin vergleicht er die Gesellschaft des Jahres 802 701 aus *The Time Machine* mit jener der Revolutionszeit im Frankreich des ausgehenden 18. Jahrhunderts. Es wäre dem Wells'schen Zeitreisenden ein Leichtes, so zu handeln, wie Napoleon dies 1799 getan hatte, als er die Revolution beendete, indem er sich zum »Herren der Situation« erklärte: »Es würde ihm nicht schwerfallen, sich die zwei degenerierten Rassen untertan zu machen: die Eloi durch Liebenswürdigkeit, die Morlocks durch Energie und beide durch überlegene Geistesmacht, durch eine ihnen unfaßbare und daher schreckliche Anwendung von Vernunftmitteln.« (Friedell 2007, 871) Indes: Am Ende jener für die Science-Fiction- und Zeitreise-Literatur bahnbrechenden Erzählung des Sozialisten und Kenners der Evolutionsbiologie seiner Zeit H. G. Wells flieht der Zeitreisende die zukünftige Welt des Jahres 802 701, und die Vernunft steht samt ihrer Mittel, samt dem Fortschrittsparadigma der Moderne schlechterdings diskreditiert da: Zu erkennen sei »im wachsenden Turm der Zivilisation« nur noch »ein törichtes Häufen, das unweigerlich auf seine Schöpfer zurückstürzen und sie vernichten mußte«. (Wells 1964, 128) Aus diesem Blickwinkel kann die Zukunft nur dunkel erscheinen. Dunkel zwar, doch immerhin – und darin liegt ein Quäntchen Trost – unbestimmt.

VERWENDETE LITERATUR

Friedell 2007 = Egon Friedell: Kulturgeschichte der Neuzeit. Die Krisis der europäischen Seele von der schwarzen Pest bis zum Weltkrieg. 3 Bde. Um ein Nachwort ergänzte Sonderausgabe. München: C. H. Beck 2007 [1927–1931].

Friedell 1946 = Egon Friedell: Die Reise mit der Zeitmaschine. Phantastische Novelle. München: Piper 1946.

Friedell 1974 = Egon Friedell: Die Rückkehr der Zeitmaschine. Phantastische Novelle. Zürich: Diogenes 1974 [Neuauflage mit geändertem Titel].

Wells 1964 = H. G. Wells: Die Zeitmaschine. Utopischer Roman. Übertragen ins Deutsche von Felix Paul Greve. Reinbek: Rowohlt 1964 [*The Time Machine*, 1895].

Wells 1920 = H. G. Wells: The Outline of History: Being a Plain History of Life and Mankind. London: Newnes 1920.

Satire und Schreckensvision

Andreas Okopenko: »Sonnengesang«

VON ARNHILT INGUGLIA-HÖFLE

Andreas Okopenkos (1930–2010) Gedicht »Sonnengesang« entstand, wie vom Autor auf dem Typoskript-Blatt vermerkt, am 18. Februar 1950 (ÖLA 399/W2/2, 20). Dass dies ein Faschingssamstag war und »sonnig warmes Frühlingswetter« herrschte, erfahren wir aus seinem Tagebuch (ÖLA 399/W150/1, Eintrag zum 18.2.1950). Okopenko führte sein Leben lang akribisch Tagebuch, von Kindheitstagen an bis ins hohe Alter. Als einzigartige Zeitdokumente geben seine Aufzeichnungen Einblicke in sein Leben, sein Schaffen sowie in den österreichischen Literaturbetrieb der Nachkriegszeit. In diesem knapp einseitigen Eintrag ist nachzulesen, dass Okopenko ein »gutes Mittagessen, wie es sich für einen solchen Faschingstag ›gehört‹«, und abends ein Rindsschnitzel zu sich nahm, während er »ganz unterhaltsames Faschingsradio« hörte. Der knapp zwanzigjährige Chemiestudent und angehende Schriftsteller notierte auch, dass diese Lebensphase eine »bewegte Zeit« für ihn war, »ein Aufbruch«. Tatsächlich brach er kurze Zeit später sein Chemiestudium ab, um sich seiner literarischen Tätigkeit intensiver widmen zu können. Seine Unlust, an diesem Tag seinen Studienpflichten nachzugehen, drückte er ebenfalls im Tagebuch aus: »Ebert [J. L. Ebert, Professor der Chemie an der Universität Wien], zu dem ich keine Lust hatte, gar nicht gelernt.« Vielmehr beschäftigte ihn an diesem Faschingssamstag des Jahres 1950, neben T. S. Eliot, besonders ein Thema: die Wasserstoffatombombe und ihre zerstörerische Kraft.

Die Ankündigung der »H-Atombombe!«, die »die Erde zu einer Sonne machen würde in wenigen Minuten«, veranlasste ihn bereits am Vormittag, mit dem Gedicht »Der Pudding sprach …« (vgl. Okopenko 1950a) »eine Art Galgenlied« zu dichten. Auch »Sonnengesang« ist eine »Satire«, wie Okopenko im Tagebuch vermerkte. Formal und grafisch ist dieses Hexametergedicht vielschichtig gestaltet. Das Textgebilde beginnt mit zwei eingerückten Zitaten: dem Exzerpt einer Pressenotiz zur Wasserstoffbombe und einem Zitat aus dem *Sonnengesang* oder

S o n n e n g e s a n g

"...dass die Explosion der Wasserstoffbombe innerhalb einer Minute die ganze Erde erfasst und in eine kleine Sonne verwandelt..." /Pressenotiz./

Alles,was wir in Deinem Lichte schauen,
Wird vergehen,
Du aber lebst und blühst für immer
und ewig!   ECHNATON,1360 v.Chr.

Sonne!

Die du uns leuchtest und sengst die Fofemberwiese,
/Denn die Monate sind hier anders benannt als auf Terra†./
Die du die Limonadenrebe zur Reife bringst pünktlich,
/Denn der Wein ist seit dem Zerplatzen der Erde verpönt hier!/
Siehe,ich muss zu meiner Elisa /das Beth fehlt hier meistens/,
Darum erlisch heute abends früher,als du es gewohnt bist!
Sonne,sei bitte nicht beleidigt,wenn ich Elisa
Sagen werde,dass sie unter anderem dir,o Gestirn,gleicht.

Zusatz zu diesem Gesang: Sonne z w e i . /Zur Vermeidung von Irrtum./

UP - Sonderbericht: Der Minister von Bähland erklärte,
Seines Staates Ruhm werde fernsten Zeiten noch leuchten.

18 2 50

Andreas Okopenko: »Sonnengesang«, Typoskript, 18. Februar 1950. ÖNB, Literaturarchiv

Aton-Hymnus des Pharaos Echnaton aus dem 14. Jahrhundert v. Chr. (vgl. Assmann 1999, 217–223). Aus Letzterem leitet sich der Titel des Gedichts ab. Wie auch im altägyptischen Sonnen-Hymnus an den Sonnengott Re wird die Sonne im eigentlichen »Gesang« und Hauptteil des Gedichts direkt angerufen: »Sonne!« Die beiden grafisch getrennten Zusätze am Ende des Gedichts ergänzen dieses poetische Konglomerat um zwei weitere Textbausteine. In seinen »Autobiographischen Fragmenten« bezeichnete Okopenko seine Technik später als »In-medias-res-Technik« oder »Sprungtechnik« (ÖLA 399/W69/1, 90).

Bereits zu Beginn des Gesangs wird klar, dass wir uns auf einem anderen Planeten befinden. Statt der Novemberwiese wird hier die »Fofemberwiese« versengt, denn die Bezeichnung der Monate unterscheide sich von denen »auf Terra« (ÖLA 399/W2/2, 20). Das Klima, vor allem die angesprochene Hitze in der winterlichen Jahreszeit, sowie die Botanik bzw. die Trinkgewohnheiten (»Limonadenrebe«) sind ebenfalls anders: »Denn der Wein ist seit dem Zerplatzen der Erde verpönt hier!« Der angebetete Himmelskörper ist also die ehemalige Erde selbst, die im Gedicht unter ihrem lateinischen Planetennamen angeführt wird. Sie verwandelte sich, wie in der Pressenotiz angedeutet, durch eine nukleare Katastrophe in eine kleine Sonne. Neben dem Wort »Terra« zeichnete Okopenko auf dem Typoskript händisch ein Kreuzsymbol ein. Das Kreuz, das das Ableben bzw. in der Biologie das Aussterben markiert, wurde auch in der Druckversion in der Zeitschrift *Neue Wege* übernommen, wo das Gedicht im September 1950 erstmals erschien (Okopenko 1950b).

In der zweiten Hälfte des Hymnus wendet sich das Gedicht vom Allgemeinen zum Privaten. War die erste Hälfte noch geprägt von den eingängigen Anaphern (»Die du uns …« bzw. »Denn …«), folgt nun eine diskrete Bitte des lyrischen Ichs an die Sonne. Es hofft auf ein Stelldichein bei der Geliebten. Die Sonne, so das lyrische Ich, solle heute früher erlöschen als sonst. Auch solle sie sich nicht beleidigt fühlen, wenn in den Liebesbekundungen der Vergleich mit dem Gestirn angestrebt werde. Im »Zusatz zu diesem Gesang« wird »zur Vermeidung von Irrtum« im Telegrammstil noch einmal explizit aufgeklärt, dass es sich bei dieser Sonnenanbetung um »Sonne *zwei*« handle, also die nuklear bedingte Erdensonne. Der letzte Zusatz zum Gedicht enthält einen »Sonderbericht«, der den Minister eines fingierten »Bählands« zitiert: »Seines Staates Ruhm werde fernsten Zeiten noch leuchten.«

In einer für ihn typischen, unkonventionellen Gedichtform (vgl. Schmidt-Dengler 1998) gestaltete Okopenko an diesem Faschingssamstag im Jahre 1950 also eine groteske postapokalyptische Schreckensvision, der die chemischen Vorgänge der Atombombe zugrunde liegen. Dass diese humoristische Parodie aber auch explizit Kritik an der zeitgenössischen Politik übt, wird am Ende des Textes unmissverständlich klar. Der Lobgesang nach altägyptischem Muster und das romantische Ansuchen wird von der nüchternen politischen Berichterstattung eingeholt. Das sprichwörtliche ewige Leuchten des staatlichen Ruhms wird in diesem Weltuntergangsszenario zur Wirklichkeit.

»Sonnengesang« gehört damit zu einer Reihe von atomkritischen bzw. pazifistischen Texten Andreas Okopenkos, die um 1950, also einem ersten Höhepunkt des atomaren Wettrüstens im Kalten Krieg, entstanden (vgl. Ortner 1995, 66–76). In Gedichten wie »Korea«, »Elegie in Zinn«, »Prolog zum Weihnachtsfest«, »Wir alle müssen zusehen« oder »Kassandra« thematisierte Okopenko den Krieg, vom realen Koreakrieg der 1950er Jahre bis zum fiktiven vierten Weltkrieg, sowie Weltuntergangsszenarien, ausgelöst durch bakterielle oder, wie auch in »Sonnengesang«, nukleare Waffen. Als explizit gesellschaftspolitischer Text eines aufstrebenden jungen Schriftstellers im Österreich der Nachkriegszeit fungiert dieses laut Okopenko »ulkige« Faschingsgedicht (ÖLA 399/W69/1, 90) als eindringliche und sehr ernst gemeinte Warnung vor den Gefahren der atomaren Aufrüstung, die bis heute nichts an ihrer Aktualität eingebüßt hat.

VERWENDETE LITERATUR

Assmann 1999 = Jan Assmann: Ägyptische Hymnen und Gebete. Übersetzt, kommentiert und eingeleitet. Freiburg, Göttingen: Universitätsverlag/Vandenhoeck & Ruprecht 1999.

Okopenko 1950a = Andreas Okopenko: Der Pudding sprach … In: Neue Wege 53 (März 1950), S. 26.

Okopenko 1950b = Andreas Okopenko: Sonnengesang. In: Neue Wege 57 (Sept. 1950), S. 29.

ÖLA 399/W2/2 = Typoskripte zum Lyrikband »Seltsame Tage« (1963) aus dem Nachlass Andreas Okopenkos. Literaturarchiv der Österreichischen Nationalbibliothek, Wien, Sign. ÖLA 399/W2/2.

ÖLA 399/W69/1 = »Autobiographische Fragmente« aus dem Nachlass Andreas Okopenkos. Literaturarchiv der Österreichischen Nationalbibliothek, Wien, Sign. ÖLA 399/W69/1.

ÖLA 399/W150/1 = »Tagebuch neu Feber 1950« aus dem Nachlass Andreas Okopenkos. Literaturarchiv der Österreichischen Nationalbibliothek, Wien, Sign. ÖLA 399/W150/1. Okopenkos Tagebücher sind für den Zeitraum 1949–1954 auch digital erfasst, siehe: edition.onb.ac.at/okopenko.

Ortner 1995 = Elisabeth Ortner: Andreas Okopenko. Die frühe Lyrik (1948–1953). Wien: Dipl. 1995.

Schmidt-Dengler 1998 = Wendelin Schmidt-Dengler: Dunkle Glanzstellen. Zu Andreas Okopenkos Gedichten aus den fünfziger Jahren. In: Andreas Okopenko. Texte und Materialien. Hg. v. Klaus Kastberger. Wien: Sonderzahl 1998, S. 37–46.

Von der Ethik des Schreibens

Ingeborg Bachmann: »Literatur als Utopie«

VON MICHAEL HANSEL

Im Wintersemester 1959/60 setzte die Goethe-Universität Frankfurt ein aus heutiger Sicht bahnbrechendes Projekt um: Sie richtete eine Stiftungs-Gastdozentur für Poetik ein. Sinn und Ziel des Unterfangens war, den Studierenden literarische Werke nicht nur aus Sicht der Literaturwissenschaft zu vermitteln, sondern auch aus jener der schöpferisch wirkenden SchriftstellerInnen. Gleichzeitig sollte damit auch eine wissenschaftliche Auseinandersetzung mit der zeitgenössischen Literatur gefördert werden. Das Frankfurter Experiment etablierte sich zu einer dauerhaften Einrichtung, die Schule machte und heutzutage mit vielen vergleichbaren Veranstaltungsreihen fixer Bestandteil an Universitäten ist.

Als erste Gastdozentin eröffnete Ingeborg Bachmann (1926–1973) mit einem fünfteiligen Zyklus die Reihe der »Frankfurter Poetikvorlesungen«. Anders als die Studierenden es vielleicht erwarten durften, liefert die Autorin keinen Schreib- und Werkstattbericht, sondern spricht über eine notwendige Sprach-Utopie als Aufgabe gegenwärtiger Dichtung: eine Utopie, die eine Ethik des Schreibens einschließt, in der Kunst und Moral nicht voneinander getrennt sind. (Vgl. Höller 1999, 107) Dabei setzt Bachmann dort fort, wo sie ein halbes Jahr zuvor in ihrer Dankesrede bei der Verleihung des Preises der Kriegsblinden für ihr Hörspiel *Der gute Gott von Manhattan* (Bachmann 1978a, 269–317) begonnen hatte. Zeitgenössische Dichtung müsse deutlich machen, dass sich das »Ich« nicht mehr in der Geschichte aufhält, sondern die Geschichte im »Ich«. Einer ästhetizistischen

Ingeborg Bachmann: »Letzte Vorlesung (›Literatur als Utopie‹)«, Typoskriptauszug, o. D. ÖNB, Literaturarchiv

Ingeborg Bachmann

Letzte Vorlesung ("Literatur als Utopie")

Meine Damen und Herren,

mit dieser Vorlesung verabschiede ich mich von Ihnen. Und ich bedanke mich für Ihr Kommen alle Male und Ihr Zuhören, für jede Anteilnahme an diesem Experiment. Es war wohl eines für beide Teile, und wenn ich auch nicht mehr Gelegenheit haben werde, Fehler zu verbessern und manche Ungeschicklichkeit- so werden Sie in der Folge für sich zu den Korrekturen kommen, die notwendig sind und vielleicht einen Nutzen ziehen aus dem Anhören einiger sehr verschiedener Schriftsteller - und es wird wenig wichtig sein, ob sich ein Vertrauen oder Misstrauen zur Sache der Schreibenden und zu ihnen selbst oder zu der neuen Literatur einstellt. Nicht immer sind sie die besten Anwälte.

Es ist noch nicht allzulange her, dass ich selbst auf einer Bank in einem Hörsaal sass, freilich nicht um über Literatur zu hören- und das wenige, was ich nebenbei hin und wieder hörte, hat meinen Widerwillen damals nur bestärkt, zu einer Zeit also, in der Schreiben für einen jungen Menschen, der schreibt und nichts als schreiben will, schon längst im Mittelpunkt aller Gedanken und Hoffnungen steht. Die Abneigung gegen die Literatur, wie die Wissenschaft sie behandelt. mag eine Torheit unter anderen gewesen sein - Dass das Literaturstudium für Schriftsteller jedoch nicht vonnöten und unerheblich ist, wissen Sie, dass es Kaufleute und Landstreicher, Aerzte und Zuchthäusler, Ingenieure, Dandys, Journalisten, ja selbst Professoren darin zu einigem Ansehen gebracht haben.

Trotzdem wird dieses ominöse Wort "Literatur", diese bereitwillig umgreifende Bezeichnung für eine scheinbar klare Sache, nicht nur von der Wissenschaft hundertmal gewendet und verwendet, sondern es ist auch ein Wort für Schriftsteller, eines der Hauptworte, mögen sie es hin und wieder auch auf ihre eigene mutwillige Art verwenden. Sicher ist, dass

Kunstauffassung erteilt sie damit eine klare Absage. Schriftstellerinnen und Schriftsteller müssten sich daher zu »utopische[n] Existenzen [...] erklären« und es sich selbst und anderen durch eine neue Sprache möglich machen, das »Unaussprechliche« auszusprechen. (Vgl. Bachmann 1978b, 230 u. 270) In ihrer Hörspiel-Preisrede heißt es dazu so treffend: »Die Wahrheit nämlich ist dem Menschen zumutbar.« (Ebd. 277)

VERWENDETE LITERATUR

Bachmann 1978a = Ingeborg Bachmann: Werke, Band 1, Gedichte / Hörspiele / Libretti / Übersetzungen. Hg. von Christine Koschel, Inge von Weidenbaum und Clemens Münster. München: Piper 1978.

Bachmann 1978b = Ingeborg Bachmann: Werke, Band 4, Essays / Reden / Vermischte Schriften / Anhang. Hg. von Christine Koschel, Inge von Weidenbaum und Clemens Münster. München: Piper 1978.

Höller 1999 = Hans Höller: Ingeborg Bachmann. Reinbek: Rowohlt 1999.

Marlen Haushofers *Die Wand* (1963) oder: Wie ich lernte, die Bombe zu lieben

VON DANIELA STRIGL

»Ich bin ganz allein, und ich muß versuchen, die langen dunklen Wintermonate zu überstehen.« (W 7) Das sagt die Erzählerin der *Wand* am Beginn ihres Berichts über dessen Motivation. Ihre Bilanz jedoch lautet: »Hier, im Wald, bin ich eigentlich auf dem mir angemessenen Platz.« (W 222) Marlen Haushofers (1920–1970) Geschichte von der Frau aus der Stadt, die ein langes Wochenende im Jagdhaus von Freunden verbringen will und sich durch die unerklärliche Manifestation einer durchsichtigen Wand über Nacht als scheinbar einzige Überlebende einer Katastrophe im Wald eingeschlossen findet, ist nicht nur Alptraum, sondern auch Wunschphantasie.

In ihrer Studie *Zukunft als Katastrophe*, die sich auch den literarischen Antworten der Nachkriegszeit auf die nukleare Bedrohung widmet, beschreibt Eva Horn die Atombombe als »höchst zwiespältige Phantasie«, als Mittel zur totalen Vernichtung, aber auch zur Weltherrschaft und zum Ewigen Frieden, »ultimatives Versprechen und ultimative Drohung zugleich«. (Horn 2014, 86) *Die Wand* kommt bei Horn nicht vor, aber das »obszöne Begehren nach dem Ende« ist auch Haushofers Endzeitversion unverkennbar eingeschrieben. (Ebd., 101) *Dr. Strangelove or: How I Learned to Stop Worrying and Love the Bomb* heißt Stanley Kubricks Filmsatire mit Peter Sellars aus dem Jahr 1964. – Pointiert gesagt: Um ihrer zivilisationsgeplagten Protagonistin die Möglichkeit eines selbstbestimmten Lebens auf dem ihr »angemessenen Platz« im Schoß der Natur zu eröffnen, muss nicht nur ihre Familie dran glauben (sie ist verwitwet, hat zwei halbwüchsige Töchter), sondern gleich die ganze Menschheit. Oder: fast die ganze Menschheit. An die wie erstarrt wirkenden Toten auf der anderen Seite der Wand denkt die Ich-Erzählerin ohne großes Bedauern, auch der Tod ihrer Gastgeber rührt sie nicht sonderlich, ja, nicht einmal der Verlust ihrer Töchter erschüttert sie: »Ich trauerte nie um sie, immer nur um die Kinder, die sie vor vielen Jahren gewesen waren.« (W 40)

Ein Jahrhundertbuch ist *Die Wand* wohl vor allem deshalb, weil es seine Wirkung an der Schnittstelle gleich mehrerer Diskurse entfaltet hat, weil es vielfältige Lesarten zulässt und anregt: biographische, feministische, psychoanalytische, existentialistische, religiöse, ökologische, pazifistische, konsumkritische, antikapitalistische. (Vgl. Brandtner/Kaukoreit 2012, 55 ff.) Vor allem verknüpft Haushofers Erzählung in parabolischer Unentrinnbarkeit ein individuelles Ausstiegsszenario mit der Reaktion auf eine kollektive Angst oder auch Angstlust. Um 1960, zur kältesten Zeit des Kalten Krieges, war die allgemeine Furcht vor dem »Tag X« des Atombombenabwurfs höchst konkret und erfasste auch das imaginative Potential der Trivialkultur, etwa der Perry-Rhodan-Groschenhefte, deren Lektüre zu Haushofers *guilty pleasures* gehörte. 1961, als sie bereits am Roman arbeitete, erzählte etwa *Die strahlende Kuppel* davon, wie der Held und seine Mondraketenbesatzung unter einer energetischen Kuppel den Angriffen von Ost und West trotzen. (Vgl. Strigl 2012, 248)

Dennoch ist *Die Wand* auch eine Kritik an der allzu dürftigen Vorstellungskraft und Empathie der Zeitgenossen: »Hätte sich die Katastrophe in Belutschistan abgespielt, säßen wir völlig ungerührt in den Kaffeehäusern und läsen darüber in der Zeitung. Heute sind wir Belutschistan.« (W 45) Haushofers Erzählerin vermutet hinter der Wand »eine neue Waffe, die geheimzuhalten einer der Großmächte gelungen war; eine ideale Waffe, sie hinterließ die Erde unversehrt und tötete nur Menschen und Tiere. [...] Wenn das Gift, ich stellte mir jedenfalls eine Art Gift vor, seine Wirkung verloren hatte, konnte man das Land in Besitz nehmen.« (W 41) Das entspricht genau der Absicht, mit der der gebürtige Österreicher Edward Teller, einer der Erfinder der Wasserstoffbombe, 1957 in den USA – zunächst noch geheim – die Entwicklung einer Neutronenbombe propagierte. Ob Marlen Haushofer die Idee einer »clean bomb« nun hellsichtig als Science-Fiction realisiert oder mit der »humansten Teufelei, die je ein Menschenhirn ersonnen« (W 41), bereits auf erste Zeitungsberichte reagiert hat: Die Katastrophe wird im Roman als profanes Strafgericht dargestellt, das offensichtlich auch ihre Verursacher trifft, denn, so räsoniert die namenlose Protagonistin, gäbe es Sieger, wären sie irgendwann aufgetaucht. In der Tat ist eine Welt ohne Menschen für das Roman-Ich keine Schreckensvision, sondern ein uneingestandenes Wunschbild. Der Mensch als Gattung erscheint als Parasit des Planeten, der Mensch als Individuum als wenig liebenswertes Geschöpf. So erweisen sich die Tiere, die der Frau zufallen, der Hund Luchs, die Katze, ihre Kinder Perle und Tiger, die Kuh Bella, ihr Sohn Stier, letztlich als die besseren Familienmitglieder. Mit ihrem Resümee

Susanne Theumer:
Kaltnadelradierung zur
Vorzugsausgabe von
Marlen Haushofers Roman
Die Wand. Frankfurt am Main u. a.:
Büchergilde Gutenberg 2010.

angesichts des nächtlichen Sternenhimmels distanziert die Überlebende sich, allen Beteuerungen zum Trotz, von ihren Artgenossen: »Die Menschen haben ihre eigenen Spiele gespielt, und sie sind fast immer übel ausgegangen.« (W 209)

Die Deutlichkeit der Distanzierung kommt nicht zuletzt daher, dass die Erzählerin das Prinzip der Aufrüstung und Vernichtung, der Technik und der Industrie, aber auch der Konsumlogik des Wiederaufbaus und der Automobilisierung als ein männliches denkt, zu dem sie sich in Opposition befindet, wenn sie auch kollaboriert hat: »Ich hatte nur dieses eine kleine Leben, und sie ließen es mich nicht in Frieden leben.« (W 222) Folglich sind Männer in Haushofers Überlebensszenario nicht nur überflüssige, sondern störende Elemente – eine Haltung, deren Radikalität die Frauenbewegung der achtziger Jahre trotz ihrer grundsätzlichen Sympathie für die Autonomiegelüste der Heldin irritierte.

Daniel Defoes Robinson Crusoe stellt zwar erstaunt fest, dass ihn, den auf seiner Insel »von der übrigen Menschheit« Abgeschnittenen und zu einem »Leben in Schweigen« Verdammten, die Entdeckung eines fremden Fußabdrucks keineswegs freut, sondern zu Tode erschreckt (Defoe 2019, 204); als er dann die Gelegenheit hat, sich mit Freitag einen der »Wilden« zum Gefährten zu machen, nimmt er sie aber freudig an. Die Erzählerin der *Wand* tötet den Fremden, der ihren Hund und ihren Stier getötet hat, ohne zu zögern. Dass Marlen Haushofers letzter Mensch den vorletzten Menschen dieser utopischen Versuchsanordnung ausmerzt wie ein schädliches Ungeziefer, wird in der Logik der Erzählung nicht einmal zum moralischen Problem. Der Mann verkörpert jene abgedankte Macht des Todes, der Erstarrung und der Kälte, gegen die die Frau ihr zum Refugium gewordenes Gefängnis in Stellung gebracht hat. Dass sie im Namen des rehabilitierten Lebens gezwungen ist zu töten, ist die ironische Pointe. Haushofers exemplarischer Auszug aus der Geschichte in den Wald lässt, anders als Thomas Bernhards im selben Jahr erschienener Erstling *Frost*, den Gegenentwurf zur Surrogatwelt des Wirtschaftswunders, zur familiären Verstrickung in Lüge und Verstellung, erkennbar werden. Als klaustrophobische Vision von Freiheit wirkt *Die Wand* bis heute gerade in ihrer Ambivalenz.

VERWENDETE LITERATUR

Brandtner/Kaukoreit 2012 = Andreas Brandtner, Volker Kaukoreit: Marlen Haushofer: Die Wand. Stuttgart: Reclam 2012 (= Reclams Universal-Bibliothek: Erläuterungen und Dokumente 16073).

Defoe 2019 = Daniel Defoe: Robinson Crusoe. Aus dem Engl. v. Rudolf Mast. Mit einem Nachwort v. Günther Wessel. Hamburg: mareverlag 2019.

Marlen Haushofer: Die Wand. Roman. München: Claassen 1998 (im Text zitiert mit der Sigle W).

Horn 2014 = Eva Horn: Zukunft als Katastrophe. Frankfurt am Main: S. Fischer 2014.

K. H. Scheer/Clark Darlton: Die strahlende Kuppel. Perry-Rhodan-Heftroman, Nr. 3. Rastatt: Pabel-Moewig Verlag KG 1961.

Strigl 2012 = Daniela Strigl: »Wahrscheinlich bin ich verrückt …« Marlen Haushofer – die Biographie. 5. Aufl. Berlin: List 2012.

Sprachfetzen für die Nachwelt

Ernst Jandl: »fragment«

VON ARNHILT INGUGLIA-HÖFLE

Das Gedicht »fragment« (entstanden 1957) fand Eingang in Ernst Jandls (1925–2000) Gedichtband *Laut und Luise* (Jandl 1966, 50). Das Buch löste ob seiner provokanten sprachlichen Radikalität und gesellschaftspolitischen Sprengkraft einen der größten Eklats im deutschsprachigen Verlagswesen der Nachkriegszeit aus. Gemeinsam mit zehn anderen experimentellen Gedichten wurde »fragment« von Jandl für das ausdrücklich politisch konzipierte Kapitel »krieg und so« im Band ausgewählt. Neben den heute als Klassiker geltenden Sprech- und Lautgedichten »ode auf N«, »wien: heldenplatz« und »schztngrmm« mag es in diesem Kapitel eher konventionell anmuten. Die simple und konsequent durchgeführte Poetik der Fragmentierung verweist aber umso eindringlicher auf die »wenig wahrgenommene« politische Dimension des Sprachkünstlers Jandl (Wintersteiner 2013, 152). Beziehen sich die erwähnten Texte auf Napoleon und die Aufarbeitung der NS-Vergangenheit, so ist »fragment« eine in der damaligen Krisensituation genauso wie heute höchst aktuelle Auseinandersetzung mit der Gefahr eines Atomkriegs.

Die Komposition des Gedichts wird in der abgebildeten Typoskriptfassung aus dem Nachlass Ernst Jandls am Literaturarchiv der Österreichischen Nationalbibliothek vom Juli 1963 sichtbar (ÖLA 139/W89, 38). Das gestrichene »t« des Titels wird wieder hinzugefügt, das Wort somit vervollständigt, was auf die zwei zeitlichen Ebenen des Gedichts aufmerksam macht. Der Titel bezeichnet aus der Perspektive einer fernen Zukunft die bruchstückhafte Überlieferung der in den nächsten fünf Zeilen enthaltenen Phrasen der Gegenwart. Im Schutt der atomaren Zerstörung haben sich nur Sprachfetzen für die Nachwelt erhalten. Die beschädigten Sätze, die mitten im Wort abbrechen, schaffen eine kritische Momentaufnahme einer Gesellschaft während des Kalten Krieges, die naiv auf eine »rett« und ein »übermor« hofft und die Bedrohung eines Atomkrieges ignoriert

(»bis die atombo«), während sie naiv-gehorsam den Obrigkeiten nachbetet (»ja herr pfa«).

VERWENDETE LITERATUR

Jandl 1966 = Ernst Jandl: Laut und Luise. Olten, Freiburg i. Br.: Walter 1966.

ÖLA 139/W89 = Typoskriptfassung (1963) von *Laut und Luise* aus dem Nachlass Ernst Jandls. Literaturarchiv der Österreichischen Nationalbibliothek, Wien, Sign. ÖLA 139/W89.

Wintersteiner 2013 = Werner Wintersteiner: »Wer trüge nicht Splitter davon im Holz seines Herzens?« Ernst Jandl als Pazifist und Friedenspädagoge. In: Wir Jandln! Didaktische und wissenschaftliche Wege zu Ernst Jandl. Hg. v. Hannes Schweiger und Hajnalka Nagy. Innsbruck: Studien-Verlag 2013, S. 152–180.

Ernst Jandl: »fragment«, Typoskript, Juli 1963.
ÖNB, Literaturarchiv

Ernst Jandl

fragment

wenn die rett
es wird bal
übermor
bis die atombo
ja herr pfa

Sich erinnern an die Zukunft

Erich Fried: »Ein Prophet«

VON TERESA PRÄAUER

Mit einem Schrei endet dieses Gedicht von Erich Fried (1921–1988), mit einer Zeile, die einzeln stehen bleibt und nicht mehr zurückgenommen wird, die somit das Einzige ist, was hörbar bleibt, wohingegen in den jeweils dreizeiligen Strophen davor den Sinnesorganen und Körperfunktionen die Möglichkeit zur Wahrnehmung abgesprochen worden ist: Das Auge ist verfinstert, das Ohr hört nichts mehr, das Hirn verbrennt. Vielleicht kann nur in einem solchen Zustand, abgekoppelt von den Eindrücken der äußeren Welt, ein Narr es vollbringen, sich an die Zukunft zu erinnern.

Mit der für Erich Frieds Dichtung so typischen Methode, nämlich der Bildung von semantischen Gegensatzpaaren – das Sehen kann nicht gelingen angesichts der Nacht, das Hören muss scheitern am Schweigen, das Denken endet im Verbrennen –, setzt der Narr, und das ist seine Potenz, die Regeln der Wortbedeutung außer Kraft. In einer karnevalesken Verdrehung von Begriffen ist es ihm eben möglich, sich nicht an die Vergangenheit, sondern an die Zukunft zu erinnern und damit gegenläufig zur Chronologie zu denken. Seine Auffassung ist unserer entgegengesetzt, dabei kann vor etwas zu stehen bedeuten, etwas frühzeitig zu erkennen, es kann aber auch heißen, angesichts einer Tatsache scheitern zu müssen. Und gleichzeitig wird das Offenkundige benannt, die Nacht ist finster, das Schweigen stumm, das Feuer brennt.

So spricht der, der statt unser sich ausspricht und für uns spricht. Der voraussieht, was geschehen sein wird, es bereits gesehen hat und sich nur daher erinnern kann an das, was noch vor uns liegt: ganz ein Prophet. Die Propheten, wie wir sie im Tanach, der hebräischen Bibel, finden, von wo aus sie ins Alte Testament gewandert sind, heißen beispielsweise Jesaja oder Jeremia, sie verheißen die Zukunft, üben Kritik an der Gegenwart und urteilen über die Vergangenheit. Sie sprechen Heil und halten vermittels Zeugenschaft Gericht, sie berichten von

E I N P R O P H E T

Dieser Narr
erinnert sich
an die Zukunft

Mit seinem Auge
das verfinstert ist
vor der Nacht

Mit seinem Ohr
das nichts mehr hoert
vor dem Schweigen

Mit seinem Hirn
das verbrennt
vor dem Feuer

Mit seinem Schrei

Erich Fried: »Ein Prophet«, Typoskript, o. D. ÖNB, Literaturarchiv

Verwüstung und vom je eigenen Leid. Sie können gar nicht anders als zu sprechen. In diesen Aufgaben und Eigenschaften sind sie vielleicht den moralischen Rechten und Pflichten nah, wie Erich Fried sie für die Arbeit des Schriftstellers formuliert und als Haltung beansprucht: Der Autor selbst ist Prophet und Narr, mal bewundert, mal verlacht.

Für den Narren, der per definitionem am Rande der Gesellschaft steht, gilt umso mehr, dass er alles aussprechen darf, auch die unangenehmste Wahrheit gegenüber dem König oder der Königin, vielleicht an dieser Stelle: gegenüber der Gesellschaft, gegenüber den Leserinnen und Lesern eines sogenannten Warngedichts. Wovor dieser Narr warnt, bleibt dennoch unbestimmt. Wollte man den Satzbau der Strophen in ihrer seriellen Logik weiterdenken, so könnte die dreizehnte und letzte Zeile wie folgt fortgeführt werden: Mit dem Schrei / der erstickt / vor der Stille. Der Narr spricht, würden wir seinen Schrei hören können, zu uns bereits aus einer Zeit nach unserer Zukunft, für ihn gilt nicht die Linearität der Zeitläufte. Mit einem Zeitsprung hat er sich aus dem Deterministischen gerettet, das ist seine Chance und wäre damit unsere, würde die Zeit, in der wir leben, nicht blind, taub und brennend auf die Apokalypse zusteuern – der unheilkündende Ton des Gedichts, erstmals publiziert im Jahr 1964, legt diese Deutung nahe.

VERWENDETE LITERATUR

Erich Fried: »Ein Prophet«, o. D. Typoskript. Literaturarchiv der Österreichischen Nationalbibliothek, Wien, ÖLA 4/90.

»Ich bedauere fast, daß nicht ein anderer dieses Buch geschrieben hat.«

Otto Basil: *Wenn das der Führer wüßte*

VON MARTIN WEDL

Als Otto Basils (1901–1983) Roman *Wenn das der Führer wüßte* 1966 im Verlag Fritz Molden erschien, war sein Autor bereits 65 Jahre alt und hatte keineswegs den Ruf eines Romanciers. Vielmehr kannte man ihn als Lyriker, Übersetzer, Verfasser von Monografien zu Georg Trakl und Johann Nestroy sowie als langjährigen Redakteur und (Theater-)Kritiker der Tageszeitung *Neues Österreich*. Seine Zeitschrift *PLAN* (1938, 1945–1948) spielte in den Anfangsjahren der Zweiten Republik eine zentrale Rolle in der Vermittlung neuer literarischer Strömungen.

Das enorme Interesse, das der Roman bei seinem Erscheinen hervorrief, verhalf dem Autor u. a. zu einem Auftritt im österreichischen Fernsehen und bescherte dem Verlag beeindruckende Absatzzahlen. Basil spricht in einem Brief an den bosnischen Schriftsteller und Übersetzer Enver Čolaković (1913–1976) von 10 000 Büchern, die allein bis Weihnachten 1966 verkauft wurden. (LIT 52/1) Die Virtuosität, mit der sich das dystopische Panorama einer von Hitler beherrschten Welt entfaltet, machte das Buch zu einem veritablen Bestseller. Es erzählt vom – verspäteten – Untergang des »Tausendjährigen Reichs« in den 1960er Jahren: Deutschland hat den Krieg 1945 durch den Abwurf einer Atombombe auf London gewonnen und teilt sich die Weltherrschaft mit der Achsenmacht Japan. Adolf Hitler, gottgleich inszeniert und verehrt, liegt im Sterben, binnen weniger Tage bricht das (fragile) Machtgefüge auseinander und Atombomben fallen auf Deutschland. Durch diesen »apokalyptische[n] Kuddelmuddel«, den Basil mit vielen akribisch recherchierten Fakten detail- und kenntnisreich entwirft, stolpert der »Strahlungsspürer« Albin Totila Höllriegl, ein Pendler aus der »Ostmark«. (LIT 52/2) Schwer radioaktiv verseucht, verschlägt es ihn schließlich nach Alaska, wo die Erzählung mit einem Schusswechsel endet.

Sieht man von Randolph Robbans in Vergessenheit geratener Satire *Wenn Deutschland gesiegt hätte* (W. Kohlhammer 1951) ab, kann man Basils Dystopie als singuläre literarische Erscheinung ihrer Zeit im deutschen Sprachraum bezeichnen. Philip K. Dicks Roman *The Man in the High Castle*, der im Grundriss starke Parallelen zum *Führer*-Roman aufweist, erschien zwar bereits 1962 (Putnam), wurde dem deutschsprachigen Publikum aber erst 1973 als *Das Orakel vom Berge* (König) bekannt. Die ältesten im Nachlass von Basil überlieferten Materialien, die seine Beschäftigung mit einem alternativen Ende des Zweiten Weltkriegs belegen, sind Zeitungsausschnitte aus dem Jahr 1959 mit einem Vorabdruck des Kapitels »Wenn Hitler den Krieg gewonnen hätte« aus Joe Heydeckers und Johannes Leebs Materialienband *Der Nürnberger Prozeß. Neue Dokumente, Erkenntnisse und Analysen.* (Atze 1998, 118, Anm. 2) 1961 erschien dann im Dezember-Heft der Literaturzeitschrift *Wort in der Zeit* der Beginn des ersten Kapitels eines »utopische[n] Roman[s] in fiktiven Dokumentationen«, der zu diesem Zeitpunkt noch den Titel »Wagenburg Deutschland« trug. (Basil 1961, 18) Einige Monate später berichtet Basil dem Schriftsteller Wilhelm Szabo (1901–1986) von vier Kapiteln, die »in Rohschrift« vorlägen, wobei eines aufgrund neuer Erkenntnisse völlig neu geschrieben werden müsse. (LIT 70/1) Ein zweiter Ausschnitt aus dem vierten Kapitel wurde 1965 im Novemberheft von *Wort in der Zeit* abgedruckt. (Basil 1965)

Dass der Roman erst 1966 erschien und nicht, wie ursprünglich geplant, ein Jahr früher im Münchner Verlag Kurt Desch, liegt u. a. daran, dass Basil keine Kompromisse einging und erst mit Molden einen Verlag fand, der bereit war, auch das umstrittene Kapitel »Der Erzjud des Dritten Reiches« zu drucken. In dem mehrseitigen, vermutlich unveröffentlicht gebliebenen Text *Kleiner Idiotenführer durch den »Führer«*, der Anfang 1967 entstanden sein muss, nimmt Basil ausführlich zu diesem Kapitel und anderen Aspekten des Romans Stellung: Trotz der weitgehend positiven Reaktionen fühlt er sich offenbar missverstanden und rechtfertigt sich für manchen erzählerischen Kunstgriff. So fragt er verärgert, weshalb niemand bemerkt habe, dass »die so oft und so erbost gerügte Kolportagehaftigkeit des Ganzen [...] vielleicht ein gezieltes Stilmittel und ihre konsequente Anwendung strukturell bedingt sein [könnte]«. (LIT 52/2) Dass sein Spiel mit vermeintlich literarisch minderwertigen Formen nicht verstanden worden war, schmerzte den vehementen Gegner populärer »Schund-Romane«. Dazu hatte er sich bereits 1960 im *Neuen Österreich* polemisch in dem Leitartikel »Schund aus dem Weltraum« geäußert. Wortreich, ja wütend, beklagt er dort die Gefährdung der »jugendlichen Phantasie« durch reißerische, unfundierte Science-Fiction-Geschichten, die überwunden geglaubtes Gedankengut in kosmischen »Untermenschen« und »Herrenrassen« wieder aufleben lassen und so das Bewusstsein

Otto Basil: *Wenn das der Führer wüßte.* Rastatt: Moewig Verlag 1981

junger LeserInnen für ein demokratisches (antifaschistisches) Zusammenleben zersetzen würden. (Basil 1960, 1f.)

Wirklich zufrieden war Basil übrigens nicht mit seinem Roman, wie ein Brief aus dem August 1966 an den Schriftsteller Hans Flesch-Brunningen (1895–1981) belegt: »Man kann gegen das Buch, das ja nicht nur ein Reißer ist (wenngleich es reißerische Züge aufweist), sehr gewichtige Argumente ins Treffen führen, und ich bedauere fast, daß nicht ein anderer dieses Buch geschrieben hat. Ich könnte es dann scharf kritisieren. So aber muß ich meine Kritik für mich behalten.« (LIT 15/Sa/1) Basil machte allerdings keinen Versuch, eine grundlegende Verbesserung des Romans zu verwirklichen, denn eine für 1968 im bundesdeutschen Verlag dtv geplante Taschenbuch-Ausgabe sollte lediglich den von Druckfehlern bereinigten und um stilistische Korrekturen ergänzten Text enthalten. (LIT 52/3) Zwei fast idente Korrekturexemplare mit diesen Verbesserungen sind im Nachlass überliefert. (LIT 52/4) Aus unbekannten Gründen kam die Veröffentlichung bei dtv nicht zustande. Erst 1981 – Basil war inzwischen achtzig Jahre alt – brachte der damals in München ansässige Verlag Moewig die erste Taschenbuchausgabe heraus (s. Abb. S. 165). Dabei handelt es sich lediglich um eine Neuauflage, die keine der stilistischen Korrekturen des Autors enthält. Vermutlich wurden diese dem Verlag auch gar nicht mehr zur Kenntnis gebracht, denn nach einer schweren Erkrankung im Jahr 1979 war Basil bereits körperlich stark beeinträchtigt. Das deutet seine Frau in einem Brief an Wilhelm Szabo an (LIT 70/2) und wird durch einen 1981 an die Schriftstellerin Christine Busta (1915–1987) diktierten Brief belegt, der Basils kaum noch entzifferbare, zittrige Unterschrift trägt. (LIT 202/1) Was mag Otto Basil bei dem Gedanken daran empfunden haben, dass sein Roman ausgerechnet in jenem Verlag neu aufgelegt wurde, der u. a. mit der Heft-Serie *Perry Rhodan* (seit 1961) maßgeblich zur Verbreitung des »Schunds aus dem Weltraum« beitrug?

VERWENDETE LITERATUR

Atze 1998 = Marcel Atze: Hitler und Holocaust im Konjunktiv. Otto Basils konjekturalhistorischer Roman »Wenn das der Führer wüßte«. In: Otto Basil und die Literatur um 1945. Tradition – Kontinuität – Neubeginn. Hg. von Volker Kaukoreit und Wendelin Schmidt-Dengler. Wien: Zsolnay 1998 (= Profile 2), S. 117–136.

Basil 1960 = Otto Basil: Schund aus dem Weltraum. In: Neues Österreich, 18.8.1960, S. 1 f.

Basil 1961 = Aus dem Roman »Wagenburg Deutschland«. In: Wort in der Zeit, H. 12, 8. Jg. (1961), S. 18–25.

Basil 1965 = Höllriegl und die Psychoanalytiker. In: Wort in der Zeit, H. 11, 12. Jg. (1965), S. 22–32.

Basil 1981 = Wenn das der Führer wüßte. Hg. und mit einem Nachwort von Hans Joachim Alpers. Rastatt: Moewig 1981.

LIT 15/Sa/1 = Brief von Otto Basil an Hans Flesch-Brunningen, 12.8.1966, Kryptonachlass Hans Flesch-Brunningen, Literaturarchiv der Österreichischen Nationalbibliothek, LIT, Sign. 15/Sa/B8/5.

LIT 52/1 = Brief von Otto Basil an Enver Čolaković, 18.5.1967, Nachlass Otto Basil, LIT, Sign. 52/B6.

LIT 52/2 = Otto Basil: Kleiner Idiotenführer durch den »Führer«, unveröffentlichtes Typoskript, LIT, Sign. 52/W/1/4.

LIT 52/3 = Brief von Otto Basil an Gerd-Klaus Kaltenbrunner, 30.10.1967, LIT, Sign. 52/B14.

LIT 52/4 = Zwei Korrekturexemplare von *Wenn das der Führer wüßte* mit zahlreichen handschriftlichen Streichungen und Ergänzungen von Otto Basil, LIT, ohne Sign.

LIT 70/1 = Brief von Otto Basil an Wilhelm Szabo, 10.4.1962, Nachlass Wilhelm Szabo, LIT, ohne Sign.

LIT 70/2 = Brief von Christine Basil an Wilhelm Szabo, 13.1.1979, LIT, ohne Sign.

LIT 202/1 = Brief von Otto Basil an Christine Busta, 10.12.1981, Teilnachlass Christine Busta, LIT, Sign. 202/B1.

»möglicherweise sind wir alle«

Notizen zu Oswald Wieners bio-adapter

VON THOMAS EDER

Oswald Wieners (*1935) *die verbesserung von mitteleuropa, roman* (Wiener 1969, im Folgenden: *vvm*) kann als Entwicklungsroman gelesen werden, als diagnostische und prophetische Schrift sozialhistorischer, politischer und wissenschaftlicher Verläufe und Entwicklungen in der abendländischen Welt seit 1950, an ihrem Anfang »als ernstgemeinter Versuch, das Seelische, die Ausnahmestellung des Menschen in der Natur, seine Freiheit, zu finden« (Wiener 1996, 108). Die Lektüre der *vvm* legt als eine ihrer Pointen nahe, dass der seit Beginn des 20. Jahrhunderts die Wissenschaften dominierende Behaviorismus (wie zuvor auch schon Spielarten des Positivismus) eine die Wissenschaften, die Medizin und die Politik überformende Denkhaltung, ja: eine Weltauffassung ist, die zwangsläufig die Zurichtung des Einzelnen in Staatsverbänden bis hin zum Verlust des Restes von Individualität nach sich zieht. Dieser wissenschaftlichen Auffassung, die im 20. Jahrhundert (und auch im beginnenden 21. Jahrhundert) zur eingefleischten Theorie der Weltauffassung aufgestiegen ist, hält der die *vvm* beschließende Abschnitt über den »bio-adapter« (Wiener 1969, CXXXIV–CLXXXIII) einen Zerrspiegel vor.

In seinem Konzept des »bio-adapters« (und den theoretischen Notizen dazu) entwirft Wiener das Glücksversprechen eines Glücksanzugs und der Virtual Reality (*avant la lettre*) in der Fusion von Mensch und Maschine (Cyborg). Obwohl er sie zugleich untergräbt, sei der bio-adapter unsere Realität und biete – auch ironisch gesprochen – die »erste diskutable skizze einer vollständigen lösung aller welt-probleme« (Wiener 1969, CLXXV).

Den Abschnitten zum »bio-adapter« liegt die Idee der »funktionalen Äquivalenz« zugrunde, auch wenn dem Autor der *vvm* zu der Zeit, als er sie geschrieben hat, dieses Konzept noch nicht bewusst war. Funktionale Äquivalenz meint in der Psychologie, dass z. B. nur vorgestellte und tatsächlich ausgeführte Handlungen dieselben Wirkungen haben, so dass etwa Bewegungsvorstellungen und tatsächlich ausgeführte Bewegungen gleichartige Wirkungen haben (Psychomotorik). Umgekehrt können z. B. zwei Reize funktionale Äquivalenz haben, wenn auf sie, obwohl phänomenal verschieden, gleich reagiert wird. Dieses Konzept hat zur Folge, dass es nichts Echtes gibt, es ist vergleichbar der folgenden Stelle aus Descartes' *Erster Meditation*, in der dieser die Vorstellung eines bösen Dämons entwirft, der uns all unsere Eindrücke, Wahrnehmungen und Erlebnisse nur vorgaukelt: »Supponam igitur non optimum Deum, fontem veritatis, sed genium aliquem malignum eundemque summe potentem et callidum omnem suam industriam in eo posuisse, ut me falleret: putabo caelum, aerem, terram, colores, figuras, sonos cunctaque extema nihil aliud esse quam ludificationes somniorum, quibus insidias credulitati meae tetendit: considerabo/me ipsum tamquam manus non habentem, non oculos, non camem, non sanguinem, non aliquem sensum, sed haec omnia me habere falso opinantem [...]« (Descartes 1996, 38; 40). Wiener zitiert dies deutsch als Motto zu Wiener 1996 so: »Ich werde also voraussetzen, daß es nicht ein echter Gott ist, selbstherrliche Quelle der Wahrheit, sondern ein gewisses böses Genie, so durchtrieben und falsch wie mächtig, das seine ganze Industrie beschäftigt, mich zu täuschen. Ich werde denken, daß der Himmel, die Luft, die Erde, die Farben, die Gestalten, die Laute, und all die von uns wahrgenommenen Dinge der Außenwelt nichts als Illusion und Betrug sind, von ihm benutzt, um meine Ansichten zu steuern. Ich stelle mir vor, daß ich keinerlei Hände, keinerlei Augen, kein Fleisch, kein Blut, keine Sinne habe, doch fälschlich meine, all diese Dinge zu besitzen. DESCARTES, Erste Meditation« (Wiener 1996, 108).

Das führt auch dazu, dass das »Ich«, als Illusion, darüber sinnieren muss, was es verstehen kann und verstanden hat von der Organisation seines Organismus. Es stellt sich die Frage, welche Instanz dieses »Ich« ist, man kann sogar so weit gehen, überhaupt in Frage zu stellen, ob es eine Instanz gibt, die wahrnimmt, erlebt und spürt. Solange dies ungeklärt ist, kann man annehmen, dass es sehr viele Zwischenstationen gibt, auf denen man jederzeit dasselbe Gefühl hervorrufen kann, ohne den ganzen sensorischen Apparat zur Verfügung zu haben und zu durchlaufen. Letzteres zeigt sich z. B. an dieser Stelle aus dem bio-adapter: *»der adapter [muss] jedenfalls im stande sein, alle möglichen operationen am zunächst ja noch menschlichen leib durchzuführen (amputationen; organverpflanzungen; neurochirurgie), sowie die regeneration eigener etwa gestörter funktionen bzwse. den entwurf und den einbau von ersatz-moduln und überhaupt eigener neu-entwicklungen bewerkstelligen können. er modifiziert also nicht nur seine programme, die ja als an-*

ordnungs-abfolgen von ›materie-zuständen‹ interpretiert werden müssen, sondern im rahmen der selbst-adaptierung auch seine stofflichen moduln, die als programmträger sequentielle steuerung erst ermöglichen. sohin sind diese in keiner weise mehr passive medien des ablaufs, sondern eben bestimmende zustände; die unterscheidung von hardware und software ist ja bloss eine didaktische, und an sich ohne sachliche berechtigung: der einbau eines gelenks zwischen schulter und ellenbogen wird eine neue ära des rückenwaschens einleiten.« (Wiener 1969, CLXXVI)

In einer rückblickenden Betrachtung zum bio-adapter (Wiener 1996, 110) zitiert Wiener den englischen Philosophen John Wilson, der etwa zeitgleich Eudämonie-Maschinen in Betracht gezogen hat: »We must add to this the possibility that human nature itself can be changed. Now we are faced, not only by a machine that produces eudaimonia chosen by men, nor only by a machine that chooses eudaimonia for men, but also by a machine that alters men, perhaps to fit an extended concept of eudaimonia.« (Wilson 1964, 230)

Innerhalb des Werks von Oswald Wiener nimmt der bio-adapter die Rolle einer radikalen Utopie ein, die in den auf die Zeit seiner Abfassung folgenden Phasen seiner Arbeit immer wieder neu befragt wird. Dies geschieht in Form von Pendelbewegungen, in einer Art Dialektik von Angezogen- und Abgestoßensein von den und durch die Versprechungen des Behaviorismus, Materialismus und der so genannten Künstlichen Intelligenz, die in ihrer Leistung und im Ergebnis Ähnliches wie menschliche Intelligenz hervorbringt, im Erkenntnisgang und in seinen phänomenalen Aspekten aber von ihr sehr verschieden ist. Mit den heute scheinbar erfolgreichen Verfahren wird etwas dem bio-adapter Ähnliches geschaffen, diese Formen der KI sind »auf den Erwerb von Struktur nicht mehr angewiesen, sie erreichen das ihnen gesetzte Ziel auf ganz anderen Wegen als die menschliche Intelligenz« (Wiener 2015, 144). Stärker in Richtung eines Glaubens an die Möglichkeiten der KI hatte es 1996 noch geheißen: »Überlegungen der letzten fünfundzwanzig Jahre haben mich zu der Überzeugung gebracht, daß der Bio-Adapter, um mich richtiger zu machen, selber Bewußtsein und Willen, möglicherweise Lüste und Schmerzen, sicherlich Neigungen und Vorurteile haben muß. Angenommen, das ist einer radikal neuen Wissenschaft möglich – wie wird er mit seiner Persönlichkeit fertig werden? Wird er sich einen Bio-Adapter bauen? Was springt dabei für mich, seinen Thalamus, heraus – Versagen dritter Ordnung?« (Wiener 1996, 111)

Heute ist der Autor jedoch überzeugt, dass »Bemühungen aus dem Bereich des Behaviorismus und der Statistik scheitern werden, sie werden den Menschen er-

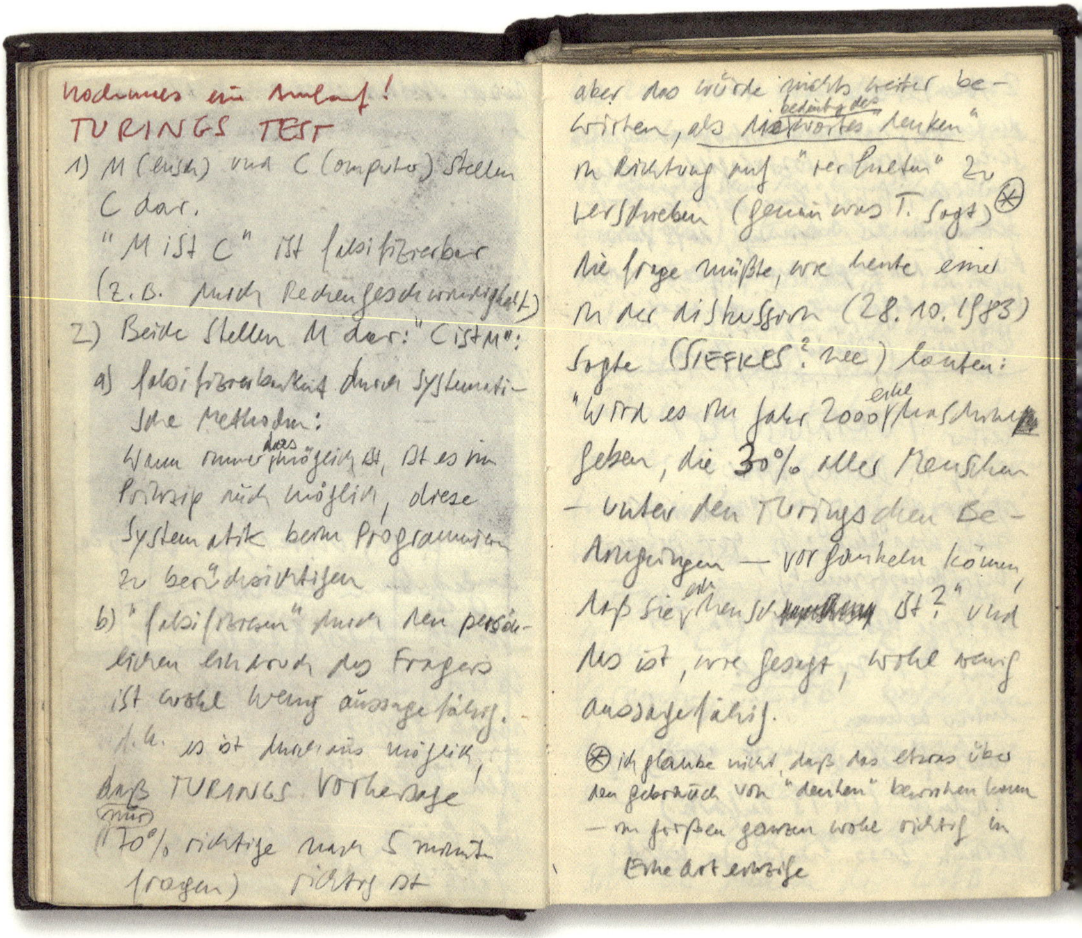
nochmals ein Anlauf!
TURINGS TEST
1) M(ensch) und C(omputer) stellen C dar.
"M ist C" ist falsifizierbar
(z.B. nach Redengeschwindigkeit)
2) Beide stellen M dar: "C ist M":
a) falsifizierbarkeit durch systematische Methoden:
wenn immer das möglich ist, ist es im Prinzip auch möglich, diese Systematik beim Programmieren zu berücksichtigen
b) "falsifizieren" durch den persönlichen Eindruck des Fragers ist wohl wenig aussagefähig.
d.h. es ist durchaus möglich, daß TURINGS Vorhersage (nur 70% richtige nach 5 minuten fragen) richtig ist

aber das würde nichts weiter bewirken, als die Bedeutung des Wortes "denken" in Richtung auf "verhalten" zu verschieben (genau was T. sagt) ⊛
die Frage müßte, wie heute einer in der Diskussion (28.10.1983) sagte (SIEFKES? nee) lauten: "Wird es im Jahr 2000 eine Maschine geben, die 30% aller Menschen – unter den Turingschen Bedingungen – vorgaukeln können, daß sie ein Mensch ist?" und das ist, wie gesagt, wohl wenig aussagefähig.
⊛ ich glaube nicht, daß das etwas über den Gebrauch von "denken" bewirken kann – im großen ganzen wohl richtig in eine Art ewige

Oswald Wiener: Zwei Notizbücher aus dem Vorlass, o.D.
ÖNB, Literaturarchiv

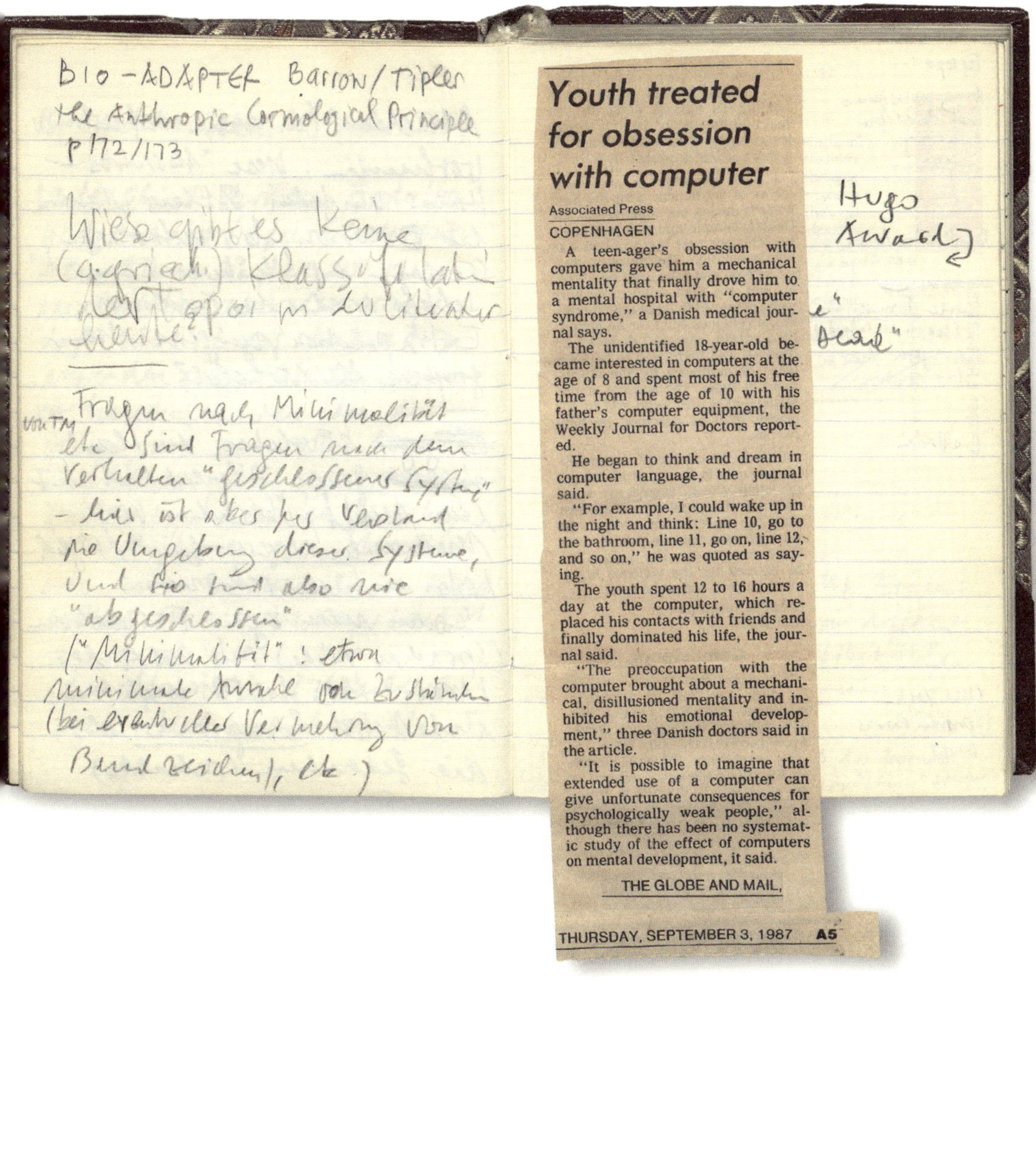

BIO-ADAPTER Barron/Tipler
the Anthropic Cosmological Principle
p172/173
Wieso gibt es keine (gegriech.) Klassifikation der τόποι in der Literatur heute?
vonTM Fragen nach Minimalität etc. sind Fragen nach dem Verhalten "geschlossener Systeme" – hier ist aber per Verstand die Umgebung dieser Systeme, und die sind also nie "abgeschlossen"
("Minimalität": etwa minimale Anzahl von Zuständen (bei eventueller Vermehrung von Bezeichnungen), etc.)
Hugo Award
Youth treated for obsession with computer
Associated Press
COPENHAGEN
A teen-ager's obsession with computers gave him a mechanical mentality that finally drove him to a mental hospital with "computer syndrome," a Danish medical journal says.
The unidentified 18-year-old became interested in computers at the age of 8 and spent most of his free time from the age of 10 with his father's computer equipment, the Weekly Journal for Doctors reported.
He began to think and dream in computer language, the journal said.
"For example, I could wake up in the night and think: Line 10, go to the bathroom, line 11, go on, line 12, and so on," he was quoted as saying.
The youth spent 12 to 16 hours a day at the computer, which replaced his contacts with friends and finally dominated his life, the journal said.
"The preoccupation with the computer brought about a mechanical, disillusioned mentality and inhibited his emotional development," three Danish doctors said in the article.
"It is possible to imagine that extended use of a computer can give unfortunate consequences for psychologically weak people," although there has been no systematic study of the effect of computers on mental development, it said.
THE GLOBE AND MAIL,
THURSDAY, SEPTEMBER 3, 1987 A5

setzen, aber nur im Sinne von funktionalen Äquivalenzen, nicht als echte Menschen. Maschinen auf dieser Basis werden keine Vorstellungen haben, sie werden das, was ich erlebe, wenn ich arbeite, um zum Beispiel ein geometrisches Problem zu lösen, nicht erleben, sie werden überhaupt nichts erleben, sondern sie werden funktionieren. Mein letzter Stützpunkt ist, dass ich wissen möchte, wie ich denke, was Denken überhaupt ist. Und ich bin jetzt davon überzeugt, dass das mit den bisherigen Mitteln der KI nicht erklärt werden können wird. [...] Wir leben schon längst im bio-adapter. So endet ja auch der Abschnitt ›bio-adapter‹ mit dem interpunktionslosen satz: *›möglicherweise sind wir alle‹*« (Oswald Wiener in Eder et al., in Druck).

VERWENDETE LITERATUR

Descartes 1996 = René Descartes: Philosophische Schriften in einem Band. M. e. Einführung von Rainer Specht u. »Descartes' Wahrheitsbegriff« v. Ernst Cassirer. Hamburg: Felix Meiner 1996, S. 1–183.

Eder et al. in Druck = Thomas Eder, Thomas Raab, Michael Schwarz: Oswald Wieners Theorie des Denkens: Gespräche über Dichtung, Formalismen und Selbstbeobachtung. Berlin: De Gruyter 2020.

Wiener 1969 = Oswald Wiener: die verbesserung von mitteleuropa, roman. Reinbek: Rowohlt 1969.

Wiener 1996 = Oswald Wiener: Notizen zum Konzept des Bio-Adapters (1988). In: ders.: Schriften zur Erkenntnistheorie. Wien: Springer 1996, S. 108–111.

Wiener 2015 = Oswald Wiener: Kybernetik und Gespenster. Im Niemandsland zwischen Wissenschaft und Kunst. In: manuskripte 54/207 (2015), S. 143–162.

Wilson 1964 = John Wilson: The Frankenstein Problem. In: Philosophy 39/149, 1964, S. 223–232.

Wärmeströme in der Warenwelt

Ursula K. Le Guin: *The Dispossessed. An Ambiguous Utopia*

VON KERSTIN PUTZ

Es gibt vieles, das es *nicht* gibt – auf Anarres, jenem vormals unbewohnten Planeten, auf dem revolutionäre Siedler – sie nennen sich »Odonier«, nach der Revolutionärin Odo – einst ein anarchistisches Gemeinwesen begründeten: keine Staatsgewalt, keine Regierung, keine Gefängnisse, keine Polizei, kein Geld, keine Waren, kein Privateigentum. Die Sprache, die auf Anarres gesprochen wird, macht diese Verhältnisse kenntlich wie menschengemachtes, durchlässiges Spiegelglas, durch das wir auf sie blicken. Die Plansprache »Pravic« kennt keine besitzanzeigenden Pronomen, Bewohner von Anarres sprechen nicht von »ihren« Eltern, »ihrer« Frau oder »ihrem« Wissen. Und zwar nicht, weil nicht sein darf, was grammatisch nicht sein kann, sondern weil Sprache ein Gemeingut ist, das im genannten Fall auf odonischen Grundsätzen, in *jedem* Fall auf Aushandlungen und geteiltem Wissen beruht: »Sharing is right, having is wrong« lautet der entwaffnend einfache Leitspruch aus den Schriften Odos, den auf Anarres schon die Kinder in der Schule lernen. (Le Guin 2011: 50) Nicht besitzen also, sondern teilen – und damit auch: nicht besessen werden, frei sein von Besitz. Der Titel von Ursula K. Le Guins (1929–2018) utopischem Roman *The Dispossessed* (1974) zeigt in seiner Vieldeutigkeit an, was im Deutschen nicht adäquat ausgedrückt werden kann (*Planet der Habenichtse* lautet einer von mehreren Übersetzungsversuchen des Originaltitels, *Freie Geister* ein besserer): *The Dispossessed* also – diejenigen, die nicht besitzen, die nicht *mehr* besitzen (als andere) und *nicht mehr* besitzen (wie einst die Generationen vor ihnen und Leute anderswo), die *einander* nicht besitzen und beherrschen (wollen), nicht übereinander verfügen. Radikal gedachte Eigentumsverhältnisse schließen radikal gedachte menschliche Beziehungen mit ein: amouröse, sexuelle, Arbeits-, Freundschafts- und Verwandtschaftsbeziehungen. Die wichtigste Ressource auf Anarres, heißt es, sei die Solidarität. (Vgl. Le Guin 2011, 167) Umrissen ist damit freilich kein einträchtiges soziales Paradies, im Gegenteil: Anarres ist ein karger Ort, arm an Bodenschätzen und »natürlichen« Ressourcen, arm auch an Spezies, an Tierarten und üppiger Flora; das Wetter ist unwirtlich, Trockenheit, Staub und Wind gilt es ebenso zu ertragen wie harte körperliche Arbeit, Lebensmittelknappheit und Hunger. Das auf dem Reißbrett der Schriften Odos entworfene, in anarchistischer Praxis weiterentwickelte, gelebte Gemeinwesen von Anarres ist keineswegs nur voll hehrer Ideale, sondern widersprüchlich und konfliktreich, gerade weil es bedroht ist von einem Mangel an Konflikten, einer Armut an kontrovers-eigensinnigen Ideen und deren Austausch, einer immer sachzwänglerischer werdenden Bürokratie, einem Zuwenig an Streit und Widerstreit. Dieses Utopia ist kein zeitloses Idealbild einer anarchistischen Gesellschaft, sondern ein lebendes, in Zeitschleifen erzähltes und auf allerlei Überlegungen zu Zeitlichkeit beruhendes, sich veränderndes Bild. Es ist, was Le Guins Zusatz zum Titel ankündigt: *An Ambiguous Utopia*. Eine »zwiespältige«, besser: eine mehr-, ja eine vielmehrdeutige Utopie. (Vgl. Le Guin 2017)

Der Protagonist dieses Reiseromans in Zeiten und Räume ist der mit Theorien über Zeit befasste Physiker Shevek. Er bricht zum »Geschwisterplaneten« Urras auf, den kein lebender Anarrese je betreten hat und den die Revolutionäre einst verließen, um einen Neubeginn auf Anarres zu wagen. Urras ist eine Welt, wie wir und ich sie kennen: Es wird dort kapitalistisch gewirtschaftet und mit Geld bezahlt, monogame Zweierbeziehungen und Kleinfamilien sind die Regel, Sexualität wohnt in der Ehe oder ist weggesperrt in stupide, verarmte Pornografie, Lohnarbeit ist allgegenwärtig, und doch unsichtbar; Frauen sind aus vielen Bereichen des öffentlichen Lebens ausgeschlossen und je höher in einer Hierarchie, desto eher in der Minderheit; außerdem sind die Blumen schön, und der Freizeitfüller Shopping funktioniert. Kurzum: Es gibt vieles, das es *gibt* – auf Urras: blühende Landschaften und Neuigkeiten von Stellvertreterkriegen, Massenmedien und Otter als Haustiere, Marktgesetze von Kalkül, Konkurrenz und Kapital, willfährige Menschen, und solche, die den genannten Gesetzen ihre Neugierde, ihr Wissen und ihr Einfühlungsvermögen entgegensetzen (wollen). Shevek, der als gelehrter Gesandter und offizieller Repräsentant seines Planeten, aber auch als Einzelner, der vielerlei über sich selbst erfahren wird, nach Urras kommt, nimmt das für ihn Neue, Ungekannte von Tag zu Tag *mehr* in seinen Ambivalenzen wahr. Was er im Laufe seines Aufenthalts sieht, hört und lernt, lässt ihn verändert auf seinen eigenen Heimatplaneten blicken. Im Vergleichen und Ineinanderblenden der Orte und Zeiten, wie es Le Guins Erzählweise mit ihren gegenläufigen und dabei zugleich aufeinander zulaufenden Zeit- und Handlungssträngen ermöglicht,

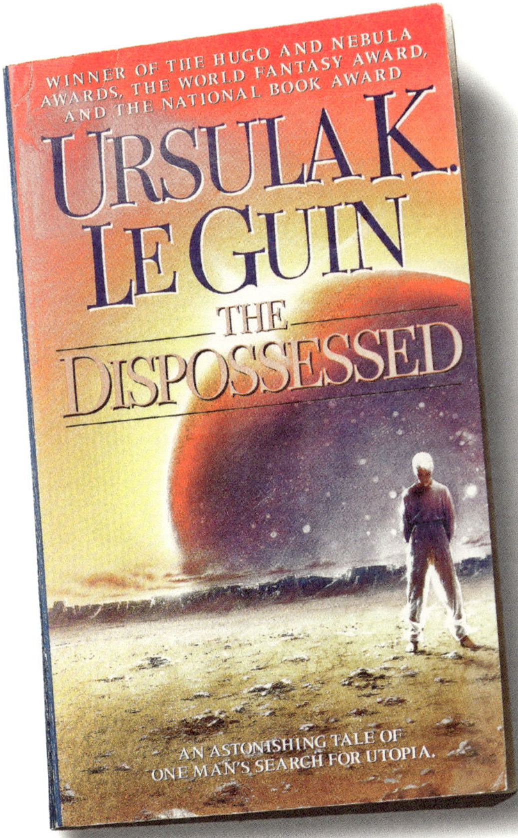

Ursula K. Le Guin: *The Dispossessed. An Ambiguous Utopia.* New York: Harper Voyager 2011.
ÖNB, Literaturmuseum

in diesem Vergleichen und Verknüpfen also werden zwei Welten, zwei Systeme gegen- und nebeneinander gehalten, die in ihrer Unterschiedlichkeit doch untrennbar aufeinander bezogen sind, historisch ebenso wie planetarisch: Die Planeten Urras und Anarres sind jeweils der Mond des anderen.

Ganz zu Beginn seiner Reise fällt Shevek die Vielfalt an Dingen, Waren und Produkten auf, die auf Urras existiert: Wie der Alien, der Fremde und das Kind, das er ist, begegnen ihm Stücke in Schaufenstern, ausgeklügelte Speisenfolgen und luxuriöse Badezimmerlandschaften als die wunderlichen Dinge, die sie sind. Seine besondere Aufmerksamkeit erheischen eine ungekannt weiche, komfortable Matratze und ein elektrischer Heißluft-Trockner: Beide erzeugen in Shevek geradezu erotische Empfindungen. Der Trockner ist ihm ein sinnlich-übersinnliches Ding, aus dem warme Luft strömt, die ein betörendes Kitzeln auslöst auf der Haut.

Shevek spekuliert, ob nicht die Sinnlichkeit und der lustvoll spielerische Umgang der Geschlechter miteinander, die aus Alltag und Öffentlichkeit auf Urras verbannt zu sein scheinen, in diese Dinge eingewandert sind, ersetzt durch sie; wir würden sagen: kommodifiziert. Oder leben die Menschen, die diese zärtlichen Dinge herstellen, fragt Shevek, zölibatär, sodass sie ihre erotischen Sehnsüchte qua Ersatzhandlung in diese Dinge legen, leiten, lenken? (Vgl. Le Guin 2011, 18 f.)

Nach und nach erkundet Shevek die Gewohnheiten, Rituale und Tabus einer berührungsscheuen, den Körpern misstrauenden Kultur. Er, der den anarresischen Sitten gemäß mit Frauen und Männern schläft, der ein Tier seinen »Bruder« nennt, und doch einen ganz bestimmten Menschen liebt, dieser Shevek also genießt die eigentümliche, ihm irgendwann nicht mehr absurd erscheinende, maschinell und nicht körperlich hergestellte Wärme der Dinge, den Komfort, ein Wohlfühlen. Eine Alltagssinnlichkeit, die man sich (hier) gestatten darf: Warme Luft. Heiße Luft. Wir kennen das. – Verrücktes Urras!

VERWENDETE LITERATUR

Le Guin 2011 = Ursula K. Le Guin: The Dispossessed. An Ambiguous Utopia. New York: Harper Voyager 2011 [1974].

Le Guin 1976 = Ursula K. Le Guin: Planet der Habenichtse. Dt. Übersetzung von Gisela Stege. München: Heyne 1976.

Le Guin 2017 = Ursula K. Le Guin: Freie Geister. Eine zwiespältige Utopie. Aus dem Amerikanischen von Karen Nölle. Frankfurt am Main: Fischer Tor 2017.

Zurück nach vorn

Ernest Callenbach: Ökotopia. Notizen und Reportagen von William Weston aus dem Jahre 1999

VON KATHARINA MANOJLOVIC

In einer elektromagnetisch betriebenen Hochgeschwindigkeitsbahn auf flauschigen Teppichen fläzend und zwischen allerlei Farnen und anderen Pflänzchen Marihuana rauchend, gelangt der New Yorker Journalist William Weston mehr fliegend als fahrend nach *Ökotopia* (1978, Original 1975), Ernest Callenbachs (1929–2012) fiktiven sezessionistischen Staat an der amerikanischen Westküste. Im Jahr 1999, zwanzig Jahre nach der Abspaltung Ökotopias vom restlichen Amerika, begibt er sich als erster Amerikaner in das fruchtbare Land auf dem Gebiet der Bundesstaaten Washington, Oregon und Nordkalifornien, in eine ihm zu Beginn mysteriös, wild und unwägbar erscheinende Zone, kontaminiert mit Ideen, die dem Credo vom stetigen Wirtschaftswachstum gänzlich zuwiderlaufen. Ökotopia ist in einer nahen Zukunft angesiedelt und auch räumlich nicht fern, dort zu finden, wo die bedeutendsten amerikanischen Naturschutzbewegungen ihren Ausgang nahmen. Durch die Einbettung der ökotopianischen Revolution in fiktive globale Unabhängigkeitsbewegungen wird Ökotopia gleich zu Beginn in historischen Zusammenhängen verortet. In einem sachlich-nüchternen, Authentizität evozierenden Stil verfasst, zeichnen Westons Notizbücher und Zeitungsberichte das utopische Land als verwirklichbare Vision, als eine zum Greifen nahe Möglichkeit.

Ökotopia – ein die Begriffe der Utopie und Ökologie bzw. Ökonomie verschränkender Neologismus – erzählt vom Verhältnis des Menschen zu seiner Umwelt. Das Staatssystem basiert auf Konsumverzicht, Dezentralisierung, der Zwanzig-Stunden-Woche, vor allem aber auf allumfassendem Recycling als oberstem Prinzip; jede neu entwickelte Technologie hat in Einklang mit den Grundsätzen des »stable-state-Prinzips« zu stehen: Was aufgebaut wird, muss auch wieder abgebaut werden können, so wie in natürlichen Kreisläufen auch. Spezielle Kunststoffe etwa sind nur deshalb zur Verwendung zugelassen, weil sie von

Ernest Callenbach: *Ökotopia. Notizen und Reportagen von William Weston aus dem Jahre 1999.*
Berlin: Rotbuch Verlag 1978.
ÖNB, Literaturarchiv

Mikroorganismen in Düngerschlamm umgewandelt werden können, Autos wurden abgeschafft und erscheinen hier (endlich) als die Wildwest-Relikte, die sie vielleicht eines Tages wirklich sein werden. Callenbachs Ökotopianer haben sich von materiellen Süchten und althergebrachtem Komfort abgekehrt, weil sie genug hatten: »Die schlechte Luft, die chemisch verseuchte Nahrung und die schwachsinnige Werbung waren unerträglich für sie geworden.« (Callenbach 1978, 65) Nicht die Anhäufung von Dingen und Konsum zählen, sondern soziale Bindungen und Muße; die klassische Kernfamilie wurde zugunsten eines erweiterten, unterschiedliche Liebes- und Verwandtschaftsverhältnisse einschließenden Familienbegriffs aufgegeben. Die Präsidentin Ökotopias heißt Vera Allwen;

Frauen stehen auch an der Spitze der regierenden »Survivalist Party«. Westons anfängliche, kritische Distanziertheit gegenüber den ihm als außergewöhnlich emotional, konflikt- und kontaktfreudig erscheinenden Ökotopianern verwandelt sich im Verlauf seines Aufenthaltes zur positiven Identifikation mit den Sezessionisten, wozu seine sich bald intensivierende Beziehung zur Forstarbeiterin Marissa, die einem sexuellen Erweckungserlebnis gleicht, wesentlich beiträgt. Am Ende hat er die Utopie in sich aufgenommen und umgekehrt; er kann in ihr aufgehen, der Kreis schließt sich – der Text endet im Original mit dem Wort »home«.

Ökotopia ist die Utopie einer imaginierten Renaturalisierung der eigenen Existenz und Rückbesinnung auf ein vorindustrielles Amerika auf Basis sich auch von indianischen Ursprüngen herschreibender Mythen. Entsprechend kommen in martialischen Kriegsspielen, die in Form einer Art Initiationsritus für junge und jüngere Männer dem Abbau überschießender Aggressionen dienen, Körperbemalung und Speere zum Einsatz. Westons Bericht mutet dadurch immer wieder wie eine koloniale Bildungsreise in exotische, noch nicht erschlossene Gefilde an, was durch die Sexualisierung und Animalisierung, die insbesondere an den Frauen Ökotopias festgemacht wird, unterstrichen wird. Callenbachs *Ökotopia* führt durch eine Bandbreite vertrauter utopischer Entwürfe von der Polyamorie bis zur Abschaffung des Unterschieds von Frei- und Arbeitszeit im Zeichen einer erneuerten Mensch-Natur-Verbundenheit.

VERWENDETE LITERATUR

Callenbach 1978 = Ernest Callenbach: Ökotopia. Notizen und Reportagen von William Weston aus dem Jahre 1999. Berlin: Rotbuch Verlag 1978 [Ecotopia: The Notebooks and Reports of William Weston 1975].

Gewissheit von der Nichtigkeit ihres Wollens und Tuns bleibt,
der Lockung zur Selbstvernicht... ...um widerstehen koennen.
Wer sich ... sich von ihr zurueckge-
...nsinnig gewordenen
... ein Augenblick das

...esen, nicht etwa obschon,
...sterben muessen, auch wenn
...Zeiten gegeben, da sich
...in ein grenzenloses
...ie ersannen Formen

2-

Augustinus sagt - keinerlei Ausdehnung hat. Sie verweilt nicht, sondern hebt sich selber in einer unaufhaltsamen Flucht auf. Noch ehe man den Augenblick mit <u>jetzt</u> bezeichnet hat, hat er bereits aufgehoert <u>jetzt</u> zu sein; er hat sich ins Nichtssein des Vergangenen verfluechtigt. Somit waere die Gegenwart nicht eine Zeit fuer sich, sondern ~~x~~ nur <u>die Zeit fuer uns</u>, weil wir ... gegenwaertig sind.
und so lang...
Dem so viel...

fuegt Faust...

Somit denk...
an ein Ueb...
fatalen En...
bleiben wi...
Stunden, d...
Sein zu e...
den Glaub...
und unser...
G Versuch...
vollstaen...
das Heute...
liert al...
Menschen...

Manès Sperber 1

Der prospektive Mensch u. seine Utopien.

Der Mensch ist schlechthin mit allen und allem vergleichbar, das beweisen seit Jahrtausenden die Fabulisten, das behaupten die Aphoristen, doch machen ihn die Widersprueche seines Werdens, Seins und Vergehens zu einem durchaus unvergleichlichen Geschoepf und Schoepfer. Er ist das einzige Lebewesen, welches weiss, dass es sterben muss; er allein ist faehig sich die Unendlichkeit der Zeit vorzustellen und die Unermesslichkeit des Raums begrifflich zu fassen. Der Mensch glaubt unerschuetterlich an die Vollkommenheit und lebt im bedraengenden Bewusstsein, dass er sich nicht damit abfinden darf unvollkommen zu sein. Er haelt sich fuer das hoechstentwickelte Geschoepf auf unserm Erdenrund und zugleich fuer das unvollstaendigste, das zugrunde gehen muesste, boete ihm nicht die Umwelt waehrend der ersten Jahre Obsorge und Obhut. In dem Ausmasse, wie er in seinen parasitischen Anfaengen allmaehlich lernt zu sehen, sich zu bewegen, zu ernaehren und sich dank der Sprache zu verstaendigen, in dem gleichen Masse entdeckt er die nahende, die gegenwaertige, die verfliessende und schliesslich vergangene Zeit. Er erfaehrt, dass er in der Zeit ist, dass sie auch ihn in Bewegung haelt, indem sie sich selbst bewegt.

Die im Unterschied zur Vergangenheit sich jeden Augenblick erneuernde Gegenwart ist scheinbar die einzig fassbare, erlebbare Zeit und dennoch ist sie auch jene, die -wie

Utopische Hoffnung

Manès Sperber: »Der prospektive Mensch und seine Utopien«

VON ANDREAS HANDLER

Die Auseinandersetzung mit politischen Ideologien und Totalitarismus steht im Zentrum des Werkes des Schriftstellers und Individualpsychologen Manès Sperber (1905–1984). Eigene biografische Erfahrungen und Brüche, darunter sein Austritt aus der Kommunistischen Partei Deutschlands während des Höhepunkts der stalinistischen Säuberungen 1937, waren maßgebliche Triebfedern für Sperbers lebenslange Beschäftigung mit diesen Themen. Die großen gesellschaftlichen Utopien des 20. Jahrhunderts, insbesondere die (soziale) Revolution und der Sozialismus, werden in Sperbers Romanen, Essays und autobiografischen Schriften für gescheitert erklärt.

Bereits wenige Jahre nach seinem Bruch mit dem Kommunismus begann Sperber mit der Arbeit an seiner monumentalen Romantrilogie *Wie eine Träne im Ozean* (Sperber 1976). Stark autobiografisch geprägt, zeichnet die Triologie den Lebensweg eines jungen Kommunisten nach, der schließlich mit der Partei bricht, jedoch die Hoffnung auf eine bessere Welt niemals aufgibt und an der Möglichkeit einer gerechteren Gesellschaft festhält.

Die Hoffnung als menschliches Prinzip bleibt für Sperber zeit seines Lebens zentral: »Die Menschen setzen zumeist nur einen winzigen Bruchteil ihrer schöpferischen Kräfte ins Werk, die auch deshalb unerkannt bleiben. Das kann anders werden, also muß es anders, besser werden«, heißt es im 1976 entstandenen Essay »Der prospektive Mensch und seine Utopien« (Sperber 1981, 691). Der Psycho-

Manès Sperber: »Der prospektive Mensch und seine Utopien«, Typoskriptauszug, o. D. ÖNB, Literaturarchiv

loge Sperber sieht nicht nur soziale und ökonomische Gründe, sondern eine »psychische Notwendigkeit, welche die utopische Hoffnung immer wieder erweckt und nährt.« (Ebd.) Sperber reflektiert das utopische Denken als menschliche Eigenschaft schlechthin. Sowohl aus der Vergangenheit wie aus der Zukunft – retrospektiv wie prospektiv – schöpft der Mensch Hoffnung. Gefährlich werde das, wenn Utopien als totale Deutungssysteme gedacht werden und ihre Erfüllung erzwungen werden soll. »Besonders in Phasen großer Bedrängnisse« bestehe die Gefahr, »jenen zu glauben, die versprechen, eine bessere, gerechtere gesellschaftliche Ordnung zu errichten, die allen oder fast allen Menschen mehr Glück für immer bescheren wird.« (Ebd., 682) Eindeutig spielt Sperber hier auch auf kommunistische Heilsversprechen an.

Die Hoffnung ist bei Sperber nicht Mittel, sondern der eigentliche Zweck: »Ich glaube nicht an ein Absolutes und nicht an die Ewigkeit, doch denke ich voller Hoffnung an die Endlosigkeit unseres Bemühens um sinngebende Aufgaben, die erst mit dem Menschengeschlecht enden werden.« (Ebd., 691)

VERWENDETE LITERATUR

Sperber 1976 = Manès Sperber: Wie eine Träne im Ozean. Romantrilogie. Wien: Europaverlag 1976.

Sperber 1981 = Manès Sperber: Der prospektive Mensch und seine Utopien. In: ders.: Essays zur täglichen Weltgeschichte. Wien, München, Zürich: Europaverlag 1981, S. 679–691.

Tabula rasa

Christoph Ransmayr: *Strahlender Untergang. Ein Entwässerungsprojekt oder Die Entdeckung des Wesentlichen*

VON BERNHARD FETZ

Evolutionsbiologen gehen davon aus, dass viele der Arten, mit denen wir über Jahrtausende zusammengelebt haben, bereits ausgestorben sind oder in absehbarer Zeit aussterben werden. Es wird nicht nur heißer auf der Erde, es wird auch immer einsamer. *Strahlender Untergang*, die fast vier Jahrzehnte zurückliegende erste Buchveröffentlichung Christoph Ransmayrs (*1954), erscheint nicht zuletzt im Spiegel dieser Verlustgeschichte wie die Erfindung einer näher gerückten Zukunft. Gleich das erste Buch des Autors macht Tabula rasa: Die literarische Versuchsanordnung imaginiert einen allerletzten Akt der Zivilisationsgeschichte. Eingeleitet wird dieser von einer sogenannten »neuen Wissenschaft«, deren Vertreter für ein wissenschaftlich geplantes Verschwinden des für die westliche Zivilisation maßgeblich Verantwortlichen plädieren: Er, der »zu viel verwechselt« hat – »Kultur mit Zivilisation, / die blinde Entwicklung seiner Technik / mit Fortschritt, / Ideologie mit Bewußtsein, / Herrschaft schließlich mit Ordnung« –, er, der »Herr der Welt«, »weiß oder schwach pigmentiert seine Haut«, soll Abschied nehmen von seinem Herrschaftsgebiet. Zu diesem Zweck wird inmitten der Sahara, im Grenzgebiet zwischen Mali und Algerien, ein riesiges, von Aluminiumplatten eingefasstes »Terrarium« errichtet. Beim Bau ist darauf zu achten, dass keinerlei Reste von Flora und Fauna bestehen bleiben, die den Prozess der geplanten Entwässerung aufhalten könnten. Denn darum geht es: eine Existenz, »die ihren Anfang unter der Sonne nahm, / auch unter der Sonne wieder / verschwinden zu lassen«. (SU, 35 f.) Ausgesetzt einer durch nichts gefilterten Strahlung, wird der Proband, der sich freiwillig gemeldet hat und der in einer unabsehbaren Reihe anderer Freiwilliger steht, im Fortschreiten der Entwässerung endgültig zu sich kommen. Zum ersten Mal in seiner Geschichte wird er »ich« sagen können. »Ich, / und dann nichts mehr.« (SU, 36)

Es ist die gleiche zerstörerische Rationalität, die für den Zustand des Planeten verantwortlich ist, die jetzt an ihrer eigenen Abschaffung arbeitet. Ein Lobredner des Projekts beschließt seine Rede mit folgenden Worten: »Das Projekt der Neuen Wissenschaft, / geehrte Herren, / die organisierte Form des Verschwindens, / stellt alles her, was herzustellen ist, / und bringt, was sich herstellt, / zum raschen Verschwinden, / weil damit die Gesamtheit des Möglichen / verwirklicht ist. / Zurück bleibt die Wüste / und ein entwässerter Rest, / aus dem nun endlich / nichts mehr / hervorzugehen braucht.« (Ebd.) Damit ist Schluss gemacht mit dem grundlegenden Prinzip jeglichen Lebens: der Verwandlung, der Metamorphose. Nichts mehr soll hervorgehen aus der entwässerten, von Brandmalen entstellten Hülle, die übrig bleibt, wenn die Sonne ihr Werk vollbracht haben wird.

Aber wenn die Gesamtheit des Möglichen verwirklicht ist, ist dann nicht auch die Literatur an ihr Ende gekommen, ist dann nicht Schluss mit dem Erzählen in einem fundamentalen Sinn? Am Beginn des Ransmayr'schen Werkes, so scheint es, steht mit der organisierten Auslöschung des »Herr[n] der Welt« gleich seine edelste Diskursform mit auf dem Endspiel. Denn die Metamorphose ist nicht nur eine Metapher für den Fortgang der (Natur-)Geschichte, sie ist auch eine Metapher für das Schreiben. Wie das Terrarium der »Neuen Wissenschaft« ist auch der Text eine Versuchsstation: Gibt es eine Form, die die allgegenwärtige Rede vom Untergang hintergehen kann, ohne den Schrecken zu ästhetisieren, ohne dessen Faszinosum zu verleugnen, ohne moralisch zu werden? Was kann die Erzählung noch leisten unter den Vorzeichen der Katastrophe?

Strahlender Untergang erschien im September 1982 in der Wiener *Edition Brandstätter* in einer Auflage von 5000 Exemplaren, zusammen mit 28 Reproduktionen nach Fotografien von Willy Puchner (s. Abb. S. 187f.) – 28 Ansichten einer Sonne, in deren gleichförmigem »Feuerofen-Brüllen« ungezählte Generationen von Menschen »leben, sterben konnten, ohne es jemals zu bemerken«: Ein Zitat aus Thomas Pynchons *Die Enden der Parabel*, in der deutschen Übersetzung von Elfriede Jelinek und Thomas Piltz im November 1981 herausgekommen, ist dem Text vorangestellt. (SU, Motto) Es situiert *Strahlender Untergang* wie die folgenden Bücher in einem kosmischen Zusammenhang, an dessen Anfang und Ende die Sonne steht. Wenn die Wasserstoffvorräte der Sonne verbraucht sein werden, wird das Sonnensystem wahrscheinlich zu planetarischem Nebel zerfallen, der sich dann verdichtet »bis / zur völligen Schwärze«. (SU, 55) Der omnipräsente Todesgedanke in Pynchons Roman findet sich bei Ransmayr transformiert zum Projekt der Selbstabschaffung der weißen Herrenrasse.

Die Fotografien Willy Puchners in der Originalausgabe von 1982 zeigen Ansichten einer Welt ohne Menschen. Ihr Thema ist das Sonnenlicht, seine Ausbreitung in der Atmosphäre, die Erschaffung der Welt aus Farben, Schatten und Konturen; es ist die Unermesslichkeit des Universums, von dessen Ausdehnung die Lichtenergie der Sonne eine vage Ahnung gibt. Der fotografierte Hof der Sonne, ein verschwimmender Lichtkranz, evoziert gleichermaßen Zerstörung und Vitalität. Die Rot-Skala der Sonnenuntergänge wird abgelöst von taghellen Ansichten erstarrter geometrischer Figuren. Fensterlose Feuerwände, Zäune und Gitter schaffen Kontraste von Licht und Schatten. Eingefroren erscheint das Licht, Flüssiges und Fließendes wird starr.

Diese gleichzeitige Anwesenheit von Dynamik und Stillstand, wie sie dem Medium Fotografie eignet, das Bewegung einfriert, kennzeichnet auch die Texte Christoph Ransmayrs. In rhythmisierten Perioden (die Neuausgabe aus dem Jahr 2000 stellt den ursprünglichen Zeilenfall wieder her) wird vom Projekt der Selbstabschaffung des Menschen berichtet. Und diese vollzieht sich gleichsam wie von selbst. Nicht nur die anmaßenden Exponenten der menschlichen Gattung nehmen sich zurück, auch die Erzählinstanz tut dies, indem sie den Herrschaftsanspruch der einsinnigen Erzählung durch Vielstimmigkeit ersetzt. Die multiple Identität des Erzählers erzeugt Distanz.

Wie auch alle folgenden Bücher Ransmayrs bezieht *Strahlender Untergang* seine Suggestionskraft aus einer Abfolge starker Bilder. Der erste Teil »Nachrichten aus dem Tanezrouft« wird als »Fragment eines Fernschreibens« bezeichnet. Es stammt von einem Lastwagenfahrer, dessen Bericht über den Bau des Terrariums im Konjunktiv der indirekten Rede wiedergegeben ist. Die Hybris des »Herrn der Welt« ist noch am Projekt, das seiner Abschaffung gilt, abzulesen; ja vielleicht ist dies seine größte Hybris überhaupt. Die Kolonne der Baufahrzeuge, die sich langsam ihrem Ziel nähert, »eingehüllt in eine kilometerlange, ungeheure Wolke / aus Sand und Staub«, ruft die Erinnerung an eine 1809 im Wüstensand zugrunde gegangene Karawane wach. (SU, 11 f.)

Eine »Rede vor einer akademischen Delegation in der Oase Bordj Moktar«, die die Anwesenden von der Sinnhaftigkeit der »Neuen Wissenschaft« überzeugen soll, bildet den zweiten Teil, übertitelt mit »Lob des Projekts«. Ironisch wird die Rede dadurch, dass wie in Franz Kafkas »Ein Bericht für eine Akademie« der Vortragende im Habitus eines akademisch Gebildeten, der die Formeln und Konventionen der Zunft souverän handhabt, den »hohe[n] Herren« (Kafka) beziehungsweise den »geehrten Herren« (Ransmayr) von eigentlich Ungeheuerlichem berichtet: von der Menschwerdung eines Affen und dessen – literarisch – geglückter Eingliederung in die menschliche Gemeinschaft bei Kafka; von der

Selbstabschaffung einer Kreatur, die auch auf der erreichten zivilisatorischen Stufe ein »Vieh« geblieben ist, bei Ransmayr: »Überraschend schnell / begann dieses Vieh / den aufrechten Gang zu erlernen – / freilich nur, / um hochaufgerichtet / in allen und jeden Zusammenhang / hineinzutreten, wie eben ein / wütendes oder verstörtes Vieh / in Zusammenhänge hineintritt: / gewaltsam / und ohne Bedenken.« (SU, 28 f.) Kafkas Affenrede wird im Text Ransmayrs vom Kopf wieder auf die Füße gestellt: Der Affe in Menschengestalt hat sein Affentum weit hinter sich gelassen, das Vieh in Menschengestalt jedoch gebärdet sich als das vernunftbegabteste aller Wesen und ist doch Vieh geblieben – auch wenn dies das akademische Publikum nicht gerne hört: »Ich weiß, / die Akademie verabscheut Parabeln.« (SU, 31)

Der dritte Abschnitt »Das Terrarium« gibt »Hinweise für eine Bauleitung«, Hinweise für die Verwandlung der Wüstenlandschaft in ein riesiges Freiluftlabor. Über siebzig Quadratkilometer soll es sich erstrecken, eine planmäßig eingeebnete Sandwüste, die dem Einfall der Sonne nichts mehr entgegenstellt. Der Proband ist auszusetzen nicht den »gewordenen« Formationen einer Landschaft, sondern »allein den geschaffenen Bedingungen / der Wissenschaft«. (SU, 39) Im letzten Abschnitt »Strahlender Untergang« wird der »Herr der Welt« abschließend selbst zum Medium der Erzählung, einem Protokoll in Ich-Form. Alle Differenzen fallen in eins, der »Herr der Welt« ist Opfer, Täter und unbeteiligter Beobachter gleichermaßen: »Ich war auch der Häftling, / das Schwein / und der Schlachter / und bin unter dem Sonnenschirm / Promenaden entlangspaziert.« (SU, 60)

In die Gleichförmigkeit des kosmischen Geschehens, in das in unendlich ferner Zukunft ein den Planeten vernichtender Sonnen-Untergang einprogrammiert ist, schreibt sich die Evolutionsgeschichte ein. Ransmayrs Figuren verschwinden in der Naturgeschichte und überleben, wenn auch immer vorläufig, in der Erzählung.

VERWENDETE LITERATUR

Christoph Ransmayr: Strahlender Untergang. Mit 28 Reproduktionen nach Photographien von Willy Puchner. Wien: Edition Brandstätter 1982.

SU = Christoph Ransmayr: Strahlender Untergang. Ein Entwässerungsprojekt oder Die Entdeckung des Wesentlichen. Frankfurt am Main: S. Fischer 2000.

Willy Puchner: Fotografien aus einer Werkserie
zu Christoph Ransmayrs *Strahlender Untergang*

»der dunkelste vokal«

Gerhard Rühm: *apokalypse*

VON SANNA SCHULTE

apokalypse gehört zu den »Hörstücken« Gerhard Rühms (*1930). Es entstand in den Jahren 2000 und 2001 und wurde bereits im Jahr 2001 beim WDR in Köln produziert. Die Erstausstrahlung des neuneinhalb Minuten langen Stücks erfolgte am 16.6.2001. Gerhard Rühm unterscheidet Hörstücke von Hörspielen, die sich oft noch am traditionellen illusionistischen Theater orientieren. Als »neue form radiophoner texte« wird das Rundfunkstudio im Hörstück zum Ort des Geschehens. Das führt zu einer »kompositorischen gleichbehandlung der elementaren akustischen erscheinungsformen laut, wort, geräusch und musik«, weshalb man »bei dieser neuen form radiophoner texte [...] eher von hörstücken als von hörspielen« sprechen kann (Rühm 2016b, 677).

Rühm bezieht sich in *apokalypse* auf die *Offenbarung des Johannes*, die als wichtigste Inspiration von Endzeitvisionen in der abendländische Kunst- und Kulturgeschichte gelten kann (vgl. Hoff 2003, 15). Ihr entnimmt er das Wortmaterial für seine experimentelle Bearbeitung der Apokalypse ebenso wie eine Nähe zur Zahlenmystik: Das Stück ist – so betont der Autor – in drei Abschnitte unterteilt, arbeitet mit einem »fundus von rund dreissig wörtern« und »umfasst überraschenderweise genau dreihundert zeilen« (Rühm 2016b, 678).

Rühm verwendet aus der *Offenbarung des Johannes* für seinen Text die Wörter mit »u« und »au«. Das erklärt die inflationäre Verwendung der Konjunktion »und«. Die Reihung des Wortes zu Ketten ruft Assoziationen von Stottern und hastigem Sprechen hervor, bei dem gehetzt um Ausdruck gerungen wird. Ebenso wird durch das Abschreiten dieser »und«-Ketten die Genesis mit der langen Ahnenfolge evoziert. Im Kontext dieser Auflistung von Zeugungen markiert »jedes ›neugefundene‹ wort gewissermassen einen sprachlichen geburtsakt« (Rühm 2016b, 678). Das ausschlaggebende Auswahlkriterium für das Wortmaterial aus der *Offenbarung des Johannes* bezieht sich auf eine auditive Komponente:

> dem aufmerksamen leser wird auffallen, dass im textverlauf ausschliesslich wörter mit »u« und »au« verwendung finden. [...] das »u« ist der dunkelste vokal (nicht zufällig ist er in dem wort »dunkel« enthalten), und er verleiht dem nur aus solchen wörtern bestehenden text eine dem thema angemessene dunkle tönung. (Rühm 2016b, 678)

Das Hörstück wirkt zunehmend gehetzt, wobei sich drei Phasen unterscheiden, in denen die begleitenden Geräusche des Sprechaktes gesteigert werden: Der erste Abschnitt wird »begleitet vom geräusch eines fahrenden zuges«. Im zweiten tritt »auf dem rechten kanal [...] das ticken einer uhr hinzu« (Rühm 2016a, 640), während im dritten »auf dem linken kanal nun noch (verstärktes) herzklopfen hinzu[tritt]« (Rühm 2016a, 642). Die apokalyptische Schnelligkeit des Stücks wird durch die Geräusche unterstrichen: Neben der Dynamik des fahrenden Zuges, die baldige Ankunft verheißt, rückt das Ticken der Uhr das Voranschreiten der Zeit weiter in den Mittelpunkt. Im dritten Abschnitt wird das hinzukommende Herzklopfen zum Spiegel der drängenden Zeit auf der Körperebene.

Im Vorlass Gerhard Rühms (LIT 397/11) am Literaturarchiv der Österreichischen Nationalbibliothek liefert ein Typoskript, das als Vorstufe des Hörstücks *apokalypse* zu begreifen ist, weitere Anhaltspunkte für dessen Interpretation (s. Abb., S. 195). Das Typoskript mit handschriftlichen Notizen mit Rotstift sowie Bleistift kommt der späteren Druckfassung bereits sehr nahe. Bei den Notizen handelt sich vor allem um Ergänzungen und Regieanweisungen, die sich auf die Art und Weise beziehen, wie der Text von Geräuschen begleitet und vorgetragen werden soll: Dem maschinengeschriebenen Text wird handschriftlich eine »DETONATION« und ein »fahrender zug« vorangestellt. Zudem werden einzelne Wörter durch Unterstreichung hervorgehoben, die in der späteren Druckfassung in Versalien gesetzt sind, weil sie stärker betont werden sollen. Sie sind somit als Druckanweisungen lesbar. Sowohl die Unterstreichungen im Typoskript als auch die Versalien der Druckfassung sind allerdings ganz auf die sprecherische Gestaltung und auditive Wahrnehmung hin konzipiert. Die SICHTBARKEIT der so hervorgehobenen Wörter soll in HÖRBARKEIT umschlagen. So heißt es »zum vortrag des textes«, dass dieser »sehr erregt« und mit »drive« vorzutragen sei, »alle in versalien gesetzten wörter sind in der lautstärke deutlich hervorzuheben« (Rühm 2016a, 638).

Durch das Typoskript wird deutlich, welchen Raum Gerhard Rühm der lautlichen und klanglichen Dimension seines Textes gibt und wie er sie durch die visuelle Dimension der Wörter und die Regieanweisungen mitbestimmt. Die »gezielt für den rundfunk konzipierte literarische arbeit« (Rühm 2016b, 675) verortet sich – und das kann als Charakteristikum des gesamten Werkes Gerhard Rühms gelten – an den Grenzbereichen der Künste (vgl. Schwar 1999, 21). Die experimentelle und avantgardistische Auseinandersetzung Gerhard Rühms mit der Apokalypse mündet in einem apokalyptischen Strukturprinzip von Texten, das sich von einer radikalen Sprachskepsis herschreibt und das Sprachliche zudem ins Bildliche und Lautliche entgrenzt.

VERWENDETE LITERATUR

Hoff 2003 = Johannes Hoff: Die Vision des Weltgerichts. Annäherung an die »Apokalypse« ausgehend von Derridas Lektüre der Offenbarung des Johannes. In: Apokalypse. Der Anfang im Ende. Hg. v. Maria Moog-Grünewald und Verena Olenjniczak Lobsien. Heidelberg: Winter 2003, S. 15–35.

LIT 397/11 = Vorlass Gerhard Rühm, Literaturarchiv der Österreichischen Nationalbibliothek, Wien, Sign. LIT 397/11.

Rühm 2016a = Gerhard Rühm: apokalypse. In: ders.: Gesammelte Werke. 3.2. radiophone poesie. Hg. v. Paul Pechmann. Berlin: Matthes & Seitz 2016, S. 635–644.

Rühm 2016b = Gerhard Rühm: Erläuterungen des Autors zu Textgruppen und einzelnen Texten. In: ders.: Gesammelte Werke. 3.2. radiophone poesie. Hg. v. Paul Pechmann. Berlin: Matthes & Seitz 2016, S. 649–678.

Schwar 1999 = Stefan Schwar: »Hören und hörbar machen«. Einige Bemerkungen zu Bedeutung und Funktion der Musik bei Gerhard Rühm. In: Gerhard Rühm. Hg. v. Kurt Bartsch und Stefan Schwar. Graz: Literaturverlag Droschl 1999, S. 21–36.

Gerhard Rühm: »apokalypse«, Typoskriptauszug, o. D.
ÖNB, Literaturarchiv

GERHARD RÜHM

APOKALYPSE

DETONATION!

fahrender zug ganze breite "rundfahrt", raum schaffend

und stunde
und und wurden
und und/und und zum, auf stuhl
und rauch auf
und und und auf
und und/und und/und zu
und und und blut
und auf
und und/und und fuhr
und blut
und und wurden
und und und auf
und und/und und/und und/und und/und und/und und durch
und auf
und und auf
und zum brunnen
und brunnen auf
und auf rauch, aus brunnen rauch
und und luft, rauch brunnens
und aus rauch auf
und auf
und auf baum
und und und suchen
und zu
und und zum
und auf haupt
und und/und und/und laufen
und und und zu
und auf
und auf
und und aus, zu gebunden
und wurden auf stunde
und auf
und auf
und auf
und tausend

36 zeilen

Zwischen Dystopie und Prophetie

Peter Handke: *Kali. Eine Vorwintergeschichte*

VON TANJA ANGELA KUNZ

> Und wie dagegen, angesichts des nicht mehr bloß eingebildeten, sondern von heute auf morgen schon möglichen Weltuntergangs, einfach die lieben Dinge des Planeten walten lassen, in Gestalt einer Strophe oder eines Absatzes auf einen Baum, eine Gegend, eine Jahreszeit? (NSa 72)

Als Peter Handke (*1942) den Protagonisten seiner 1987 erschienen Erzählung *Nachmittag eines Schriftstellers* diese Frage stellen lässt, ist der gesellschaftspolitische Glanz des Wortes »Utopie«, der noch die Anfänge des österreichischen Autors überstrahlte, im Verglühen. »Im rauschenden Diskurs der Postmoderne überwiegen die antiutopischen Stimmen, die betonen, dass die Formulierung von Utopien nicht nur obsolet, sondern gar riskant sei.« (Castro Varela 2004, 111) Handkes Beharren auf einem guten poetischen Ausgang, seine vielfältigen Entzifferungen der Natur-Rätsel, sein sprachmagisches Erzählen und seine vermeintliche Weltabgewandtheit haben angesichts der Aufwertung des apokalyptischen Diskurses vom Ende der Geschichte, der Kunst, der Religionen, des Subjekts und der Welt zu Kollisionen mit den Verschleierungsstrategien einer postutopischen Gegenwart, mithin eines neoliberalen Kapitalismus geführt, dessen zentrales Merkmal darin liegt, vorzugeben, nichts zu verschleiern. Handke wendet sich in seinem Schreiben gegen die postmoderne Verordnung eines Visionenverlusts und erklärt die Illusion zum Kennzeichen eines Schreibens, das den Namen Literatur erst verdiene (vgl. dazu Handke/Veinstein 2014). Denn Erzählen ist für ihn eine Expedition von klassischer Strahlkraft.

Zwanzig Jahre liegen zwischen der schon damals offen gebliebenen Frage des Schriftstellers nach einem Schreiben angesichts der Negativität der Verhältnisse, 1987 einzig verweisend auf einen prinzipiellen Dualismus zwischen Künstler und Gesellschaft, der aber nicht als Absage, sondern als in die Gesellschaft eingelas-

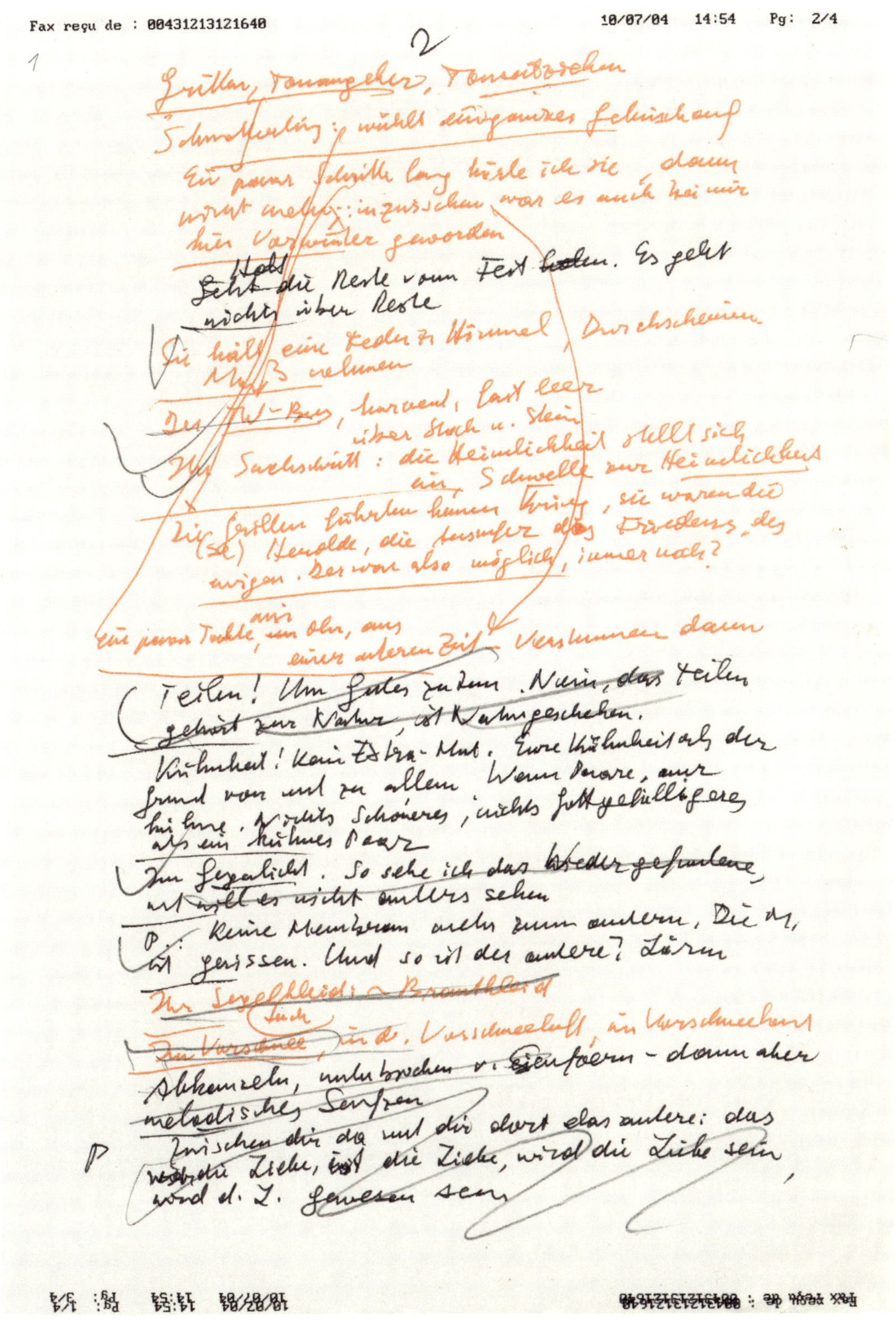
Fax reçu de : 00431213121640 10/07/04 14:54 Pg: 2/4

1

2

Grillen, Tanzangeber, Tomatbrechen

Schmetterling: wählt ein ganzes Gebüsch auf

Ein paar Schritte lang hörte ich sie, dann nicht mehr: inzwischen war es auch bei mir hier Verwinter geworden

~~Lebt~~ Holt die Reste vom Fest ~~holen~~. Es geht nichts über Reste

Sie hält eine Feder z. Himmel, Durchscheinen Maß nehmen

Der AW-Bus, harrend, fast leer über Stock u. Stein

Im Sachschnitt: die Heimlichkeit stellt sich ein, Schwelle zur Heimlichkeit

Die Grillen führten keinen Krieg, sie waren die (se) Herolde, die tausendfach des Friedens, des ewigen. Der war also möglich, immer noch?

ein paar Takte, aus ein Ohr, aus einer anderen Zeit – Verstummen dann

Teilen! Um Gutes zu tun. Nein, das Teilen gehört zur Natur, ist Naturgeschehen.

Kühnheit! Kein Extra-Mut. Eure Kühnheit als der Grund von und zu allem. Wenn Paare, nur kühne. Nichts Schöneres, nichts Gottgefälligeres als ein kühnes Paar

Im Gegenlicht. So sehe ich das Wiedergefundene, und will es nicht anders sehen

P: Keine Membran mehr zum andern. Die ist gerissen. Und so ist der andere? Lärm

Ihr Segelkleid: ~ Brautkleid

~~Im Vorschnee~~, (Auch) in d. Vorschneeluft, im Vorschneehauch

Abkanzeln, unterbrochen v. Seufzern – dann aber melodisches Seufzen

P Zwischen dir da und dir dort das andere: das wahre Liebe, ist die Liebe, wird die Liebe sein, wird d. L. gewesen sein

Peter Handke: Notizblatt zu *Kali*, Manuskript, o. D. ÖNB, Literaturarchiv

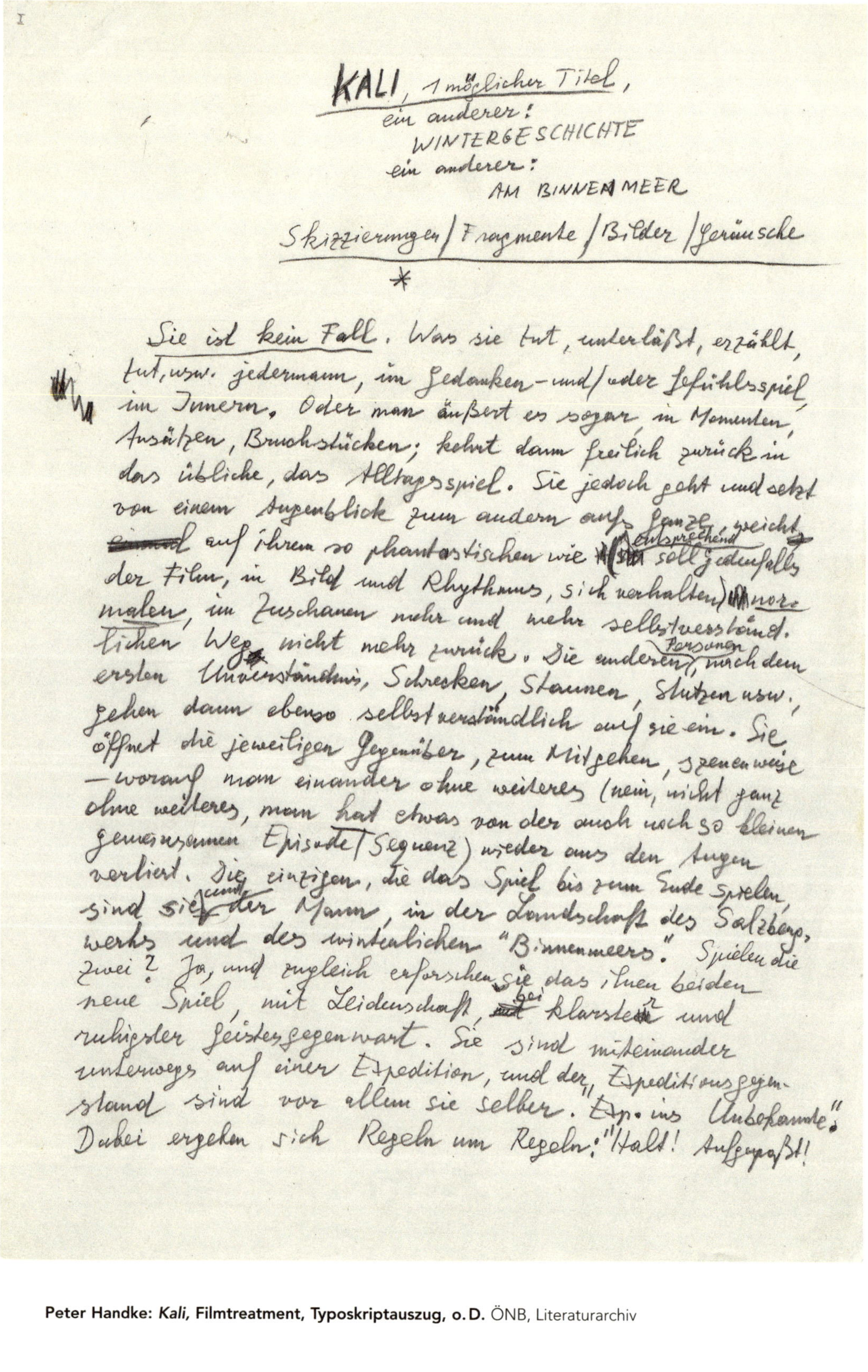

I

KALI, 1 möglicher Titel,
ein anderer:
WINTERGESCHICHTE
ein anderer:
AM BINNENMEER

Skizzierungen / Fragmente / Bilder / Geräusche

*

Sie ist kein Fall. Was sie tut, unterläßt, erzählt, tut, usw. jedermann, im Gedanken- und/oder Gefühlsspiel im Innern. Oder man äußert es sogar in Momenten, Ansätzen, Bruchstücken; kehrt dann freilich zurück in das übliche, das Alltagsspiel. Sie jedoch geht und setzt von einem Augenblick zum andern aufs Ganze, weicht auf ihrem so phantastischen wie (entsprechend soll jedenfalls der Film, in Bild und Rhythmus, sich verhalten) normalen, im Zuschauen mehr und mehr selbstverständlichen Weg nicht mehr zurück. Die anderen Personen, nach dem ersten Unverständnis, Schrecken, Staunen, Stutzen usw., gehen dann ebenso selbstverständlich auf sie ein. Sie öffnet die jeweiligen Gegenüber, zum Mitgehen, szenenweise – worauf man einander ohne weiteres (nein, nicht ganz ohne weiteres, man hat etwas von der auch noch so kleinen gemeinsamen Episode (Sequenz) wieder aus den Augen verliert. Die einzigen, die das Spiel bis zum Ende spielen, sind sie und der Mann, in der Landschaft des Salzbergwerks und des winterlichen "Binnenmeers." Spielen die zwei? Ja, und zugleich erforschen sie das ihnen beiden neue Spiel, mit Leidenschaft, bei klarster und ruhigster Geistesgegenwart. Sie sind miteinander unterwegs auf einer Expedition, und der Expeditionsgegenstand sind vor allem sie selber. "Exp. ins Unbekannte". Dabei ergeben sich Regeln um Regeln: "Halt! Aufgepaßt!

Peter Handke: ***Kali*****, Filmtreatment, Typoskriptauszug, o. D.** ÖNB, Literaturarchiv

sene Abkehr beschrieben wird (NSa 73), und der Erzählung *Kali. Eine Vorwintergeschichte*, in der Handke seine poetische Kraft in die Spannung zwischen Dystopie und Prophetie gelegt hat. Mit der Erzählung hebt ein enigmatisches, bodenloses Erzählen an, nicht schwebend und nicht fallend. Es enthält Versicherungen, deren Grund verborgen bleibt, und die dem Leser gerade so viel Halt geben, dass er des sich unter ihm vertiefenden Falls stets eingedenk bleibt. Alles, was greifbar zu werden scheint, verwandelt sich umgehend. Vorweltenwende, das liegt in diesem Vorwinter einer nahen Bedrohung.

So lässt sich *Kali* als Versuch lesen, die fortgeschrittene Negativität der Verhältnisse und die in ihnen Alltag gewordenen dystopischen Strukturen ebenso poetisch zu (er)fassen wie die Beschaffenheit des Utopischen oder Apokalyptischen. Beide teilen schließlich eine dualistische Grundstruktur, mit deren Hilfe, ausgehend von einem vehementen Unbehagen an der Gegenwart, eine ideale Welt in Aussicht gestellt wird. Anders als im *Nachmittag eines Schriftstellers*, wo sich die Örtlichkeit um den Mönchsberg bei Salzburg organisch aus dem Schreibort des Schriftstellers ergibt, sind so die Gegenden in *Kali* – die »Allerwelt« der Metropole (KEV 34) und die »Bergwerkstadt« (KEV 119) unter Tage – antagonistisch konstruiert: die verspiegelte Flächigkeit der Großstadt dabei so hyperreal wie der Salzberg unter- wie oberirdisch Ort und Zeit entrückt, »nicht aufgehäuft, vielmehr von oben, aus dem Luftraum herabgerieselt, und nicht erst im letzten Jahrhundert, sondern?: in unvordenklichen Zeiten« (KEV 76). In diesem Setting – *Kali* war zunächst als Film geplant, und noch die Erzählung bewahrt einen szenen- und episodenhaften, cineastischen Rhythmus – ist der »Dritte Weltkrieg« längst in Gang (KEV 111) und der mögliche Weltuntergang anders bedrohlich nahe gerückt. Und so stellt sich das Problem der Negativität poetologisch von neuem, was eine später gestrichene Einfügung aus den werkgenetischen Materialien im Vorlass Handkes im Literaturarchiv der Österreichischen Nationalbibliothek zeigt: »Sehe ich da, in der Nacht, nicht zwei Blutströme unter den beiden Körpern, dem Paar? Nein, das will ich nicht sehen, es ist nicht meine Sache. Ein anderes Bluten aber, ein anderer Blutstrom aber wohl« (ÖLA 326/W41).

Die Haltung einer in die Gesellschaft eingelassenen Abkehr zu wahren, scheint im Angesicht der »bildbestimmenden Generationen« (KEV 82) schwieriger geworden. Einst waren wir, so schreibt der wilde Denker der Apokalypse Paul Virilio, aufgehoben im »Rhythmus der Jahreszeiten und [der] Abfolge von Tag und Nacht«. Der Einfluss der Transporttechnologien und der schnellen Datenübertragung führe nun zu einer »Motorisierung der Erscheinungen« und zu einer

»Flut von visuellen und audiovisuellen Sequenzen« (1994, 63). *Kali* nimmt derart technologie- und zivilisationskritische Momente auf. So herrscht z. B. in der Metropole »Tagnacht all die Zeit« (KEV 19) und die namenlose Protagonistin beklagt »die Hölle der Apparaturen, Tastaturen und Systeme« (KEV 87). Dem entgegen steht die Reise der Protagonistin in die Nachbargegend ihrer Kindheitsgegend (KEV 30), in welcher der Rhythmus der Jahreszeiten noch Bestand hat. Der die Landschaft dominierende weiße Salzberg symbolisiert dies, lange vor dem tatsächlichen Eintreffen des ersten Schnees, der in Handkes Werken seit je das Einsetzen von etwas Neuem ankündigt. Der Winter, der im christlichen Kontext für Sintflut bzw. Apokalypse steht, wird so in *Kali* zum Nachboten eines bedrohten ökologischen Systems.

Im undatierten, vermutlich nach der Erzählung entworfenen Filmtyposkript zu *Kali* (an einer Stelle findet sich ein Verweis auf »das Buch«) wird der klimakritische Hintergrund sinnfällig: »Ah, dass doch das Meer zuführe und ich mich wie einst auf den Weg machen könnte …«, sagt der Mann in Nome (Alaska). »Aber stattdessen schmilzt sogar der Dauerfrostboden und das Meer steigt, und bald wird es kein Nome mehr geben, und vielleicht auch kein Sibirien mehr …« (ÖLA 326/W40). In *Kali* wird stattdessen stärker die drohende Lebensmittelknappheit hervorgehoben (KEV 139), ebenso wie das sukzessive Verschwinden der realtopographischen Vorlage: das Kalisalzbergwerk bei Sigmundshall. Wie detailliert sich Handke mit der Topographie befasst hat, zeigen neben Fotografien Handkes aus der Region um Idensen, von den Steganlagen am Steinhuder Meer, den Arbeitshäusern in Bokeloh und vom Abraumberg nicht nur die mit Unterstreichungen versehene Broschüre zum Kalisalzbergbau in Sigmundshall (ÖLA 326/W43; s. Abb. S. 201 f.) und die Aufnahme einiger ihrer Aspekte in die Erzählung (vgl. Kastberger 2009) sowie deren bildgebende Vorlage für das Setting unter Tage. Handke dokumentiert drüber hinaus die Tiefe der Bohrungen, die demzufolge bei »einem Kilometer Teufe« (KEV 123) liegen, ebenso wie die im Weitungsbau vorherrschende Hitze (ÖLA 326/W41; KEV 118).

Der Vorgriff auf das Verschwinden dieses Zentralorts in *Kali* (KEV 123) ist zwischenzeitlich von der Realität eingeholt worden. Im Dezember 2018 wurde nach 120 Jahren Produktion der Kalisalz-Abbau in Sigmundshall – mittlerweile in 1400 Meter Tiefe, wo trotz eines Kühlsystems die Temperaturen bei 50 Grad lagen – eingestellt (NDR 2018). Der utopische Gehalt der Bergwerkstadt in *Kali* als Gegenmetropole unter Tage, gefasst unter dem Signum der Vorläufigkeit (KEV 125), wurde dadurch potenziert. Hier verortet der Erzähler eine den Turmbau zu

rontschaufel-Lader LF 12.1 mit 12 t Schaufelinhalt

Blick in einen Weitungsbau

ssenbohrwagen mit Doppellafette zur Herstellung von bis zu 28 m tiefen Bohr-ern. Aus einer Aufstellung können bis zu 24 Löchern abgebohrt werden.

Fotos aus einer Broschüre zu Sigmundshall: Abraumberg, Bilder aus Kaliwerk Sigmundshall aus den Werkmaterialien Peter Handkes zu *Kali*.
ÖNB, Literaturarchiv

Fotografien von Peter Handke aus den Werkmaterialien zu *Kali*, o. D.
ÖNB, Literaturarchiv

Babel umkehrende multikulturelle Untertagegemeinschaft und entwirft die zeitweilige Utopie einer körperlich-seelischen Vereinigung der Liebenden. Deutlich zeigt sich, dass utopische Orte oder Zeiten in Handkes Werken nur von zeitweiliger Dauer sind. Darin lag bereits das Kennzeichen der anderen Zeit und des anderen Orts in *Der kurze Brief zum langen Abschied* oder des Zusammenhangs der drei Alltagsdinge in *Die Stunde der wahren Empfindung*. Handkes Schreiben ist als Spiel zwischen Realität und Utopie angelegt, so dass am Ende die geheimnisvolle Kraft des Erzählens selbst als etwas Drittes harmonisierende Potentiale eröffnet.

Die einzelnen Szenen in *Kali* sind nahezu überladen mit verschiedenen Deutungsebenen, die stets auch die gesellschaftspolitische Realität in sich aufnehmen. So wird nicht zuletzt der Verfall der »emanzipatorisch aufgeladenen Diskurse[] und kulturellen Praktiken« der 68er-Generation in »kommerzielle Hohlformen« verhandelt (vgl. Polt-Heinzl 2019, 130). Eine der zentralen Wendungen in *Kali*, die Entzifferung des Winds und seine Übersetzung in Sprache durch den Salzherrn, löst die eingangs als bindend erklärte Performativität eigener Sprechakte zugunsten der Schriftlichkeit auf. Sie eliminiert damit einen bedrohlichen Anteil aus der Narration, der von Beginn an im selbstprophezeiten Tod der Protagonistin gemeinsam mit dem für sie bestimmten Mann besteht. Zugleich macht Handke an dieser Stelle Anleihen bei der Popkultur der 60er Jahre. Bob Dylans Anti-Kriegs-Hymne *Blowin' in the Wind* (1962) klingt an, insbesondere die Zeilen: »Yes, 'n' how many years can some people exist / Before they're allowed to be free? […] / The answer, my friend, is blowin' in the wind, / The answer is blowin' in the wind.« Und darüber hinaus wird hier – gekoppelt an die Bedeutung der *inspiratio* als Einhauchung – versucht, die Heteronomie einer naturhaften Inspirationsästhetik einzusetzen.

Kali entwirft zuletzt, zirkulierend um die Leerstelle vom Geheimnis der Wandlung, die Idee einer neuen Generation von Kindern, die wieder aufmerksam sind auf die Welt. Die Serie von Verwandlungen im letzten Drittel der Erzählung kulminiert in der Rückkehr des schmerzlich vermissten Kinds, gefunden von der Protagonistin, die, wie einst die Beatrice-Figur Nova in *Über die Dörfer*, das Problem und die Lösung desselben zugleich in sich trägt. Die Finderin betritt mit dem Kind die Kirche durch die Westtür (KEV 158), jener Himmelsrichtung, die in der christlichen Sakralarchitektur der Dunkelheit der Materie, dem Leben selbst vorbehalten ist. Hier wendet sich die Verdammungsrede der Pastorin zur erlösenden Rede von der Neuerscheinung des Lebens (KEV 158) und der Aufforderung »seid einander Körper« (KEV 160). In diesem Appell an die Liebe zum Leben mag zuletzt noch Jacques Derridas Warnung vor den selbstzerstörerischen Gefahren des postapokalyptischen Zeitalters und insbesondere seine Hoffnung anklingen: »Diejenigen […], die nichts mit der Katastrophe zu tun haben wollen, sind bereit, jedes beliebige Leben, Hauptsache Leben, als die einzige Sache vorzuziehen, die es wert ist, bejaht zu werden.« (1985, 130)

VERWENDETE LITERATUR

KEV = Kali. Eine Vorwintergeschichte. Frankfurt am Main: Suhrkamp 2007.
NSa = Nachmittag eines Schriftstellers. Erzählung. Frankfurt am Main: Suhrkamp 1987.
ÖLA 326/W39 bis W43 = Peter Handke: Kali. Vorlass Peter Handke, Literaturarchiv der Österreichischen Nationalbibliothek, Wien.

Castro Varela 2004 = María do Mar Catsro Varela: Utopien. Kitsch, Widerstand und politische Praxis. In: PostModerne De/Konstruktionen. Ethik, Politik und Kultur am Ende einer Epoche. Hg. v. Susanne Kollmann und Katharina Schödel. Münster: LIT 2004, S. 111–122.
Derrida 1985 = Jacques Derrida: Apokalypse. Hg. v. Peter Engelmann. Übers. v. Michael Wetzel. Graz, Wien: Böhlau 1985.
Handke/Veinstein 2014 = Peter Handke: Entretien avec Alain Veinstein (Du jour au lendemain). In: France Culture: 2014. Unter: https://www.youtube.com/watch?v=dp8mFN_expo
Kastberger 2009 = Klaus Kastberger: Peter Handke und das Salz – fünf Orte. In: Peter Handke. Freiheit des Schreibens – Ordnung der Schrift. Profile 16. 12. Jg. Hg. v. K. Kastberger. Wien: Zsolnay 2009, S. 143–156.
NDR 2018 = www.ndr.de/nachrichten/niedersachsen/hannover_weser-leinegebiet/Letzte-Tonne-Kalisalz-Das-wars-in-Sigmundhall,sigmundshall108.html
Polt-Heinzl 2019 = Evelyne Polt-Heinzl: Peter Handkes Korrekturen am zeitgenössischen Diskurssystem. Eine Parallellektüre von *Der Chinese des Schmerzes* und *Kali*. In: »Das Wort sei gewagt«. Symposium zum Werk von Peter Handke. Hg. v. Attila Bombitz und Katharina Pektor. Wien: Praesens 2019, S. 124–139.
Virilio 1994 = Paul Virilio: Das Privileg des Auges. In: Bildstörung. Gedanken zu einer Ethik der Wahrnehmung. Hg. v. Jean-Pierre Dubost. Übers. v. Ulrich Kunzmann. Leipzig: Reclam 1994, S. 55–71.

UTOPIEN UND APOKALYPSEN
DIE ERFINDUNG DER ZUKUNFT IN DER LITERATUR

Sonderausstellung im Literaturmuseum der Österreichischen Nationalbibliothek
3. April 2020 bis 14. Februar 2021

VERZEICHNIS DER AUSGESTELLTEN OBJEKTE UND MEDIEN

Installation im Eingangsbereich der Ausstellung:
Klaus Wanker: *Inseln der Seligen (GIER).* Mischtechnik (Bitumen, Kunststoff, Gräser, UV-aktive Farbe), Dimension variabel, 2019
Leihgabe Klaus Wanker

ZUKUNFTSMUSIK? ZUKUNFTSPOESIE!

Elfriede Gerstl: »DIE LITERATUR DER ZUKUNFT IST KEINE LITERATUR«. gerstlcard zwei – september 2000. Aus: dies.: *Tandlerfundstücke*. Werke, Band 4. Hg. und mit einem Nachwort von Christa Gürtler und Martin Wedl. Graz, Wien: Literaturverlag Droschl 2015

Ernst Jandl: »i denk ma, kaana no is […]«, Ms./Notizbüchlein, 30.8.91
ÖLA 139/W215/6 • ÖNB, Literaturarchiv

Robert Schindel: »Bleierne Zeit 1 (Pour Heine)«, Typoskript, Oktober 1981
ÖLA 193a/W10 • ÖNB, Literaturarchiv

Erich Fried: »Ein Prophet«, Typoskript, o. D.
ÖLA 4/90 • ÖNB, Literaturarchiv

Reinhard Priessnitz: »aber morgen«, Manuskript, o. D.
ÖLA 23/ W29 • ÖNB, Literaturarchiv

Heidi Pataki: »revirement«, Typoskript, o. D.
ÖLA 329/W2 • ÖNB, Literaturarchiv

Marie Luise Kaschnitz: »Zukunftsmusik«. Aus: dies.: *Zukunftsmusik*. Hamburg: Claassen Verlag 1950 (Auszug)

Rose Ausländer: »Mein Atem«. Aus: dies.: *Mein Atem heißt jetzt*. Frankfurt/M.: S. Fischer Verlag 1981

STICHWORT »UTOPIE«

»Accurata Utopiae Tabula«, 1740. Allegorische Karte mit eingezeichnetem Schlaraffenland
KAR FKB HH.121.2 • ÖNB, Kartensammlung und Globenmuseum

Videointerviews: Gespräche mit Eva Horn, Thomas Macho, Kathrin Röggla und Ilija Trojanow. Geführt von Katharina Manojlovic und Kerstin Putz
Produktion: Patrick Topitschnig und Literaturmuseum 2019

Robert Musil: Materialien zu einem unverwirklichten Kapitelprojekt über die »Utopie des motivierten Lebens«, Manuskript, o. D.
15.075 • ÖNB, Literaturarchiv

Ingeborg Bachmann: »Letzte Vorlesung (›Literatur als Utopie‹)«, Typoskript, o. D. [V. Frankfurter Vorlesung, gehalten 1960]
LIT 432/14 • ÖNB, Literaturarchiv

Friedrich Heer: »Die Grosse Utopie«, Typoskript, o. D.
ÖLA 180/W166 • ÖNB, Literaturarchiv

Uriel Birnbaum: *Wesen von anderen Sternen*, Wien 1913 bis 1914 [Federzeichnungen und Tuschemalerei, Reproduktion]. Foto: Roman März
Jüdisches Museum Berlin

Uriel Birnbaum: »Das Buch der Utopieen: Verzeichnis der bisher aufgenommenen Utopieen«, Typoskript, o. D.
Cod. Ser. n. 25625 • ÖNB, Sammlung von Handschriften und alten Drucken

Uriel Birnbaum: *Der Kaiser und der Architekt. Ein Märchen in 50 Bildern*. Leipzig/Wien: Thyrsos Verlag 1924
551338-C • Österreichische Nationalbibliothek

Manès Sperber: »Der prospektive Mensch und seine Utopien«, Typoskriptauszug, o. D.
ÖLA 2/W147/1 • ÖNB, Literaturarchiv

Ernst Bloch: *Geist der Utopie*. München u. a.: Duncker & Humblot 1918
765194-B • Österreichische Nationalbibliothek

Ernst Bloch: *Das Prinzip Hoffnung*. Bd. 1. Frankfurt/M.: Suhrkamp 1959
Mit Annotationen von Friedrich Heer
Nachlassbibliothek Friedrich Heer ÖLA 188/02 • ÖNB, Literaturarchiv

MASCHINENTRÄUME

Oswald Wiener: *Die Verbesserung von Mitteleuropa*. Hamburg: Rowohlt Verlag 1969
Nachlassbibliothek Erich Fried ÖLA 4/90 • ÖNB, Literaturarchiv

Oswald Wiener: *Die Verbesserung von Mitteleuropa*. Hamburg: Rowohlt Verlag 1969
ÖNB, Literaturmuseum

Oswald Wiener: *Probleme der Künstlichen Intelligenz*. Berlin: Merve Verlag 1990
Nachlassbibliothek Ernst Jandl ÖLA 139/99 • ÖNB, Literaturarchiv

Oswald Wiener: Notizbuch, o. D.
ÖLA 232/W43 • ÖNB, Literaturarchiv

Oswald Wiener: Notizbuch, o. D.
ÖLA 232/W17 • ÖNB, Literaturarchiv

Oswald Wiener: Turing's Test; Notationskonventionen für Turingmaschinen; Kopie VHS Wilmersdorf »Die Macht der Computer oder die Ohnmacht der Vernunft«, Typoskriptauszug, o. D.
ÖLA 232/W43 • ÖNB, Literaturarchiv

Oswald Wiener: »Schnittstelle Körper-Maschine«, Typoskriptauszug, o. D.
ÖLA 232/W49 • ÖNB, Literaturarchiv

Oswald Wiener: »Der Bioadapter«, aus: *Die Verbesserung von Mitteleuropa* [1969]. Gelesen von Hanns Zischler. Erschienen in der Reihe: autobahn universität, Carl-Auer-Verlag
© Rowohlt Verlag, 1995

Zeitungsausschnitte aus dem Nachlass von Andreas Okopenko, o. D.
LIT 399/12 • ÖNB, Literaturarchiv

Theodor Hertzka: »Entrückt in die Zukunft«. Manuskript, o. D.
Cod. Ser. n. 9753 • ÖNB, Sammlung von Handschriften und alten Drucken

Marlene Streeruwitz: *Norma Desmond. Ein HörSzenario*
© Universal, 2002

Ian McEwan: *Machines Like Me*. London: Jonathan Cape 2019
ÖNB, Literaturmuseum

Dietmar Dath: *Die Abschaffung der Arten*. Frankfurt/M.: Suhrkamp 2008
ÖNB, Literaturmuseum

Ann Cotten: *Lyophilia*. Berlin: Suhrkamp 2019
ÖNB, Literaturmuseum

Hans Flesch-Brunningen: *Baltasar Tipho, eine Geschichte vom Stern Karina*. Wien/Leipzig: E.P. Tal & Co 1919
ÖNB, Literaturmuseum

Thea von Harbou: *Metropolis. Roman.* Wien: Milena Verlag 2014
ÖNB, Literaturmuseum

***Metropolis*, 1926**
Heinz Schulz-Neudamm. Universum-Film AG. Druck: Paul Grasnick, Berlin. Plakat, Mehrfarbendruck [Faksimile]
PLA16301956 • ÖNB, Bildarchiv und Grafiksammlung

Friedrich Torberg, Franz Werfel: »The star of the unborn«. A film exposé of Franz Werfel's last novel, o. D.
Cod. Ser. n. 37250 • ÖNB, Sammlung von Handschriften und alten Drucken

Franz Werfel: *Stern der Ungeborenen. Ein Reiseroman*. Stockholm: Bermann-Fischer 1946
ÖNB, Literaturmuseum

H. G. Wells: *The Time Machine and The Island of Doctor Moreau*. Collection of British and American Authors. Vol. 3324. Leipzig: Bernhard Tauchnitz, ohne Jahr
Nachlassbibliothek Ernst Jandl ÖLA 139/99 • ÖNB, Literaturarchiv

H. G. Wells: *Die Zeitmaschine*. Ins Deutsche übertragen von Felix Paul Greve. Minden: Bruns Verlag 1923
5244-B.13 • Österreichische Nationalbibliothek

Edward Morgan Foster: »The Machine Stops«. In: *The Oxford and Cambridge Review*. Ed. by Oswald R. Dawson. London: Constable & Co. Ltd. 1909
Österreichische Nationalbibliothek

Egon Friedell: *Die Reise mit der Zeitmaschine. Phantastische Novelle*. München: R. Piper & Co. Verlag 1946
ÖNB, Literaturmuseum

Dobbs, Mathieu Moreau: *Die Zeitmaschine*. Graphic Novel. Nach H. G. Wells' *Die Zeitmaschine*. Aus dem Französischen von Tanja Krämling. Bielefeld: Splitter Verlag 2017
ÖNB, Literaturmuseum

Androiden-Figuren aus der *Star-Wars*-Saga nach George Lucas, darunter R2D2 und C-3PO
Leihgabe Erich Muhr

NEGATIVE UTOPIEN

Reinhard Federmann: »Die Memorien ihres Enkels oder Die Chinesen in Europa«, Roman, Typoskriptauszug, 1972
LIT 386/W5/2 • ÖNB, Literaturarchiv

Reinhard Federmann: »Der große Kalafati oder Die Chinesen in Europa«, Werkskizze, Typoskriptauszug, o. D.
LIT 386/W5/1 • ÖNB, Literaturarchiv

***Völkischer Beobachter*, Titelseite, 6. Dezember 1938**
Nachdruck; Aus Recherchematerialien zu Otto Basils *Wenn das der Führer wüßte*
ÖLA 52/W1/1 • ÖNB, Literaturarchiv

Otto Basil: *Wenn das der Führer wüßte*. Wien: Molden Verlag 1966, Fahnenkorrektur
Nachlassbibliothek Otto Basil ÖLA 52/97 • ÖNB, Literaturarchiv

Otto Basil: *Wenn das der Führer wüßte*. Rastatt: Moewig Verlag 1981
Leihgabe Martin Wedl

Otto Basil: *Wenn das der Führer wüßte*. Neuauflage. Mit einem Nachwort von Johann Holzer. Wien: Milena Verlag 2010
Leihgabe Michael Hansel

Hermann Gohde [= Friedrich Heer]: »Der achte Tag«. o. D.
Manuskript [Faksimile]
ÖLA 188/W21 • ÖNB, Literaturarchiv

Günther Anders: *Die molussische Katakombe,* Typoskriptauszug, 1938
ÖLA 237/W99/2/2 • ÖNB, Literaturarchiv

Günther Anders: *Die molussische Katakombe,* gebundenes Typoskript, 1938
ÖLA 237/W101 • ÖNB, Literaturarchiv

Zwei Zeichnungen zu Günther Anders' *Die molussische Katakombe*
ÖLA 237/W98 • ÖNB, Literaturarchiv

George Orwell: *Nineteen Eighty-Four.* Penguin Books: Middlesex, Victoria 1954
Nachlassbibliothek Ernst Jandl ÖLA 139/99 • ÖNB, Literaturarchiv

George Orwell: *1984.* Zürich: Diogenes Verlag 1983
Nachlassbibliothek Erich Fried ÖLA 4/90 • ÖNB, Literaturarchiv

***Der Orwell Kalender 1984.* Hg. von Johano Strasser. Köln: Bund-Verlag GmbH 1983 (2 Exemplare)**
Nachlassbibliothek Erich Fried ÖLA 4/90 • ÖNB, Literaturarchiv

George Orwell: *1984.* Hörspiel
© 1977 RIAS, 2017, Der Audio-Verlag

Klappmaul- und Handpuppen aus dem Theaterstück Karel Čapeks: *Der Krieg mit den Molchen,* Schubert Theater, Wien, 2019
Regie & Fassung nach dem gleichnamigen Roman: Martina Gredler, Puppenbau: Christoph Bochdansky
Leihgabe Schubert Theater, Wien

Karel Čapek: *Der Krieg mit den Molchen.* Deutsch von Eliska Laserová. Illustrationen von Hans Ticha. 3. Auflage. Berlin, Weimar: Aufbau-Verlag 1992
Nachlassbibliothek Ernst Jandl ÖLA 139/99 • ÖNB, Literaturarchiv

Karel Čapek: *Der Krieg mit den Molchen.* Mit Illustrationen von Hans Ticha. Berlin, Weimar: Aufbau-Verlag 2000
ÖNB, Literaturmuseum

Karel Čapek: *Válka s Mloky.* Praha: Leda/Rozmluvy 2015
Leihgabe Peter Seda

ZUKUNFTSBIBLIOTHEK

Martin Luther: *Biblia: Das ist: die gantze heilige Schrifft: Deudsch. Auffs new zugericht.* Wittemberg: Hans Lufft 1551
251966-C FID • ÖNB, Bildarchiv und Grafiksammlung

Martin Luther: *Biblia/Das ist/die gantze Heilige Schrifft Deudsch, 2. Bd.: Die Propheten alle Deudsch.* Wittemberg: Hans Lufft 1534
4.A.16 ALT PRUNK • ÖNB, Sammlung von Handschriften und alten Drucken

Christine de Pizan: *Le Trésor de la cité des dames.* Paris: Antoine Vérard 1497 [Faksimile]
Ink 3.D.19 • ÖNB, Sammlung von Handschriften und alten Drucken

Thomas Morus: *De optimo reip(ublicae) statu deque nova insula Utopia libellus vere aureus [...].* Basileae: Joannes Frobenius 1518
45.H.105 ALT PRUNK • ÖNB, Sammlung von Handschriften und alten Drucken

Thomas Morus: *Von der wunderbarlichen Insel Utopia genannt, das ander Buch, durch den wohlgebornen hochgelehrten Herrn Thomas Morus Freiherrn von des durchlauchtigsten, großmächtigsten Königs zu England Schatzmeister erstlich zu Latein gar kürtzlich beschrieben und ausgelegt.* Gedruckt zu Basel durch Joannem Bebeliu[m] 1523 (?)
*48.T.5.(2) ALT PRUNK • ÖNB, Sammlung von Handschriften und alten Drucken

Johann Valentin Andreae: *Reipublicae christianopolitanae descriptio.* Strassburg, Argentorati: Lazarus Zetzner 1619
120969-A ALT MAG • ÖNB, Sammlung von Handschriften und alten Drucken

Città dell' o sole di Frà Thomaso Campanella, Manuskriptauszug, o. D. [Faksimile]
Cod.ser.6328 • ÖNB, Sammlung von Handschriften und alten Drucken

Daniel Defoe: *Das Leben und die ganz ungemeine Begebenheiten des Robinson [...].* Frankfurt und Leipzig 1720
22420-A.1 ALT MAG • ÖNB, Sammlung von Handschriften und alten Drucken

Daniel Defoe: *Das Leben und die ganz ungemein merkwürdigen Begebenheiten des Robinson Crusoe.* Aus dem Engl. ins Deutsche übersetzt. Leipzig: Wiedemann 1721
22420-A.2 ALT MAG • ÖNB, Sammlung von Handschriften und alten Drucken

Daniel Defoe: *La Vie Et Les Avantures Surprenantes De Robinson Crusoe.* Amsterdam: L'Honoré et Chatelain 1720
BE.8.S.65 ALT PRUNK • ÖNB, Sammlung von Handschriften und alten Drucken

Jonathan Swift: *Travels into Several Remote Nations of the World in Four Parts. By Lemuel Gulliver.* The Fifth Edition, Corrected. London: Charles Bathurst 1747
74.Z.152.(Vol.13) ALT PRUNK • ÖNB, Sammlung von Handschriften und alten Drucken

Jonathan Swift: *The Travels Of Lemuel Gulliver, Into Several Remote Nations Of The World; Who Was First A Surgeon, And Then A Captain Of Several Ships.* Dresden: Walther 1800
278732-A FID MAG • ÖNB, Bildarchiv und Grafiksammlung

Jonathan Swift: *Lemuel Gulliver's Reisen zu verschiedenen bisher unbekannten Völkern des Erdbodens.* Von neuem aus dem Englischen übersetzt. Leipzig: 1811
53.M.78.(Vol.1) ALT PRUNK • ÖNB, Sammlung von Handschriften und alten Drucken

Denis Veiras: *Conclusion De L'Histoire des Sevarambes.* 2. Teil. Paris: Michalet 1679
BE.10.Y.38 Vol 3 • ÖNB, Sammlung von Handschriften und alten Drucken

Denis Veiras: *Eine Historie der Neu-gefundenen Völcker Sevarambes genannt.* Sultzbach: gedruckt bey Abraham Lichtenthaler 1689
65.H.43 ALT PRUNK • ÖNB, Sammlung von Handschriften und alten Drucken

Denis Veiras: *Histoire des Sevarambes, peuples qui habitent, une Partie du troisième Continent, communément appellé [...].* Amsterdam: Roger 1702
64.M.28 ALT PRUNK • ÖNB, Sammlung von Handschriften und alten Drucken

Mary Wollstonecraft Shelley: *Frankenstein or The Modern Prometheus.* London: Whittaker 1823
24028-B.1-2 ALT MAG • ÖNB, Sammlung von Handschriften und alten Drucken

Mary Shelley: *Frankenstein oder Der neue Prometheus.* München: Carl Hanser Verlag 1970
Nachlassbibliothek Erich Fried ÖLA NL 4/90 • ÖNB, Literaturarchiv

Etienne Cabet: *Voyage en Icarie par M. Cabet.* Cinquième Édition. Paris: Au Bureau du Populaire 1848
12280-A • ÖNB, Sammlung von Handschriften und alten Drucken

Edward Bellamy: *Looking Backward: 2000–1887.* Boston, New York: Houghton Mifflin 1889
593279-A • Österreichische Nationalbibliothek

Theodor Herzl: *Altneuland. Roman.* 10. Aufl., Wien: R. Löwit Verlag 1933
916321-B • Österreichische Nationalbibliothek

***Neu-Wien im Jahre Zweitausend. Eine Vision.* Leipzig: Literarische Anstalt 1891**
235040-B • Österreichische Nationalbibliothek

Arthur Brehmer (Hg.): *Die Welt in 100 Jahren.* Mit Illustrationen von Ernst Lübbert. Nachdruck der Ausgabe Berlin 1910. Hildesheim, Zürich, New York: Olms Presse 1988
1,292.617-C • Österreichische Nationalbibliothek

Charlotte Perkins Gilman: *Herland.* New York: Pantheon Books 1979
ÖNB, Literaturmuseum

Mary Bradley Lane: *Mizora. A Prophecy.* New York: Syracuse University Press 2000
ÖNB, Literaturmuseum

Virginia Woolf: *A Room of One's Own.* London: Penguin Books 2014
ÖNB, Literaturmuseum

Paul Scheerbart: *Lesabéndio. Ein Asteroiden-Roman.* Mit 14 Zeichnungen von Alfred Kubin. München, Leipzig: Georg Müller 1913
603428-B • Österreichische Nationalbibliothek

Paul Scheerbart: *Lesabéndio. Ein Asteroiden-Roman.* Mit 14 Zeichnungen von Alfred Kubin. München, Leipzig: Georg Müller 1913
ÖNB, Literaturmuseum

Alfred Kubin: *Die andere Seite. Ein phantastischer Roman.* München: Müller 1923
525239-B.5.2.Aufl •
Österreichische Nationalbibliothek

Alfred Kubin: *Die andere Seite. Illustrierter Roman.* München: Müller 1928
652707-B • Österreichische Nationalbibliothek

Ursula K. Le Guin: *The Dispossessed. An Ambiguous Utopia.* New York: Harper Voyager 2011
ÖNB, Literaturmuseum

Ursula K. Le Guin: *Freie Geister. Eine zwiespältige Utopie.* Aus dem Amerikanischen von Karen Nölle. Frankfurt/M.: Fischer Tor 2017
ÖNB, Literaturmuseum

Ursula K. Le Guin: *Always coming home.* SF Masterworks. London: Orion Publishing Group 2016
ÖNB, Literaturmuseum

Joanna Russ: *The Female Man.* SF Masterworks. London: Orion Publishing Group 2010
ÖNB, Literaturmuseum

Suzette Haden Elgin: *Native Tongue.* New York: Daw Books Inc. 1984
ÖNB, Literaturmuseum

Suzette Haden Elgin: *A First Dictionary and Grammar of Láadan.* Madison: Society for the Futherance and Study of Fantasy and Science Fiction 1988
1669067-B.ESP • ÖNB, Sammlung für Plansprachen

Margret Atwood: *The Handmaid's Tale.* London: Vintage 2017
ÖNB, Literaturmuseum

Margret Atwood: *The Testaments.* London: Chatto & Windus 2019
ÖNB, Literaturmuseum

***Literatura Mondo.* Dua periodo. Unua jaro. Budapest 1931**
700167-D.Esp-1931 • ÖNB, Sammlung für Plansprachen

Stanisław Lem: ***Robotermärchen.***
Frankfurt/M.: Suhrkamp 1973
Vorlassbibliothek Walter Kappacher ÖLA 187/02 •
ÖNB, Literaturarchiv

Philip K. Dick: ***Do Androids Dream of Electric Sheep?*** **New York: Bellantine Books 1982**
ÖNB, Literaturmuseum

Douglas Adams: ***The Hitchhiker's Guide to the Galaxy.*** **London: Pan Books 1979**
ÖNB, Literaturmuseum

K.H.Scheer, Carl Darlton: ***Perry Rhodan. Der Erbe des Universums.*** **Rastatt: Pabel-Moewig Verlag KG 1970er Jahre**
ÖNB, Literaturmuseum

Jewgenij Samjatin: ***Wir.*** **Aus dem Russischen übertragen von Gisela Drohla.**
Köln und Berlin: Kiepenheuer&Witsch 1958
ÖNB, Literaturmuseum

Aldous Huxley: ***Brave New World.***
London: Grafton Books 1977
Nachlassbibliothek Ernst Jandl ÖLA 139/99 •
ÖNB, Literaturarchiv

Ray Bradbury: ***Fahrenheit 451. A novel of a strange and weird future.*** **London: Corgi Books 1967**
Nachlassbibliothek Erich Fried ÖLA 4/90 •
ÖNB, Literaturarchiv

Karin Boye: ***Kallocain.*** **Übersetzt aus dem Schwedischen von Helga Clemens.**
Kiel: Neuer Malik Verlag 1984
ÖNB, Literaturmuseum

SCIENCE-FICTION-BIBLIOTHEK AUS DEM NACHLASS ERNST JANDLS

Isaac Asimov: ***Mord unter fremder Sonne.*** **UTOPIA-Großband 174. Rastatt: Erich Pabel Verlag 1962**
Frederik Pohl, Cyril M. Kornbluth: ***Geschäfte mit Venus.*** **UTOPIA-Großband 145. Rastatt: Erich Pabel Verlag 1961**
Brian W. Aldiss (Hg.): ***Penguin Science Fiction.*** **Middlesex, Victoria: Penguin Books 1963**
Brian W. Aldiss (Hg.): ***More Penguin Science Fiction.*** **Middlesex, Victoria: Penguin Books 1963**
Brian W. Aldiss (Hg.): ***Yet More Penguin Science Fiction.*** **Middlesex, Victoria: Penguin Books 1964**
Kingsley Amis: ***New Maps of Hell.*** **London: Four Square Books 1963**
Kingsley Amis, Robert Conquest (Hg.): ***Spectrum 1. An anthology of Science Fiction.*** **London: Pan Books 1964**
Kingsley Amis, Robert Conquest (Hg.): ***Spectrum 2. An anthology of Science Fiction.*** **London: Pan Books 1965**
Kingsley Amis, Robert Conquest (Hg.): ***Spectrum 3. An anthology of Science Fiction.*** **London: Pan Books 1966**
Isaac Asimov (Hg.): ***Isaac Asimov's Science Fiction.*** **Vol. 10, No. 10. New York: Davis Publications 1986**
Isaac Asimov (Hg.): ***The Hugo Winners.*** **Middlesex, Victoria: Penguin Books 1964**
Tom Boardman (Hg.): ***Connoisseur's S.F.*** **Baltimore, Middlesex, Victoria: Penguin Books 1964**
Ray Bradbury: ***The Illustrated Man.*** **Challenging stories of Time and Space by the author of The Martian Chronicles. New York: Bantam Books 1963**
Ray Bradbury: ***Machineries of Joy.*** **London: Corgi Books 1966**
John Carnell (Hg.): ***Lamdba I and other stories.*** **Middlesex, Victoria: Penguin Books 1965**
Mark Clifton: ***Eight Keys to Eden.*** **London: Pan Books 1965**
Mark Clifton: ***When they come from Space.*** **London: Four Square Books 1964**
Fred Hoyle: ***The Black Cloud.*** **Middlesex, Victoria: Penguin Books 1964**

George Orwell: *Animal Farm.* Middlesex, Victoria: Penguin Books 1951
Robert Sheckley: *Citizen in Space.* New York: Ballantine Books 1962
Olaf Sirius Stapledon: *A Fantasy of Love and Discord.* Baltimore, Middlesex, Victoria: Penguin Books 1964
Theodore Sturgeon: *More Than Human.* Middlesex, Victoria: Penguin Books 1965
H. G. Wells: *Selected Short Stories.* Middlesex, Victoria: Penguin Books 1960
Life in the Twenty-First Century. London: Penguin Books 1960
Ray Bradbury: *Fahrenheit 451.* London: Corgi Books 1963
Nachlassbibliothek Ernst Jandl ÖLA 139/99 • ÖNB, Literaturarchiv

WELTUNTERGANG!

Christine Busta: »Apokalyptische Landschaft«, Typoskript, o. D.
ÖLA 202/W6 • ÖNB, Literaturarchiv

Christine Busta: »Weltuntergang«, Typoskript, 1946
ÖLA 202/W6 • ÖNB, Literaturarchiv

Otto Basil: *Apokalyptischer Vers.* Wien: Erwin Müller 1967
Nachlassbibliothek Otto Basil ÖLA 52/97 • ÖNB, Literaturarchiv

Otto Basil: *Apokalyptischer Vers.* Wien: Erwin Müller 1967
Nachlassbibliothek Otto Basil ÖLA 52/97 • ÖNB, Literaturarchiv

Ernst Jandl: »Apocalypse Soon«, Manuskript, 29.8.1991
ÖLA 139/W218 • ÖNB, Literaturarchiv

Christine Lavant: »Es riecht nach Weltuntergang«, aus: dies.: *Die Bettlerschale*
© Otto Müller Verlag, Salzburg 1956

Gerhard Rühm: »apokalypse«, Typoskript, o. D.
LIT 397/11 • ÖNB, Literaturarchiv

Gerhard Rühm: *botschaft an die zukunft.* Typoskriptauszug, 1983
LIT 397/11 • ÖNB, Literaturarchiv

Gerhard Rühm: *botschaft an die zukunft.* Lesung im Forum Stadtpark, Graz, 20. Dezember 1989. Plakat
LIT 397/11 • ÖNB, Literaturarchiv

Gerhard Rühm: *Botschaft an die Zukunft.* Gelesen von Gerhard Rühm, aus: ders.: *Botschaft an die Zukunft.* Gesammelte Sprechtexte. Reinbek: Rowohlt 1988
© Rowohlt Verlag

Johann Nestroy: *Die Familien Zwirn, Leim und Knieriem oder Der Welt-Untergangs-Tag,* Partitur. Komposition: Adolf Müller, o. D.
Mus.Hs.8590 / Mus.Hs. 1281 • ÖNB, Musiksammlung

August Wilhelm Iffland: *Der Komet. Eine Posse in einem Ackt,* geb. Manuskript, o. D.
Cod.Ser.n. 13127 • ÖNB, Sammlung von Handschriften und alten Drucken

Peter Henisch: *Kommt eh der Komet. Eine Erzählung.* Salzburg, Wien: Residenz Verlag 1995
Nachlassbibliothek Ernst Jandl ÖLA 139/99 • ÖNB, Literaturarchiv

H. G. Wells: *In the Days of the Comet.* New York: Berkley Highland 1967
ÖNB, Literaturmuseum

3 Postkarten zum Erscheinen des Halleyschen Kometen im Jahr 1910: »Der neue Komet im Jahre 1910«, »Die letzten Stunden vor dem Weltuntergang am 19. Mai 1910«, »Der Komet kommt!«
Leihgabe Katharina Manojlovic

Illustrierte Kronen-Zeitung vom 4./19./20. Mai 1910
440370-D • Österreichische Nationalbibliothek

Wilhelm Bölsche: *Komet und Weltuntergang.* Eugen Diederichs: Jena 1910
216410-B • Österreichische Nationalbibliothek

J. Rademacher: *Unser Wissen von den Kometen: Der Haleysche Komet. Kometen und Weltuntergang.* Wien: Opitz Nachfolger 1910
471672-B • Österreichische Nationalbibliothek

Wilhelm Zobl: *Der Weltuntergang.* Oper in sechs Szenen nach dem gleichnamigen Stück von Jura Soyfer. Libretto von Peter Daniel Wolfkind. Österreich: Amadeo 1992
CD959 • ÖNB, Musiksammlung

Ernst Jandl: »fragment«, Typoskript, Juli 1963
ÖLA 139/W89 • ÖNB, Literaturarchiv

Andreas Okopenko: »Sonnengesang«, Typoskript, 18. Februar 1950
LIT 399/W2/2 • ÖNB, Literaturarchiv

Andreas Okopenko: »Prolog zum Weihnachtsfest«. In: *Neue Wege.* Kulturzeitschrift für junge Menschen. Wien: Theater der Jugend, Nr. 50, Dezember 1949
ÖLA 46/96 • ÖNB, Literaturarchiv

***Neue Wege.* Kulturzeitschrift für junge Menschen. Wien: Theater der Jugend, Nr. 50, Dezember 1949**
740772-C • Österreichisches Theatermuseum

Günther Anders: Fotoalbum seiner Japanreise 1958
ÖLA 237/S37 • ÖNB, Literaturarchiv

Notenblatt »Never again the A-Bomb« aus dem Nachlass von Günther Anders, o. D.
ÖLA 237/W175/9 • ÖNB, Literaturarchiv

Günther Anders: *Der Mann auf der Brücke. Tagebuch aus Hiroshima und Nagasaki.* Berlin: Union Verlag 1965
Nachlassbibliothek Günther Anders ÖLA 327/04 • ÖNB, Literaturarchiv

Vitrinenrückwand: Günther Anders während seiner Japanreise, Foto, 1958
ÖLA 237/L25 • ÖNB, Literaturarchiv

Peter Handke: *Kali.* Manuskriptauszug, o. D.
ÖLA 326/07/W42 • ÖNB, Literaturarchiv

Peter Handke: *Kali.* Filmtreatment, Typoskriptauszug, o. D.
ÖLA 326/W39/1 • ÖNB, Literaturarchiv

Fotos aus einer Broschüre zu Sigmundshall: Abraumberg, Bilder aus Kaliwerk Sigmundshall, und Fotografien des Autors aus den Werkmaterialien Peter Handkes zu *Kali,* o. D.
ÖLA 326/07/W43 • ÖNB, Literaturarchiv

Christoph Ransmayr: *Strahlender Untergang.* Mit 28 Reproduktionen nach Photographien von Willy Puchner. Wien: Ed. Brandstätter 1982
ÖNB, Literaturmuseum

Willy Puchner: 6 Fotografien aus einer Werkserie zu Christoph Ransmayrs *Strahlender Untergang* [Reproduktionen]
© Willy Puchner

Jörg Mauthe: *Die große Hitze oder Die Errettung Österreichs durch den Legionsrat Dr. Tuzzi. Roman.* Wien: Molden 1974
Nachlassbibliothek Karl Bednarik ÖLA 318/07 • ÖNB, Literaturarchiv

Alfred Döblin: *Berge, Meere und Giganten.* Berlin: S. Fischer Verlag 1924
548538-B • Österreichische Nationalbibliothek

Ernest Callenbach: *Ökotopia. Notizen und Reportagen von William Weston aus dem Jahre 1999.* Ins Deutsche übersetzt von Ursula Clemeur und Reinhard Merker. Berlin: Rotbuch Verlag 1978
Nachlassbibliothek Erich Fried ÖLA 93/4 • ÖNB, Literaturarchiv

Marlen Haushofer: *Die Wand.*
Gütersloh: Mohn 1963
972266-B • Österreichische Nationalbibliothek

Marlen Haushofer: *Die Wand.*
Wien: Buchgemeinschaft Donauland 1985
1242071-B • Österreichische Nationalbibliothek

Marlen Haushofer: *Die Wand. Roman.*
Mit Materialien. Ausgew. u. eingel. v. Gisela Ullrich. Stuttgart: Ernst Klett Verlag 1986
1275985-A • Österreichische Nationalbibliothek

Marlen Haushofer: *Die Wand.*
Wien: Buchgemeinschaft Donauland 2000
1605880-B • Österreichische Nationalbibliothek

Marlen Haushofer: *Die Wand.*
3. Aufl., Berlin: List 2004
1764769-B • Österreichische Nationalbibliothek

Marlen Haushofer: *Die Wand.*
Salzburg, St. Pölten: Residenz Verlag 2005
1784080-B.7 • Österreichische Nationalbibliothek

Marlen Haushofer: *Die Wand.* Die Brigitte Edition 17. Hamburg: Gruner und Jahr 2005
1821256-B • Österreichische Nationalbibliothek

Marlen Haushofer, Siegfried Herbst (Hg.): *Die Wand.* Stuttgart: Ernst Klett Verlag 2008
1936730-B • Österreichische Nationalbibliothek

Marlen Haushofer: *Die Wand.* Berlin: List 2009
1897747-B • Österreichische Nationalbibliothek

Marlen Haushofer: *Die Wand.* Illustriert von Susanne Theumer. Frankfurt/M., Wien u.a.: Büchergilde Gutenberg 2010
1923840-B • Österreichische Nationalbibliothek

Marlen Haushofer: *Die Wand.* 6. Aufl., Berlin: List 2012
2002228-B • Österreichische Nationalbibliothek

Marlen Haushofer: *Die Wand.* 3. Auflage. München: Deutscher Taschenbuch Verlag 1993
ÖNB, Literaturmuseum

Marlen Haushofer: *Die Wand.* 2. Auflage. Hildesheim: Claassen 1995
Leihgabe Michael Hansel

Marlen Haushofer: *The Wall.* Übersetzt von Shaun Whiteside. 3. Auflage, Berkeley: Cleis 2013
2006984-B • Österreichische Nationalbibliothek

Marlen Haushofer: *Üksinda maailmas.* Übersetzt von Maila Malinen. Tallinn: Kupar 1995
1457493-B • Österreichische Nationalbibliothek

Marlen Haushofer: *Le mur invisible.* Übersetzt von Liselotte Bodo. Arles: Actes sud 1985
ÖNB, Literaturmuseum

Marlen Haushofer: *Le mur invisible.* Übersetzt von Liselotte Bodo. Arles: Actes Sud 2014
2027524-B • Österreichische Nationalbibliothek

Marlen Haushofer: *La parete.* Übersetzt von Ingrid Harbeck. 3. Auflage. Rom: E/O 2002
1733447-B • Österreichische Nationalbibliothek

Marlen Haushofer: *La parete.* Übersetzt von Ingrid Harbeck. 5. Auflage. Rom: E/O Rom 2010
2022480-B • Österreichische Nationalbibliothek

Marlen Haushofer: *De wand.* Übersetzt von Ria van Hengel, 2. Auflage. Amsterdam: Van Gennep 2010
1943212-B • Österreichische Nationalbibliothek

Marlen Haushofer: *De wand.* Übersetzt von Ria van Hengel. 10. Auflage. Amsterdam: Van Gennep 2013
2010248-B • Österreichische Nationalbibliothek

Marlen Haushofer: *Veggen.* Übersetzt von Unn Bendeke. Oslo: Gyldendal 1995
1486498-B • Österreichische Nationalbibliothek

Marlen Haushofer: *Veggen.* Übersetzt von Unn Bendeke. Oslo: Gyldendal 2003
1834221-B • Österreichische Nationalbibliothek

Marlen Haushofer: *Sciana.* Übersetzt von Zofia Kania. Warszawa: Panstw. Inst. Wyd 1990
1348967-B • Österreichische Nationalbibliothek

Marlen Haushofer: *Väggen.* Übersetzt von Per Erik Wahlund. Stockholm: Bok för Alla 2003
1765780-B • Österreichische Nationalbibliothek

Marlen Haushofer: *Väggen.* Übersetzt von Rebecca Lindskog. Malmö: Thorén & Lindskog 2014
2052515-B • Österreichische Nationalbibliothek

Marlen Haushofer: *Zid.* Übersetzt von Relja Dražić. Novi Sad: Futura Publ. 2009
1978957-B • Österreichische Nationalbibliothek

Marlen Haushofer: *El muro.* Übersetzt von Genoveva Dieterich. Madrid: Siruela 2003
1761937-B • Österreichische Nationalbibliothek

Marlen Haushofer: *Stena.* Übersetzt von Elena Krepak. St. Petersburg: Fantakt 1994
1435665-A • Österreichische Nationalbibliothek

Marlen Haushofer: *Siena.* Übersetzt von Jurgita Mikutytė. Vilnius: Tyto Alba 2004
1853095-B • Österreichische Nationalbibliothek

Marlen Haushofer: *Stena.* Übersetzt von Prevedla Amalija Maček. Maribor: Litera 2013
2026069-B • Österreichische Nationalbibliothek

Marlen Haushofer: *Die Wand,* o. D. Arbeitsheft mit dem Beginn des zweiten Kapitels [Faksimile]
Dokumentationsstelle für neuere österreichische Literatur, Literaturhaus Wien

Marlen Haushofer, Foto, 1953
ÖLA 331/L1 • ÖNB, Literaturarchiv

K. H. Scheer: *Terra. Utopische Romane: Die Vergessenen.* 1. Teil. Band 103. München: Moewig Verlag 1960
ÖNB, Literaturmuseum

Susanne Theumer: 3 Kaltnadelradierungen zur Vorzugsausgabe von Marlen Haushofers Roman »Die Wand«. Frankfurt am Main u. a.: Büchergilde Gutenberg 2010, je 18 × 11 cm
Leihgabe Susanne Theumer

Fotos Lackenhütte und Umgebung (bei Effertsbach/Frauenstein, Oberösterreich), Herbst 2019
Fotos: Josef Reiter

***Die Wand,* A/D 2012** [Ausschnitt]
Regie und Drehbuch: Julian Pölsler
Nach dem gleichnamigen Roman von Marlen Haushofer
© coop99 filmproduktion

Peter Rosei: »Entwurf für eine Welt ohne Menschen«, Manuskript, 1. Juni 1972 bis 28. Juni 1972
Cod. Ser. n. 20626 • ÖNB, Sammlung von Handschriften und alten Drucken

Hannelore Valencak: *Die Höhlen Noahs.* Neuausgabe. Salzburg: Residenz Verlag 2012
ÖNB, Literaturmuseum

Doris Lessing: *Die Memoiren einer Überlebenden.* Aus dem Englischen von Rudolf Hermstein. Frankfurt/M.: S. Fischer 1989
ÖNB, Literaturmuseum

Herbert Rosendorfer: *Großes Solo für Anton.* Zürich: Diogenes 1976
ÖNB, Literaturmuseum

Cormac McCarthy: *The Road.* London: Picador 2009
ÖNB, Literaturmuseum

Karin Peschka: ***Autolyse Wien. Geschichten vom Ende.*** **Salzburg: Otto Müller Verlag 2017**
ÖNB, Literaturmuseum

Thomas Glavinic: ***Die Arbeit der Nacht.***
Gelesen von Heikko Deutschmann
© Carl Hanser Verlag 2006,
Hörbuch Hamburg 2007

FRÖHLICHE APOKALYPSE

Josef von Neupauer: ***Österreich im Jahre 2020. Socialpolitischer Roman.*** **Dresden: Pierson 1893**
411990 • Österreichische Nationalbibliothek

Ernst Herbeck: »Weltuntergang«, 1968
Cod. Ser. n. 31287 • ÖNB, Sammlung von Handschriften und alten Drucken

Ernst Herbeck: »WELTUNTERGANG«, 1968
Cod. Ser. n. 31287 • ÖNB, Sammlung von Handschriften und alten Drucken

Ernst Herbeck: »WELTUNTERGANG«, 1968.
Aus: ders.: ***Im Herbst da reiht der Feenwind.*** **Gesammelte Texte 1960–1991, hg. von Leo Navratil. Salzburg: Residenz Verlag 1992**

Gustav: »Alles renkt sich wieder ein«.
Track aus dem Album ***Verlass die Stadt***
Chicks on Speed Records, 2008

Jörg Mauthe: ***Der Weltuntergang zu Wien und wie man ihn überlebt. Austriakische Einsichten in zukünftige Aussichten.*** **Neuauflage. Wien: Edition Atelier 1994**
ÖNB, Literaturmuseum

Die Zukunft Österreichs.
Eine Paraphrase mit Helmut Qualtinger
© ORF, 1970

ZUKUNFTSLABOR

Partizipative Rauminstallation

Mitarbeit am Verzeichnis: Elisabeth Stricker

IMPRESSUM DER AUSSTELLUNG

UTOPIEN UND APOKALYPSEN
DIE ERFINDUNG DER ZUKUNFT IN DER LITERATUR

3. April 2020 bis 14. Februar 2021

Literaturmuseum der Österreichischen Nationalbibliothek

Kuratorinnen: Katharina Manojlovic, Kerstin Putz
Ausstellungsorganisation: Elisabeth Stricker
Objektkoordination: Michael Hansel
Ausstellungsgestaltung: Olaf Osten
Ausstellungsaufbau: museom service gmbh
Medientechnik: 7reasons Medien
Konservatorische Betreuung: Institut für Restaurierung der Österreichischen Nationalbibliothek
Kommunikation und Marketing: Thomas Zauner

Externe LeihgeberInnen:
Erich Muhr
Schubert Theater, Wien
Susanne Theumer
Klaus Wanker

www.onb.ac.at

S-VERSICHERUNG

VERZEICHNIS DER AUTORINNEN UND AUTOREN

Thomas Eder, geb. 1968 in Linz, Literaturwissenschaftler, lebt in Wien. Leiter des Referats für Publikationen im Bundeskanzleramt der Republik Österreich, Lehrbeauftragter am Institut für Germanistik der Universität Wien, Leiter der Sparte Literatur im *kunsthaus muerz*, redaktionelle Mitarbeit in der Zeitschrift *Wespennest*. Zahlreiche Publikationen, zuletzt: *Selbstbeobachtung. Oswald Wieners Denkpsychologie* (hg. m. Thomas Raab, Suhrkamp 2015); *Konrad Bayer. Texte, Bilder, Sounds* (hg. m. Klaus Kastberger, Zsolnay 2015). Auszeichnungen: u. a. Wissenschaftspreis der Österreichischen Gesellschaft für Germanistik für die Reinhard-Priessnitz-Monographie *Unterschiedenes ist / gut.*

Bernhard Fetz, Direktor des Literaturarchivs, des Literaturmuseums, der Sammlung für Plansprachen und des Esperantomuseums der Österreichischen Nationalbibliothek; Dozent am Institut für Germanistik der Universität Wien; Ausstellungskurator und Literaturkritiker; Hg. der Reihe *Österreichs Eigensinn. Eine Bibliothek* (Jung und Jung Verlag, 2012 ff.); zahlreiche Monographien und Aufsätze vor allem zur Literatur und Kulturgeschichte des 20. Jahrhunderts; Publikationen (Auswahl): *Das unmögliche Ganze. Zur literarischen Kritik der Kultur* (2009); *Die Biographie – Zur Grundlegung ihrer Theorie* (Hg. 2009); *Berg, Wittgenstein, Zuckerkandl. Zentralfiguren der Wiener Moderne* (Hg. 2018).

Andreas Handler, geb. 1987, studierte Geschichtswissenschaften an der Universität Wien. Arbeitet als Bibliothekar am Literaturarchiv der Österreichischen Nationalbibliothek, wo er u. a. den Nachlass von Manès Sperber betreut. Zuletzt erschienen: »Die Erfindung der österreichischen Nation. Grillparzer, Ernst Fischer und die KPÖ«, in: *Franz Grillparzer. Ein Klassiker für die Gegenwart*, Profile, Band 23 (2016, hg. v. Bernhard Fetz, Michael Hansel u. Hannes Schweiger).

Michael Hansel, geb. 1972 in Neunkirchen/NÖ, studierte Germanistik und Geschichtswissenschaften in Wien, lebt ebendort. Promovierter Literaturwissenschaftler; wissenschaftlicher Mitarbeiter am Literaturarchiv der Österreichischen Nationalbibliothek; mehrere Bücher und zahlreiche Aufsätze zur österreichischen Literatur im 20. Jahrhundert. Literaturkritiken in verschiedenen Medien.

Eva Horn studierte Germanistik, Allgemeine Literaturwissenschaft, Romanistik und Philosophie in Bielefeld, Konstanz und Paris. 2005–2008 Professorin am Deutschen Seminar der Universität Basel, seit 2009 Professorin am Institut für Germanistik der Universität Wien. 2009 Preis »Geisteswissenschaften International« der Fritz Thyssen Stiftung für *Der geheime Krieg*, 2016 Distinguished Max Kade Visiting Professor am German Department der Columbia University, New York, 2019 Fellow am Rachel Carson Institute, München, und am Forschungskolleg Zukünfte der Nachhaltigkeit, Hamburg, 2020 Heinrich-Mann-Preis der Deutschen Akademie der Künste. Zuletzt auf Deutsch erschienen: *Der geheime Krieg. Verrat, Spionage und moderne Fiktion* (2007), *Zukunft als Katastrophe* (2014), *Anthropozän zur Einführung* (mit Hannes Bergthaller, 2019).

Arnhilt Inguglia-Höfle, geb. 1985 in Bregenz, wissenschaftliche Mitarbeiterin am Literaturarchiv der Österreichischen Nationalbibliothek und Lektorin an der Universität Wien. Studierte Germanistik und Sinologie in Wien und Beijing, promovierte in London und forschte als Schrödinger-Fellow des FWF in Berkeley, Hamburg und Wien. Zahlreiche wissenschaftliche Aufsätze; Monographie: *China's Stefan Zweig* (2018).

Tanja Angela Kunz ist seit 2015 wissenschaftliche Mitarbeiterin am Institut für deutsche Literatur der Humboldt-Universität zu Berlin. 2016–2019 war sie Leiterin des dortigen Heiner Müller Archivs/Transitraum. Ihre Dissertation zum Verhältnis von Literatur und Ethik im epischen Werk Peter Handkes ist 2017 bei Fink erschienen. Im Auftrag des Deutschen Literaturarchivs Marbach betreut sie seit 2014 das Privatarchiv von Christa und Peter Bürger.

Thomas Macho, geb. 1952, forschte und lehrte von 1993 bis 2016 als Professor für Kulturgeschichte am Institut für Kulturwissenschaft der Humboldt-Universität zu Berlin. 1976 wurde er an der Universität Wien mit einer Dissertation zur Musikphilosophie promoviert; 1984 habilitierte er sich für das Fach Philosophie an der Universität Klagenfurt mit einer Habilitationsschrift über Todesmetaphern. Seit 2016 leitet er das Internationale Forschungszentrum Kulturwissenschaften (IFK) der Kunstuniversität Linz in Wien. 2019 Sigmund-Freud-Preis für wissenschaftliche Prosa der Deutschen Akademie für Sprache und Dichtung. Zuletzt erschienen: *Vorbilder* (2011); *Schweine. Ein Portrait* (2015); *Das Leben nehmen. Suizid in der Moderne* (2017).

Katharina Manojlovic, geb. 1980, studierte Germanistik, Anglistik, Bildwissenschaft und Fotografie in Wien, London und Krems. Von 2008 bis 2012 ÖAD-Lektorin am Germanistik-Institut der Univ. Zadar, Kroatien. Wissenschaftliche Mitarbeiterin des Literaturmuseums der Österreichischen Nationalbibliothek, Ausstellungskuratorin, mehrere Ausstellungsbeteiligungen. Texte zu Literatur, Kunst und Fotografie. Zuletzt erschienen: *Collage*, Fotobuch #59 der Fotogalerie Wien, 2018; *Wien. Eine Stadt im Spiegel der Literatur* (hg. mit Bernhard Fetz u. Kerstin Putz, 2019).

Kerstin Putz, geb. 1984, wissenschaftliche Mitarbeiterin des Literaturmuseums der Österreichischen Nationalbibliothek und des FWF-Projekts »Günther Anders: Medienästhetik und intellektuelle Netzwerke«, Ausstellungskuratorin. Beiträge zur Literatur und Philosophie insbesondere des 20. Jahrhunderts, Texte für Zeitschriften und fürs Radio. Zuletzt erschienen: Hannah Arendt/Günther Anders: *Schreib doch mal »hard facts« über Dich. Briefe 1939 bis 1975. Texte und Dokumente* (Hg. 2016); *Wien. Eine Stadt im Spiegel der Literatur* (hg. mit Bernhard Fetz u. Katharina Manojlovic, 2019).

Teresa Präauer, geb. 1979, studierte Germanistik und bildende Kunst. Nach den Romanen *Für den Herrscher aus Übersee*, *Johnny und Jean* und *Oh Schimmi* erschien jüngst der erzählende Essay *Tier werden.* Am Schauspiel Frankfurt wurde 2018 *Ein Hund namens Dollar* uraufgeführt. Sie erhielt unter anderem den aspekte-Preis 2012 und den Erich-Fried-Preis 2017 und hatte 2016 die Samuel-Fischer-Gastprofessur an der Freien Universität Berlin inne.

Kathrin Röggla, geb. 1971 in Salzburg, lebt in Berlin. Schreibt Prosa, Theatertexte, Essays und Hörspiele. Zahlreiche Veröffentlichungen, darunter der Roman *wir schlafen nicht* (2004), *die alarmbereiten* (mit Zeichnungen von Oliver Grajewski, 2010) und zuletzt *Elefant im Raum* (2019). Mit dem ZDF produzierte Röggla 2012 den Film *Die bewegliche Zukunft – Eine Reise ins Risikomanagement.* Sie erhielt zahlreiche Auszeichnungen, darunter den Italo-Svevo-Preis 2001, den Anton-Wildgans-Preis 2008 und den Arthur-Schnitzler-Preis 2012. Seit 2012 ist sie Mitglied der Akademie der Künste in Berlin, seit 2015 deren Vizepräsidentin.

Sanna Schulte, geb. 1985, studierte in Aachen Politik-, Sprach- und Literaturwissenschaft, promovierte über die Poetologie Herta Müllers und war von 2018 bis 2020 Mitarbeiterin des Literaturarchivs der Österreichischen Nationalbibliothek; Lehrende an der Universität Wien. Zuletzt erschienen (hg. mit Irina Hron und Jadwiga Kita-Huber): *Leseszenen. Poetologie – Geschichte – Medialität* (2019).

Elisabeth Stricker, geb. 1987 in Wien, lebt ebenda. Studium der Germanistik und Publizistik an der Universität Wien, Diplomarbeit im Bereich Sprachwissenschaft. 2013–2015 Projektassistentin für Europeana Creative an der Österreichischen Nationalbibliothek, seit 2015 Mitarbeiterin des Literaturmuseums der Österreichischen Nationalbibliothek mit Schwerpunkt Ausstellungsorganisation.

Daniela Strigl, geb. 1964 in Wien. Literaturwissenschaftlerin, Kritikerin. 2005 Scholar in Residence an der Rutgers University, NJ, lehrt seit 2007 am Institut für Germanistik der Universität Wien. 2018 Habilitation. Gehörte u. a. der Jury des Ingeborg-Bachmann-Preises (Klagenfurt), des Deutschen Buchpreises sowie des Preises der Leipziger Buchmesse an. U. a. Österreichischer Staatspreis für Literaturkritik 2001, Max-Kade-Essaypreis 2007, Alfred-Kerr-Preis 2013, Johann-Heinrich-Merck-Preis 2019. Publikationen: *»Wahrscheinlich bin ich verrückt …« Marlen Haushofer – die Biographie* (2009). Zuletzt: *»Berühmtsein ist nichts«. Marie von Ebner-Eschenbach. Eine Biographie* (2016); *Alles muss man selber machen. Biographie. Kritik. Essay* (2018); *Peter Rosegger: Ausgewählte Werke in Einzelbänden.* (Mithg., 2018).

Ilija Trojanow, geb. 1965, ist Romancier, Verfasser politischer Sachbücher und Übersetzer, lebt seit 2008 in Wien. Zuletzt erschienen: *Der überflüssige Mensch* (2013), *Macht und Widerstand* (2015), *Meine Olympiade* (2016), *Nach der Flucht* (2017), *Hilfe? Hilfe! Wege aus der globalen Krise* (2018, mit Thomas Gebauer), *Gebrauchsanweisung fürs Reisen* (2018).

Wilhelm Voßkamp, Prof. em. für Neuere deutsche Literatur und Allgemeine Literaturwissenschaft an der Universität zu Köln. Mitglied der Berlin-Brandenburgischen Akademie der Wissenschaften zu Berlin. Mehrere Gastprofessuren im Ausland. Zuletzt erschienen: *Der Roman des Lebens. Die Aktualität der Bildung und ihre Geschichte im Bildungsroman* (Berlin 2009), *Emblematik der Zukunft. Poetik und Geschichte literarischer Utopien von Thomas Morus bis Robert Musil* (Berlin 2016, 2018).

Martin Wedl, geb. 1970 in Wien, studierte Vergleichende Literaturwissenschaft und Germanistik, Mitarbeiter des Literaturarchivs der Österreichischen Nationalbibliothek. Kommentierte Neuherausgabe von Rudolf Kalmars *Zeit ohne Gnade* (mit Stefan Maurer, 2009), Mitherausgabe der Bände 3 bis 5 der Werke von Elfriede Gerstl (mit Christa Gürtler).